Die große Welt des Wissens

TIERE

Inhalt

Haie, Wale und Delfine **3**

Vögel **69**

Insekten und Spinnen **117**

Register **155**

Ravensburger Buchverlag

Bibliografische Information der Deutschen Nationalbibliothek
Die Deutsche Nationalbibliothek verzeichnet diese Publikation in der
Deutschen Nationalbibliografie. Detaillierte bibliografische Daten sind
im Internet über *http://dnb.d-nb.de* abrufbar.

3 2   13 12 11

Rechte der Originalausgaben: Weldon Owen Pty Limited
© Weldon Owen Pty Ltd.

Für die deutsche Ausgabe:
© 2011 Ravensburger Buchverlag Otto Maier GmbH
Postfach 1860 · 88188 Ravensburg

Umschlagfoto: mauritius images/ SuperStock
Redaktion: Sabine Zürn

ISBN 978-3-473-55321-1

www.ravensburger.de

Haie, Wale und Delfine

Inhalt

Haie **4**

Die Schwergewichte **6**

Riesig, aber harmlos **8**

Kopfjäger **10**

Verwandtschaft **12**

Körperbau **14**

Atmung **16**

Zähne **18**

Überlebenskampf **20**

Bedrohtes Leben **22**

Was ist ein Wal? **24**

Die Wale der Urzeit **26**

Riesen der Meere **28**

Zähne oder Barten **30**

Delfin und Schweinswal **32**

Seltsame Geschöpfe **34**

Wo Wale leben **36**

Wanderzüge **38**

Wasserwelt **40**

Fontänen blasen **42**

Sieben, saugen, schneiden **44**

Hinab in die Tiefe **46**

Luftakrobaten **48**

Sinne im Einsatz **50**

In Gesängen reden **52**

Der Beginn des Lebens **54**

Familie und Freunde **56**

Gefahr im Wasser **58**

Wale schützen **60**

Strandungen **62**

Wale als Zootiere **64**

Wale sichten **66**

Worterklärungen **68**

Haie

Haie sind in große Familiengruppen aufgeteilt. Wissenschaftler nennen diese Gruppen „Ordnungen". Die zu einer Ordnung gehörenden Haie haben gemeinsame Merkmale und stammten alle von einem einzigen Vorfahren ab, der vor unendlich langer Zeit lebte.

Manche Haie teilen bestimmte Merkmale mit anderen Haien, wie zum Beispiel die Anzahl ihrer Flossen und Kiemen, die Lage ihre Mäuler oder die Form ihrer Körper, Flossen und Schnauzen. All dies hilft Wissenschaftlern bei der Einteilung der Haie in Ordnungen.

Es gibt acht Haiordnungen. Zwei davon – die Carcharhiniformes und die Lamniformes – haben viele Merkmale gemeinsam.

Sie besitzen eine Afterflosse, fünf Paar Kiemenspalten, zwei Rückenflossen, keine Rückenflossendornen und ein hinter ihren Augen liegendes Maul. Was sie unterscheidet, sind ihre Augenlider! Lamniformes (wie Weiße Haie und Drescherhaie) haben keine. Carcharhiniformes (wie Hammerhaie und Tigerhaie) dagegen haben Augenlider und können also ihre Augen öffnen und schließen wie wir.

Bei allen Carcharhiniformes, wie zum Beispiel dem Weißspitzen-Hochseehai, ist das untere Lid zu einer Nickhaut umgewandelt. Diese bewegliche Haut legt sich von unten nach oben über den Augapfel und schützt ihn.

Der Weißspitzen-Hochseehai jagt fern der Küste im offenen Meer. Er frisst Fische, Vögel und Schildkröten.

INSIDESTORY

Anpassung siegt

Viele Haie fressen Fische, aber manche Haie haben sich auf hartschalige Nahrung umgestellt. Dieser Ammenhai macht sich über einen Hummer her. Seine Nahrungsumstellung sowie die zum Zermalmen geeigneten Zähne sind Beispiele für Anpassung. Wenn zwei Hai-Arten dieselbe Nahrung zur gleichen Zeit am selben Ort verfolgen, muss eine der Verlierer sein. Deshalb müssen diese Haie sich ändern. Diejenigen, die sich auf eine andere Nahrung umstellen oder zu einer anderen Zeit fressen, vermeiden den Konkurrenzkampf und verbessern ihre Überlebenschancen.

Im Laufe vieler Generationen spezialisiert sich eine Art auf einen bestimmten Lebensraum. Weiße Haie haben sich an ein Leben in kaltem Wasser gewöhnt, weil dort Robben und Seelöwen ihre Jungen aufziehen. Nagelhaie haben sich mit ihrem Saugmaul an ihre bodenlebende Nahrung wie Krabben und Tintenfische angepasst.

ÄUSSERES ERSCHEINUNGSBILD

Wenn du wissen willst, um welchen Hai es sich handelt, sieh dir seine äußerlichen Merkmale gut an. Ist der Kopf konisch, abgeflacht oder breitschnäuzig? Wie viele Kiemenspalten sind zu sehen? Wie viele Rückenflossen hat er? Sind sie gleich groß?

Alle Haie haben mindestens fünf Paar Kiemen. Manche Haie haben sechs, wie dieser Grauhai, oder auch sieben. Knochenfische haben mehrere Kiemenpaare, aber sie sind alle durch eine knöcherne Platte mit einer einzigen Kiemenspalte geschützt. Die Kiemenspalten der Haie haben keinen Schutz. Wasser fließt aus den Kiemenspalten und führt dabei aufgelöste Abfallstoffe mit, die der Hai beim Atmen und Fressen produziert.

Nictitare heißt auf Lateinisch „blinzeln". **NICKHAUT** heißt darum das bewegliche Lid, das das Auge schützt.

Alle Namen für Hai-Ordnungen enden mit **FORMES**, nach lateinisch forma für „Form" oder „Gestalt". Hornhaie gehören mit ihren verschieden gestalteten Zähnen zur Ordnung Heterodontiformes – griechisch hetero heißt „anders" und odontes „Zähne".

Ein junger Zitronenhai braucht täglich 20 600 Kalorien (86 520 kJ), um sein Körpergewicht zu halten. Ein erwachsener Mann braucht dagegen nur 2500 Kalorien (10 500 kJ).

Der Blindhai, eine Art Kragen-Ammenhai, ist nicht wirklich blind. Wenn man ihn aus dem Wasser nimmt, sieht es so aus, als sei er augenlos, denn er rollt vor Entsetzen seine Augäpfel nach hinten.

- Haie haben Kiemenspalten an der Seite ihres Kopfes. Wo haben Rochen die ihren? Lies nach auf S. 12–13.
- Warum sind Kiemen so wichtig? Lies nach auf S. 16–17.

Küstenhaie, wie der Zitronenhai, jagen Rochen und Knochenfische dicht an der Oberfläche.

Verhalten, Muskeln, Blut, Eingeweide, Flossen, Zähne, Kiemen, Dentikel, Gehirn, Augen und Fossilien sind nur einige der Merkmale, nach denen Wissenschaftler Haie in Ordnungen einteilen. Die Wissenschaft von der Benennung und Klassifikation von Lebewesen nennt man Taxonomie.

Hexanchiformes (Sechskiemer, Siebenkiemer u. Krausenhaie)

Heterodontiformes (Stierkopfhaie)

Orectolobiformes (Ammenhai-Artige)

Lamniformes (Makrelenhai-Artige)

Carcharhiniformes (Grundhaie)

Squaliformes (Stachelhai-Artige)

Pristiophoriformes (Sägehaie)

Squatiniformes (Engelhaie)

Bodenbewohner wie Engelhaie können im Sand nach Nahrung suchen und gleichzeitig von oben drohende Gefahr entdecken.

Der Nordatlantische Dornhai ist wahrscheinlich der häufigste Hai. Zwar geht seine Zahl zurück, doch noch immer fangen Fischer vor der Küste von Massachusetts, USA, jährlich mehr als 27 Millionen. Diese Stachelhaie leben auch in arktischen Gewässern. Ihr Fleisch findet man weltweit auf Speisekarten.

Haie haben eine oder zwei Rückenflossen. Die zähen, halbflexiblen Flossen verhindern das Rollen beim Schwimmen. Hornhaie ziehen sich mit den Dornen vor ihren Rückenflossen unter Felsen, wo sie vor Feinden sicher sind.

Die Lage des Mauls eines Hais verrät viel über seine Ernährung und Lebensweise. Das Maul dieses Kragen-Ammenhais sitzt fast an der Spitze seiner Schnauze. Damit holt er sich Krebse und Krabben aus Felsspalten.

Maul

5

Weiß-
spitzen-Hochseehai, 4 m

Galapagos-Hai,
3,6 m lang

Gemeiner
Grundhai,
3,5 m lang

Die Schwergewichte

Wenn du eine Hai-Art nennen solltest, wäre es höchstwahr-
scheinlich die des Weißen Hais. Denn das ist der Hai, den
die Menschen für am gefährlichsten halten.

Doch der Weiße Hai ist nur einer von mehreren Raubhaien.
Der Gemeine Grundhai, der Tigerhai, der Makohai und der
Karibische Riffhai sind alles kraftvolle Tiere mit einer
Vorliebe für große (und oft schnell schwimmende) Beute.
Diese Hochseejäger kommen zwar aus unterschiedlichen
Hai-Ordnungen, haben aber alle torpedoförmige, massig
gebaute Körper. Diese Form ermöglicht es ihnen, auf
der Suche nach Beute lange Zeit durchs Meer zu kreuzen.
Während all diese Haie Ozeanbewohner sind, dringt
einer – der Gemeine Grundhai – auch in Süßwasserflüsse
ein und ist schon flussaufwärts im Amazonas gesichtet
worden. Auch sind diese Jäger, insbesondere der Makohai,
zu kurzen blitzschnellen Sprints fähig.

Zu dieser Gruppe gehört auch der Weißspitzen-
Hochseehai, ein großer Raubfisch der offenen See,
sowie der Galapagos-Hai, einer der wenigen großen
Jäger, von dem man weiß, dass er Feinde mit bestimmten
Drohgebärden verjagt.

Karibische Riffhaie können für
Menschen eine Gefahr bedeuten,
wenn sie provoziert werden.
Man muss herausfinden, was sie
provoziert. Karibische Riffhaie
greifen an, um ihr Revier zu
verteidigen, und werden auch
durch das Speerfischen oder
die Verwendung von Hai-
Ködern erregt.

INSIDESTORY

Die Bisskraft

Alle großen Jäger unter den Haien haben besonders kräftige
Gebisse, mit denen sie auch große Beute packen und fressen
können. Aber wie stark ist eigentlich der Biss
eines Hais? Wissenschaftler haben errechnet,
dass ein Weißer Hai (links) es auf einen Bissdruck von 140,6 Kilo pro Quadratzentimeter
bringt. Zum Vergleich: Ein großer Hund
hat einen Bissdruck von 84,4 Kilo pro
Quadratzentimeter und ein erwachsener
Mensch hat einen Bissdruck von 4,6 Kilo
pro Quadratzentimeter.

Der Weiße Hai – der bis zu
7 m lang werden kann – ist
der gefährlichste Meeresräuber.
Nur Schwertwale sind stärker und
tödlicher. Entgegen der landläufigen
Meinung sind Angriffe des Weißen Hais
auf Menschen relativ selten – vielleicht
12 Angriffe pro Jahr. Einige Opfer haben
diese überlebt. Und wenn das Opfer stirbt,
liegt es am Blutverlust – nicht daran, dass
es gefressen wurde.

WÖRTERBUCH

Bei einem Hai, der sein Gebiet verteidigt, spricht man von **TERRI-TORIAL-VERHALTEN** – von lateinisch terra = „Land".

Der Makohai hat eine metallisch blaue Oberseite und eine weiße Unterseite. Darum heißt er nach dem spanischen Wort für „hübsch" **BONITO**.

SCHON GEWUSST?

Ein Mordfall wurde in Austra-lien aufgeklärt, als Wissenschaftler im Hafen von Sydney einen Tigerhai fingen. Nachdem der Hai schon eine Woche im Aquarium schwamm, würgte er einen tätowierten Männerarm aus. Der Knochen war durchgesägt worden. Ein Zeitungsartikel über diesen Fund führte auf die Spur des Mörders.

WEGWEISER

- Mehr über Haizähne erfährst du auf S. 18–19.
- Haie sind von Menschen mehr bedroht, als wir von ihnen. Lies dazu S. 22–23.

HAI-ANGRIFFE

In der Internationalen Kartei der Hai-Angriffe werden 3100 Angriffe im Laufe der letzten 500 Jahre geführt – aber wie gefährlich sind Haie für Menschen? Die Zahl der Hai-Angriffe nimmt zu, weil viel mehr Leute als früher im Meer baden. Aber das Risiko, von einem Hai angegriffen zu werden, ist extrem gering. Weltweit werden nur etwa 6 Menschen im Jahr von Haien getötet.

Weiße Haie bevorzugen seichte, kühlere Gewässer, sind aber auch im wärmeren Wasser vor Hawaii gesichtet worden. Wissenschaftler erforschen ihre Biologie und ihr Verhalten, zum Beispiel unter Wasser aus sicheren Hai-Käfigen heraus. Das ist ideal zum Fotografieren, aber nicht immer ideal für den Wissenschaftler. Der Metallkäfig sendet elektrische Signale aus, und Haie, die auf elektrische Signale empfindlich reagieren, halten den Käfig manchmal für eine Mahlzeit und attackieren ihn.

6 Prozent der Angriffe finden 150–300 m vom Strand entfernt statt.

13 Prozent der Angriffe finden 60–150 m vom Strand entfernt statt.

51 Prozent der Angriffe finden weniger als 60 m vom Strand entfernt statt.

Die Statistik zeigt, dass die meisten Menschen in Strandnähe bleiben – aber weiter draußen ist es auch nicht sicherer.

Tigerhaie verdanken ihren Namen den schwarzen oder dunkelgrauen vertikalen Streifen auf Jungtieren. Die Streifen verblassen, wenn der Hai geschlechtsreif wird. Tigerhaie jagen nachts und sind die größten, gefährlichsten Raubtiere in tropi-schen Gewässern. Sie werden so groß wie der Weiße Hai und leben bis zu 12 Jahren.

Surfer sind für Haie ein relativ neuer und auch verwirrender Anblick. Bei flüchtigem Hin-sehen können sie ein Surfbrett mit einer Robbe oder Schild-kröte verwechseln.

Riesig, aber harmlos

Du schnorchelst im warmen tropischen Wasser, und plötzlich taucht ein riesiger Hai mit weit klaffendem Maul auf. Du kannst in sein Maul hinein- und durch die Kiemenspalten wieder hinaussehen. Bist du seine nächste Mahlzeit? Der Walhai, ein sanfter Riese, der bis zu 12 m lang wird, gehört zu den drei Hai-Arten, die ihre Nahrung aus dem Meerwasser filtern. Er kreuzt mit weit geöffnetem Maul dicht unter der Oberfläche, wobei mit dem Wasser winziger pflanzlicher und tierischer Plankton, Fischeier und kleine Fische hineinströmen. Dann lässt er das Wasser durch seine Kiemenschlitze wieder ausfließen, bevor er die herausgefilterte Nahrung schluckt.

Riesenhaie sind etwas kleinere Filtrierer, die sich in kühleren Gewässern von Plankton und kleinen Krebschen ernähren. Wie der Walhai fressen sie an der Wasseroberfläche. Riesenmaulhaie sind mit ungefähr 4,5 m Länge die kleinsten der drei. Sie leben von Garnelen und kleineren Fischen in tieferem Wasser.

Walhaie sind mit Wobbegongs verwandt, aber Riesenhaie und Riesenmaulhaie sind Lamniformes, was bedeutet, dass sie zu derselben Ordnung wie einige der gefährlichsten Haie, wie zum Beispiel Weiße Haie und Makohaie, gehören. Warum leben sie dann nicht wie diese räuberisch? Man vermutet, dass das Filtrieren der Nahrung eine Ernährungsform der Frühzeit war, die der heutiger Raubhaie voranging.

Ein filternder Hai ist nicht ständig auf Futtersuche. Im Durchschnitt frisst er nur ein- oder zweimal pro Woche, kann aber auch wochenlang ohne Nahrung auskommen, wenn die Umstände es erfordern. Ein Plankton-Filtrierer muss ein Gebiet finden, das eine hohe Nahrungsdichte aufweist. Plankton gibt es nicht überall – es kommt nur in Schwärmen vor.

Blaufische

INSIDESTORY

Geheimnisse der Tiefe

Birgt die See noch Geheimnisse? Schwimmen immer noch unbekannte Geschöpfe in ihren Tiefen? Der Meeresbiologe Leighton Taylor ist überzeugt, dass die Antwort Ja lautet. Und aufgrund seiner Erfahrungen hat er wahrscheinlich sogar recht. 1976 entdeckte Dr. Taylor zu seiner eigenen Verblüffung eine völlig neue Art von Plankton filterndem Hai, die er nach dem gigantischen Maul sofort „Riesenmaulhai" taufte.

„Dass eine neue Pflanzen- oder Tierart entdeckt wird, kommt nicht allzu selten vor. Doch dieser Hai vertrat nicht nur eine neue Art, sondern auch eine völlig unbekannte Familie von Haien. Das war schon eine ungeheure Überraschung! Nachdem meine Kollegen und ich ihn wissenschaftlich beschreiben konnten, kamen wir zu dem Schluss, dass er mit der großen Gruppe verwandt ist, zu der auch Makohaie, Drescherhaie, Riesenhaie und Weiße Haie gehören."

Seit man 1976 zum ersten Mal ein Exemplar in hawaiianischen Gewässern entdeckte, sind gerade ein Dutzend Riesenmaulhaie in offener See gefangen worden. Riesenmaulhaie bewohnen sehr große Tiefen und kommen nur nachts an die Oberfläche. Wahrscheinlich sind sie deshalb so selten zu sehen.

Riesenmaulhai

PLANKTON kommt von dem griechischen Wort plagktos, was „umherschweifend" bedeutet. Es bezeichnet die im Wasser schwebenden Lebewesen. Wenn es sich dabei um Tiere handelt, spricht man nach griechisch zoon = „Tier, Lebewesen" von **ZOOPLANKTON**. Handelt es sich um Pflanzen, heißt es **PHYTOPLANKTON** nach griechisch phyton für „Gewächs".

Riesenmaulhaie haben an der Innenseite ihres Mauls silberfarbene reflektierende Plättchen. Wissenschaftler nehmen an, dass diese zum Anlocken von Plankton und Krebschen dienen.

Riesenhaie, denen die Kiemenrechen ausgefallen sind, können nicht fressen. Vermutlich leben die gewaltigen Haie von in ihrer Leber gespeichertem Fett, bis die Rechen nachgewachsen sind.

• Wozu werden Kiemen außer beim Fressen benutzt? Lies nach auf S. 16–17.

RIESENRACHEN

Planktonfresser lassen mehr als zwei Tonnen Wasser in der Stunde durch ihr Maul strömen. Jede der drei Arten von Filtrierern tut dies auf eine andere Weise. Sie filtern ihre Nahrung zwar mit Kiemenrechen, besitzen aber außerdem Zähne wie andere Haie.

Walhaie ernähren sich überwiegend von Plankton und kleinen Fischen (wie Anchovis und Sardinen). Sie können aber auch größere Fische wie Makrelen oder Thunfische verspeisen.

Walhai

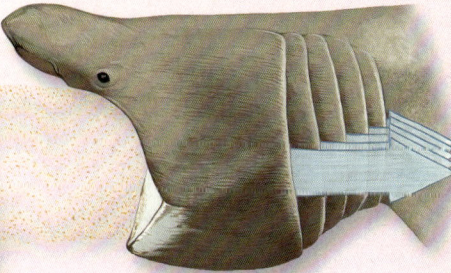

Man hat schon beobachtet, wie Walhaie durch ein Planktonfeld hindurch an die Oberfläche kamen, bis ihr Kopf weit genug aus dem Wasser ragte, dass alles Wasser im Maul ablaufen konnte. Dann ließen sie sich mit weit offenem Maul zurückgleiten, sodass das Plankton in ihr Maul strömen konnte.

Wissenschaftler glauben, dass die Walhaie der Ningaloo Bay in Australien bis in die 15 000 km entfernten Gewässer vor der Küste Indonesiens schwimmen.

Plankton

Der Riesenhai hebt seine Schnauze hoch, senkt sein Kinn ab und reißt seinen Rachen auf, sodass sich ein riesiges Netz für Plankton bildet.

Riesenhaie haben die längste Schnauze und die größten Kiemenspalten der drei filtrierenden Haie. Wie alle Filtrierer durchschwimmen sie weite Gebiete auf der Suche nach Plankton-Feldern. Riesenhaie seihen mit ihren zahnähnlichen Kiemenrechen ihre Nahrung aus dem Meerwasser.

Filternde Haie nehmen mit dem Zooplankton auch mikroskopisch kleine Pflanzen, Phytoplankton, auf.

Der Riesenmaulhai schiebt den Oberkiefer vor und lässt den Unterkiefer fallen – so nimmt er große Mengen Plankton auf.

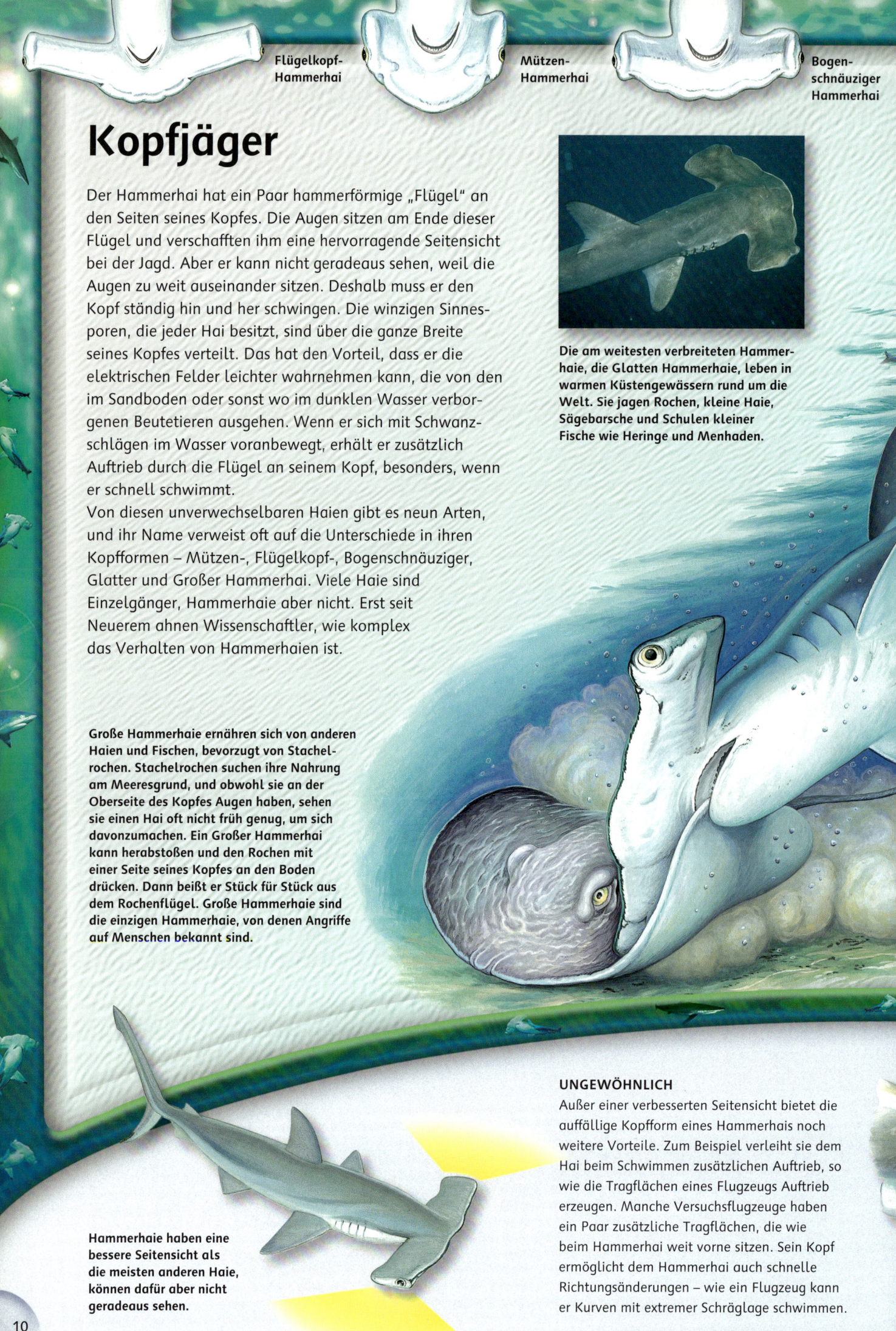

Flügelkopf-
Hammerhai

Mützen-
Hammerhai

Bogen-
schnäuziger
Hammerhai

Kopfjäger

Der Hammerhai hat ein Paar hammerförmige „Flügel" an den Seiten seines Kopfes. Die Augen sitzen am Ende dieser Flügel und verschafften ihm eine hervorragende Seitensicht bei der Jagd. Aber er kann nicht geradeaus sehen, weil die Augen zu weit auseinander sitzen. Deshalb muss er den Kopf ständig hin und her schwingen. Die winzigen Sinnesporen, die jeder Hai besitzt, sind über die ganze Breite seines Kopfes verteilt. Das hat den Vorteil, dass er die elektrischen Felder leichter wahrnehmen kann, die von den im Sandboden oder sonst wo im dunklen Wasser verborgenen Beutetieren ausgehen. Wenn er sich mit Schwanzschlägen im Wasser voranbewegt, erhält er zusätzlich Auftrieb durch die Flügel an seinem Kopf, besonders, wenn er schnell schwimmt.

Von diesen unverwechselbaren Haien gibt es neun Arten, und ihr Name verweist oft auf die Unterschiede in ihren Kopfformen – Mützen-, Flügelkopf-, Bogenschnäuziger, Glatter und Großer Hammerhai. Viele Haie sind Einzelgänger, Hammerhaie aber nicht. Erst seit Neuerem ahnen Wissenschaftler, wie komplex das Verhalten von Hammerhaien ist.

Die am weitesten verbreiteten Hammerhaie, die Glatten Hammerhaie, leben in warmen Küstengewässern rund um die Welt. Sie jagen Rochen, kleine Haie, Sägebarsche und Schulen kleiner Fische wie Heringe und Menhaden.

Große Hammerhaie ernähren sich von anderen Haien und Fischen, bevorzugt von Stachelrochen. Stachelrochen suchen ihre Nahrung am Meeresgrund, und obwohl sie an der Oberseite des Kopfes Augen haben, sehen sie einen Hai oft nicht früh genug, um sich davonzumachen. Ein Großer Hammerhai kann herabstoßen und den Rochen mit einer Seite seines Kopfes an den Boden drücken. Dann beißt er Stück für Stück aus dem Rochenflügel. Große Hammerhaie sind die einzigen Hammerhaie, von denen Angriffe auf Menschen bekannt sind.

Hammerhaie haben eine bessere Seitensicht als die meisten anderen Haie, können dafür aber nicht geradeaus sehen.

UNGEWÖHNLICH

Außer einer verbesserten Seitensicht bietet die auffällige Kopfform eines Hammerhais noch weitere Vorteile. Zum Beispiel verleiht sie dem Hai beim Schwimmen zusätzlichen Auftrieb, so wie die Tragflächen eines Flugzeugs Auftrieb erzeugen. Manche Versuchsflugzeuge haben ein Paar zusätzliche Tragflächen, die wie beim Hammerhai weit vorne sitzen. Sein Kopf ermöglicht dem Hammerhai auch schnelle Richtungsänderungen – wie ein Flugzeug kann er Kurven mit extremer Schräglage schwimmen.

WÖRTERBUCH

Eine große Ansammlung von Fischen nennt man auch **SCHULE**. Delfine zum Beispiel schwimmen gern in Schulen, in denen die Jungtiere von den Alttieren lernen. Auch manche Hammerhaie versammeln sich in großen Schulen.

HYDRODYNAMIK – aus den griechischen Wörtern hydro für „Wasser" und dynamis für „Kraft" – ist die Lehre vom Strömungswiderstand im Wasser.

SCHON GEWUSST?

Obwohl der größte je gefangene und vermessene Hammerhai 3 m lang war, ist schon von größeren – 6 m langen – berichtet worden.

Eine Hammerhai-Art, die auch Goldener Hammerhai genannt wird, bekommt seine auffallend goldfarbene Haut von einer in seiner Hauptnahrung – Krabben – enthaltenen Substanz!

WEGWEISER

• Wie atmen Haie? Lies nach auf S. 16–17.
• Warum sind einige Haiarten bedroht? Lies nach auf S. 22–23.

Weil die Augen des Hammerhais an den Enden seines sehr breiten Kopfes sitzen, hat dieses Exemplar den Fotografen vermutlich nur mit seinem linken Auge gesehen. Mit dem rechten sah der Hai etwas anderes.

Hammerhaie, wie dieser Mützen-Hammerhai, suchen ihre Nahrung mit dem Kopf, so wie Menschen einen im Sand verborgenen Schatz mit dem Metalldetektor aufspüren. Alle Lebewesen senden schwache Stromstöße aus. Solche Signale werden vom Hai mit seinem „elektrischen Sinn" wahrgenommen, während er beim Schwimmen den Kopf über dem Sand hin und her bewegt.

INSIDESTORY
Hammerhai-Treffen

Der Unterwasser-Filmer Bob Cranston und der Filmemacher Howard Hall haben dazu beigetragen, dass die Ansammlungen von Bogenschnäuzigen Hammerhaien in der Sea of Cortez (Niederkalifornien) berühmt wurden. Die meisten Haie leben einzeln, aber die Bogenschnäuzigen Hammerhaie bilden Schulen mit bis zu 500 Haien, meist Weibchen. Manche Wissenschaftler glauben, dass sie sich zu Gruppen zusammenfinden, weil sie Geselligkeit suchen und Raubfischen entgehen wollen, aber Cranston meint, dass die Fortpflanzung das treibende Element sei. „Manchmal beißt ein Männchen einem Weibchen in die Brustflosse, wickelt dann seinen Schwanz um dessen Körper und beginnt mit der Paarung."

Großer Hammerhai

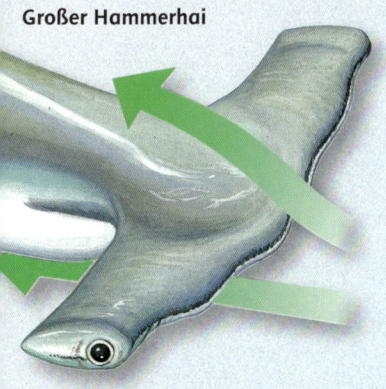

Während der Schwanz des Hammerhais ihn vorwärtsdrückt, strömt das Wasser unter den Flügeln an seinem Kopf langsamer als über ihnen, sodass ein Auftrieb entsteht und der Hai unter geringem Energieaufwand schneller schwimmen kann.

Wenn ein Mützen-Hammerhai mit seinem elektrischen Sinn ein Beutetier aufspürt, gräbt er das Opfer mit seinem Kopf wie mit einer Schaufel aus.

Mützen-Hammerhai

Rochen   Glattrochen   Gitarrenrochen

Verwandtschaft

Trotz einiger ganz offenkundiger Unterschiede im Körperbau sind Rochen die engsten lebenden Verwandten der Haie. Wie Haie haben auch Rochen Skelette aus biegsamen Knorpeln und nicht aus Knochen. Ihre Körper sind besonders gut an die Nahrungssuche am Meeresgrund angepasst. Dort leben die meisten von ihnen. Der Körper der Rochen ist nicht stromlinienförmig wie bei den Haien, sondern abgeflacht. Maul und Kiemenspalten liegen auf der Unterseite, sodass Rochen gleichzeitig fressen und nach Feinden Ausschau halten können.
Rochen haben große, segelartige Brustflossen, die sie wie Flügel bewegen. Zu den Rochen gehören sechs Hauptgruppen – Sägefische, Gitarrenrochen, Torpedorochen, Glattrochen, Stachelrochen sowie Adlerrochen und Mantas.

Die meisten Rochen ernähren sich von bodenlebenden Fischen und Muscheln. Nicht so der Manta oder Teufelsrochen. Er „fliegt" durch oberflächennahes Wasser und frisst wie die großen Filtrierer unter den Haien überwiegend Plankton. Mit fleischigen Lappen (Vergrößerungen der Brustflossen) zu beiden Seiten des Mauls schaufelt er Plankton in sich hinein. Dann filtert er mit den fleischigen Kiemenrechen, die an der Innenseite der Kiemenspalten sitzen, die Nahrung aus dem Meerwasser.

Ausgewachsene Mantarochen erreichen 7 m Spannweite.

Rochenschwanz

Haischwanz

Die meisten Rochen haben lange, peitschenähnliche Schwänze mit einem spitzen Giftstachel zur Verteidigung und keine Rückenflossen. Einige Rochen besitzen dagegen zwei Rückenflossen auf einem dickeren Schwanz, aber keinen Stachel.

Rochen benutzen ihre Brustflossen als Hauptantrieb, während Haie dazu ihre Schwanzflosse nehmen.

INSIDESTORY
Unangenehme Begegnung

Der Forscher Tom Scanland war mit der Untersuchung von Schwämmen und Seegurken beschäftigt, die an den Wänden des untermeerischen La-Jolla-Canyons in Niederkalifornien leben. „Einmal vermaß ich einen Schwamm, als etwas knapp an meinem Kopf vorbeihuschte. Seelöwen, dachte ich ärgerlich und machte weiter, ohne mich darum zu kümmern. Plötzlich, zack! Ich hatte einen Schlag bekommen. Ich blickte nach oben und sah, wie ein Marmor-Zitterrochen, groß wie ein Gullydeckel, über mir kreuzte. Seither sehe ich mich vor!"

Blauflecken-Stechrochen leben an Korallenriffen und ernähren sich von Meereswürmern, Krabben und Einsiedlerkrebsen.

Sägefisch

CHIMÄREN verdanken ihren Namen ihrem merkwürdigen Aussehen. In der griechischen Mythologie war die Chimäre ein Feuer speiendes Monster mit einem Löwenkopf, einem Ziegenkörper und einem Schlangenschwanz. Diese seltsamen Hai-Verwandten haben darum im Volksmund auch Namen wie „Geisterfisch" oder „Spukfisch".

Zitterrochen haben spezielle Muskelzellen in der Mitte beider Brustflossen, die ein batterieähnliches elektrisches Organ bilden. Ein Atlantischer Zitterrochen kann mehr als 220 Volt entladen. Das ist genug, um einen Taucher außer Gefecht zu setzen.

Der Weißflecken-Gitarrenfisch ist als neugierig bekannt. Er stellt sich sogar auf seine Brustflossen, um einen Taucher auf dem Meeresgrund besser beobachten zu können.

• Es gibt 6 Hauptgruppen von Rochen. Aber wie viele Gruppen oder Ordnungen kennt man von Haien? Lies S. 4–5.

Fleischige Lappen oder „Kopfflossen" fächeln das Futter in das breite Maul.

Plankton ist der Sammelbegriff für winzige Pflanzen, Krebse, Krabben, Eier, Jungfische sowie die Jungen vieler Meerestiere, die in Strömungen treiben.

Ein Mantarochen kann ununterbrochen filtrieren, indem er Loopings durch eine Planktonwolke fliegt. Schwämme der Manta geradeaus hindurch, verlöre er Zeit mit dem Wenden in Wasser, das kein Futter enthält.

Ein Manta atmet durch den Mund ein, aber durch die Kiemenspalten aus.

Die Größe eines Tauchers entspricht einem Viertel der Spannweite eines sehr großen Mantas.

Die Flossen der Glattrochen sind spitzer als die anderer Rochen.

Einige Rochen-Arten, wie der Süßwasserrochen, leben in Seen und Flüssen Südamerikas, über 1500 km vom Meer entfernt. Solche Rochen durchwühlen den Boden mit ihren Brustflossen und scheuchen so die kleinen Tiere hervor, die dort leben.

MEERESGEISTER

Haie und Rochen haben noch andere, entferntere Verwandte – die Chimären oder Seeratten. Obwohl Chimären manche Merkmale mit Knochenfischen gemein haben – sie besitzen nur eine Kieme an jeder Seite und haben eine bewegliche Rückenflosse –, werden sie in die gleiche Gruppe wie Haie und Rochen gestellt, weil sie ein Knorpelskelett besitzen, über keine Schwimmblase verfügen und ihre Eier von zähen, biegsamen Kapseln umhüllt sind.

Die Kurznasen-Chimäre ist auch als Geisterhai oder Seedrachen bekannt.

Der Spukfisch hat an der langen Nase Geschmacks- und Tastsinneszellen, die ihm bei der Futtersuche helfen.

Die Pflugnasen- oder Elefantenchimäre wühlt mit der verlängerten Schnauze im Boden nach Essbarem.

Seeschlange　　　　**Flussotter**　　　　**Meeres-schildkröte**

Andere Wirbeltiere, die an das Leben im Wasser angepasst sind.

Körperbau

Die Wirbelsäule, auch Rückgrat genannt, unterscheidet die Wirbeltiere von Wirbellosen wie Insekten, Spinnen und Muscheln, die keine haben. Weil sie eine Wirbelsäule haben, können Wirbeltiere so groß werden. Das starke, innere Skelett stützt das Körpergewicht.

Haie (und auch alle anderen Fische) sind Wirbeltiere. Aber was ihren Körper in Bewegung bringt – Flossen, Kiemen und die Torpedoform –, sind alles Anpassungen an den Lebensraum Wasser. Einige andere Wirbeltiere leben ebenfalls im Wasser, aber sie müssen zum Atmen an die Oberfläche kommen. Von den Wirbeltieren atmen nur die Fische unter Wasser. Durch ihre Kiemen entnehmen sie dem Wasser Sauerstoff. Ihre Flossen (der Schwanz eingeschlossen) sind für Antrieb, Steuerung und Gleichgewicht im Wasser gebaut. Die schnittige Form und glatte Haut und ein Skelett aus Knorpel – das leichter als Knochen ist – verleihen Haien große Beweglichkeit und Geschwindigkeit beim Schwimmen.

Haie haben einen Magen, Gedärme, Leber, Nieren, Bauchspeicheldrüse, Blase und Milz. Auch haben sie ein Gehirn und ein Gehäuse, in dem es gut geschützt liegt. Die meisten Haie haben spiralförmige Klappen am Ende ihres Darms. Dadurch entsteht eine größere Verdauungsfläche auf kleinstem Raum. Das Herz eines Hais ist röhrenförmig, während das unsere Kammern hat. Und Haie haben keine Lungen. Sie haben Kiemen und können damit unter Wasser atmen.

Kiemenbogen Teil des Hai-skeletts, der die Kiemen stützt.

Wirbelsäule Stützt den ganzen Körper.

Magen Beginn der Verdauung

Herz Pumpt sauerstoffreiches Blut durch den Körper.

Gallenblase Speichert Galle, eine Flüssigkeit, die bei der Verdauung hilft.

Knochenfische sind mit Schuppen bedeckt, Haie mit Hautzähnen oder Dentikel. Diese haben eine harte Emailoberfläche wie Zähne und viele scharfe Kanten, die beim Schwimmen den Wasserwiderstand herabsetzen. Wie eine Rüstung schützen die Dentikel den Hai vor Verletzungen.

Eine Hai-Leber kann 25% des Körpergewichts ausmachen.

Ein Hai hat eine große, mit Ölen gefüllte Leber. Weil diese Öle leichter als Wasser sind, tragen sie dazu bei, den Hai in der Schwebe zu halten. Auch sind die Öle ein guter Energiespeicher. Mit diesen großen Reserven können manche Haie monatelang ohne Nahrung auskommen.

Eine gesunde menschliche Leber macht 3–4 % des Körpergewichts aus.

ZUM SCHWIMMEN GEBOREN

Haie brauchen große Muskeln, um kräftig und schnell zu schwimmen. Die beim Schwimmen eingesetzten Muskeln machen 40 bis 65 Prozent des Körpergewichts eines Hais aus. Andere Anpassungen an das Schwimmen sind eine große Leber und die Fähigkeit, den enormen Wasserdruck auszuhalten.

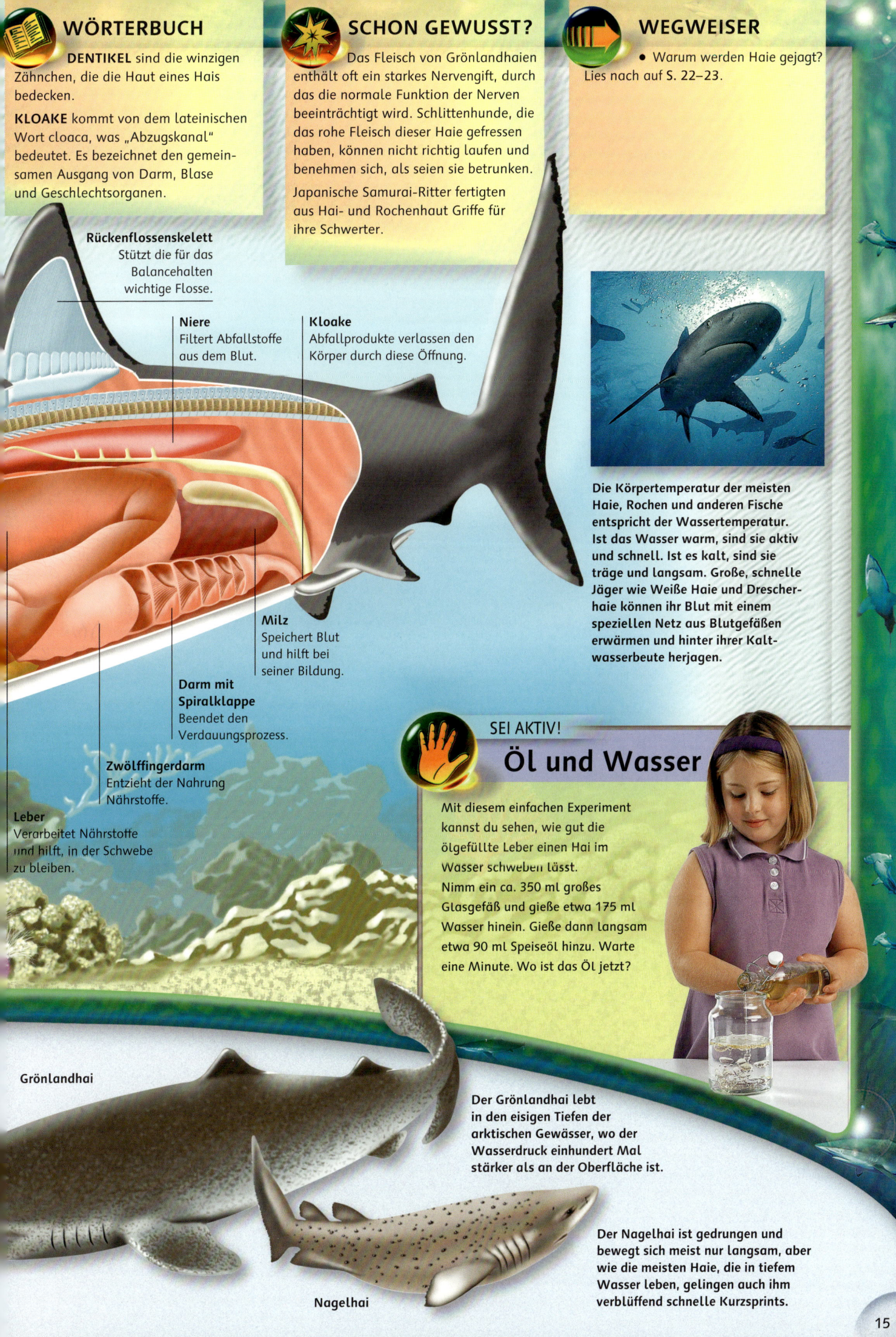

DENTIKEL sind die winzigen Zähnchen, die die Haut eines Hais bedecken.

KLOAKE kommt von dem lateinischen Wort cloaca, was „Abzugskanal" bedeutet. Es bezeichnet den gemeinsamen Ausgang von Darm, Blase und Geschlechtsorganen.

Das Fleisch von Grönlandhaien enthält oft ein starkes Nervengift, durch das die normale Funktion der Nerven beeinträchtigt wird. Schlittenhunde, die das rohe Fleisch dieser Haie gefressen haben, können nicht richtig laufen und benehmen sich, als seien sie betrunken.

Japanische Samurai-Ritter fertigten aus Hai- und Rochenhaut Griffe für ihre Schwerter.

• Warum werden Haie gejagt? Lies nach auf S. 22–23.

Rückenflossenskelett
Stützt die für das Balancehalten wichtige Flosse.

Niere
Filtert Abfallstoffe aus dem Blut.

Kloake
Abfallprodukte verlassen den Körper durch diese Öffnung.

Milz
Speichert Blut und hilft bei seiner Bildung.

Darm mit Spiralklappe
Beendet den Verdauungsprozess.

Zwölffingerdarm
Entzieht der Nahrung Nährstoffe.

Leber
Verarbeitet Nährstoffe und hilft, in der Schwebe zu bleiben.

Die Körpertemperatur der meisten Haie, Rochen und anderen Fische entspricht der Wassertemperatur. Ist das Wasser warm, sind sie aktiv und schnell. Ist es kalt, sind sie träge und langsam. Große, schnelle Jäger wie Weiße Haie und Drescherhaie können ihr Blut mit einem speziellen Netz aus Blutgefäßen erwärmen und hinter ihrer Kaltwasserbeute herjagen.

SEI AKTIV!

Öl und Wasser

Mit diesem einfachen Experiment kannst du sehen, wie gut die ölgefüllte Leber einen Hai im Wasser schweben lässt.
Nimm ein ca. 350 ml großes Glasgefäß und gieße etwa 175 ml Wasser hinein. Gieße dann langsam etwa 90 ml Speiseöl hinzu. Warte eine Minute. Wo ist das Öl jetzt?

Grönlandhai

Der Grönlandhai lebt in den eisigen Tiefen der arktischen Gewässer, wo der Wasserdruck einhundert Mal stärker als an der Oberfläche ist.

Nagelhai

Der Nagelhai ist gedrungen und bewegt sich meist nur langsam, aber wie die meisten Haie, die in tiefem Wasser leben, gelingen auch ihm verblüffend schnelle Kurzsprints.

Leopardenhai,
ein Fünfkiemer

Grauhai,
ein Sechskiemer

Breitschnäuziger
Kammzähner,
ein Siebenkiemer

Atmung

Haie und andere Fische haben Kiemen genannte Organe entwickelt, mit denen sie dem Wasser Sauerstoff entnehmen. Ein Hai atmet, indem er durch sein Maul Wasser aufnimmt. Das Wasser fließt über die Kiemen (die den Sauerstoff entnehmen), bevor es durch die Kiemenspalten wieder austritt. Beim Schwimmen wird das Wasser durch die Vorwärtsbewegung über die Kiemen gedrückt, sodass sie den Sauerstoff entnehmen können. Je schneller Haie schwimmen, desto mehr Sauerstoff bekommen sie. Aber nicht alle Haie müssen ständig schwimmen, um zu atmen. Einige Bodenbewohner haben gelernt, Wasser über ihre Kiemen zu pumpen, während sie sich nicht bewegen.

In den Körperzellen verbindet sich Sauerstoff mit Nährstoffen zur Energieerzeugung. Da das Blut Sauerstoff in den ganzen Körper befördert, enthalten die Kiemen viele Blutgefäße. Das Blut transportiert auch Abfallstoffe wie Kohlendioxid von den Zellen zu den Kiemen, wo sie ins Wasser gelangen.

Die meisten wasserbewohnenden Geschöpfe haben Kiemen – alle Fische ebenso wie Kraken, Kalmare, Krabben und alle anderen Schalentiere. Die meisten Haie besitzen fünf Paar Kiemen, aber es gibt auch Sechskiemer und Siebenkiemer.

Karibischer Riffhai

Große, schnell schwimmende Haie wie Makohaie und Weiße Haie (oben) brauchen viel Sauerstoff für ihre Muskelarbeit. Sie müssen darum große Wassermengen über ihre Kiemen leiten. Das können sie durch schnelles Schwimmen mit kaum geöffnetem Maul machen. Diesen Vorgang nennt man Schwimmventilation.

Kiemenöffnung

Ein Wissenschaftler überprüft mit einer Spezialfarbe den Wasserstrom durch die Kiemen eines Ammenhais. Im Ruhezustand pumpen diese Haie mit ihren Kiemen- und Rachenmuskeln Wasser über ihre Kiemen.

WIE KIEMEN FUNKTIONIEREN

Kiemen sind gut durchblutete Organe im Haimaul, durch die er im Wasser atmet. Jede Kieme hat Hunderte fledriger Kiemen-Filamente, die mit sauerstoffangereichertem Blut gefüllt sind. Die Kiemen-Filamente sitzen an den Kiemenbögen, die Teil des Hai-Skeletts sind. Durch das Vorwärtsschwimmen und durch Pumpbewegungen der Rachenmuskeln drückt der Hai Wasser über die Kiemen, das durch die Kiemenspalten wieder austritt. Große Arterien befördern das Blut zu den Kiemen, die deshalb tiefrot gefärbt sind.

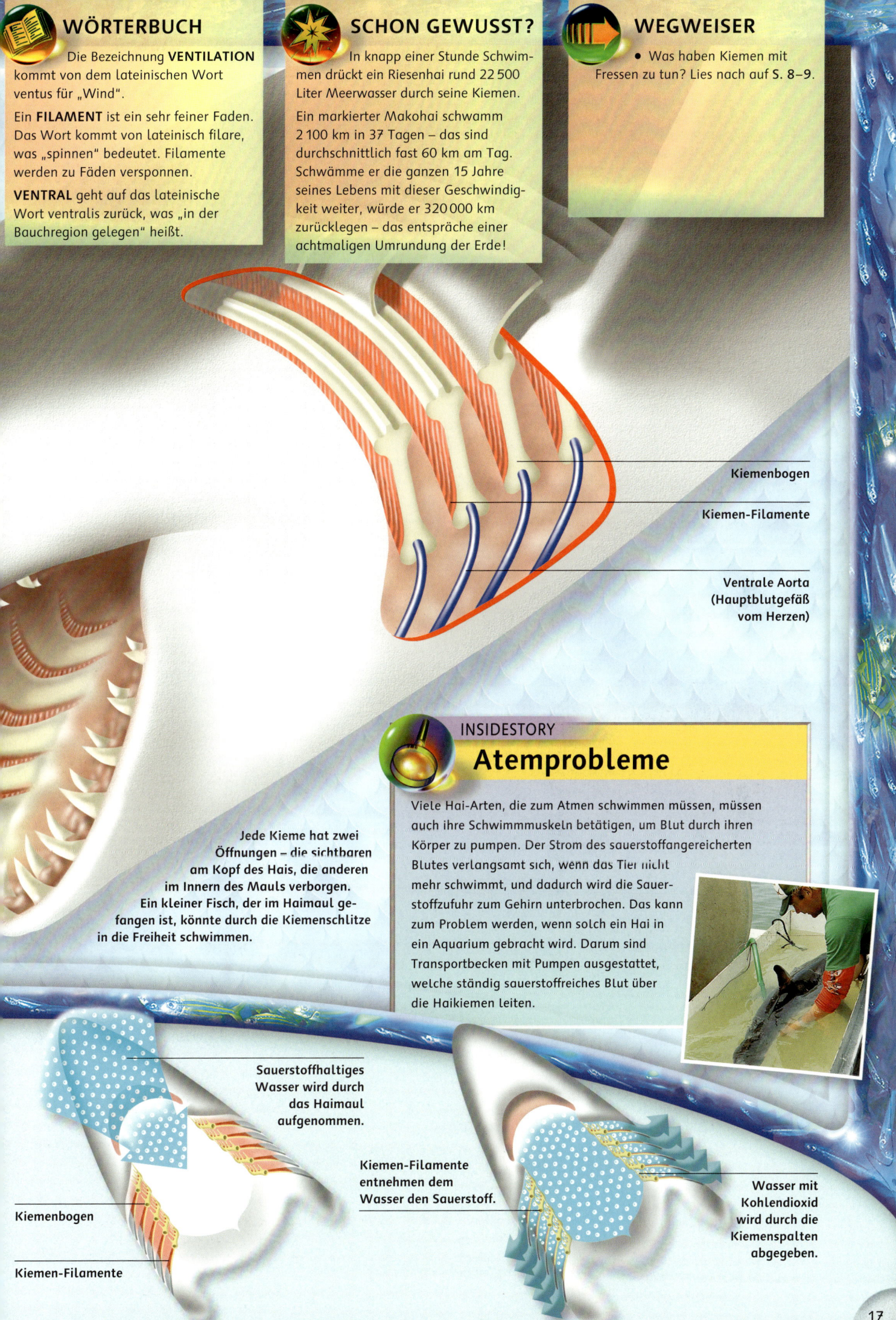

WÖRTERBUCH

Die Bezeichnung **VENTILATION** kommt von dem lateinischen Wort ventus für „Wind".

Ein **FILAMENT** ist ein sehr feiner Faden. Das Wort kommt von lateinisch filare, was „spinnen" bedeutet. Filamente werden zu Fäden versponnen.

VENTRAL geht auf das lateinische Wort ventralis zurück, was „in der Bauchregion gelegen" heißt.

SCHON GEWUSST?

In knapp einer Stunde Schwimmen drückt ein Riesenhai rund 22 500 Liter Meerwasser durch seine Kiemen.

Ein markierter Makohai schwamm 2 100 km in 37 Tagen – das sind durchschnittlich fast 60 km am Tag. Schwämme er die ganzen 15 Jahre seines Lebens mit dieser Geschwindigkeit weiter, würde er 320 000 km zurücklegen – das entspräche einer achtmaligen Umrundung der Erde!

WEGWEISER

• Was haben Kiemen mit Fressen zu tun? Lies nach auf S. 8–9.

Kiemenbogen

Kiemen-Filamente

Ventrale Aorta (Hauptblutgefäß vom Herzen)

Jede Kieme hat zwei Öffnungen – die sichtbaren am Kopf des Hais, die anderen im Innern des Mauls verborgen. Ein kleiner Fisch, der im Haimaul gefangen ist, könnte durch die Kiemenschlitze in die Freiheit schwimmen.

INSIDESTORY
Atemprobleme

Viele Hai-Arten, die zum Atmen schwimmen müssen, müssen auch ihre Schwimmmuskeln betätigen, um Blut durch ihren Körper zu pumpen. Der Strom des sauerstoffangereicherten Blutes verlangsamt sich, wenn das Tier nicht mehr schwimmt, und dadurch wird die Sauerstoffzufuhr zum Gehirn unterbrochen. Das kann zum Problem werden, wenn solch ein Hai in ein Aquarium gebracht wird. Darum sind Transportbecken mit Pumpen ausgestattet, welche ständig sauerstoffreiches Blut über die Haikiemen leiten.

Sauerstoffhaltiges Wasser wird durch das Haimaul aufgenommen.

Kiemen-Filamente entnehmen dem Wasser den Sauerstoff.

Wasser mit Kohlendioxid wird durch die Kiemenspalten abgegeben.

Kiemenbogen

Kiemen-Filamente

Zahn eines Tigerhais

Zahn eines Blauhais

Zahn eines Makohais

Zahn eines Weißen Hais

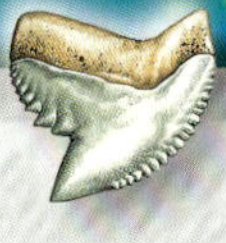

Zähne

Alle Haie haben Zähne, selbst die großen Planktonfilterer, die keine Verwendung mehr für sie haben. Doch trotz all ihrer beeindruckenden Zähne gibt es etwas, was Haie nicht können – kauen. Zwar sehen die Zähne bei jeder Hai-Art anders aus, je nach Beschaffenheit ihrer Nahrung, aber das Ergebnis ist das Gleiche: Haie zerbeißen ihre Nahrung in Stücke, die sie verschlingen. Wird die Beute im Ganzen geschluckt, benutzt der Hai seine Zähne, um sie zu packen und außer Gefecht zu setzen. Gewöhnlich besitzen Haie nur eine Zahnart, und die richtet sich danach, wovon sie sich ernähren. Makohaie haben lange, spitze Zähne, bestens geeignet, fliehende Beute zu ergreifen. Wobbegongs besitzen kleine, scharfe Zähne zum Zermalmen der harten Schalen von Krebsen und Muscheln. Weiße Haie haben flache, dreieckige Zähne, mit denen sie ihre Beute zerschneiden. Hornhaie bilden eine Ausnahme. Sie haben sowohl Mahlzähne als auch Fangzähne – perfekt zum Ergreifen und Zermalmen stacheliger Seeigel. Ein so verschieden bezahntes Gebiss nennt man heterodont. Daher stammt auch der Name dieser Hai-Ordnung – Heterodontiformes.

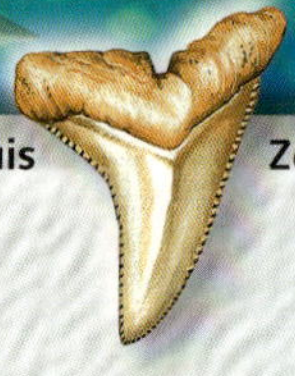

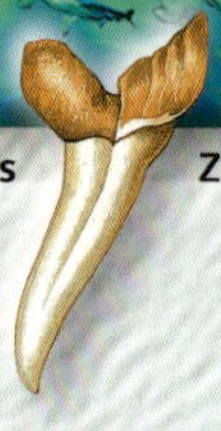

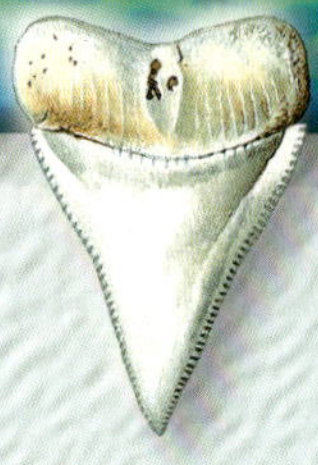

Der Hai besitzt Muskeln, mit denen er die Schnauze nach oben und nach unten bewegen kann. Der Hai kann sein Gebiss vorschieben. Er legt seinen Kopf zurück, sodass der Unterkiefer als Erstes mit der Beute in Berührung kommt. Dann bewegt sich der Oberkiefer nach vorwärts und unten, und ein Brocken wird aus der Beute herausgerissen.

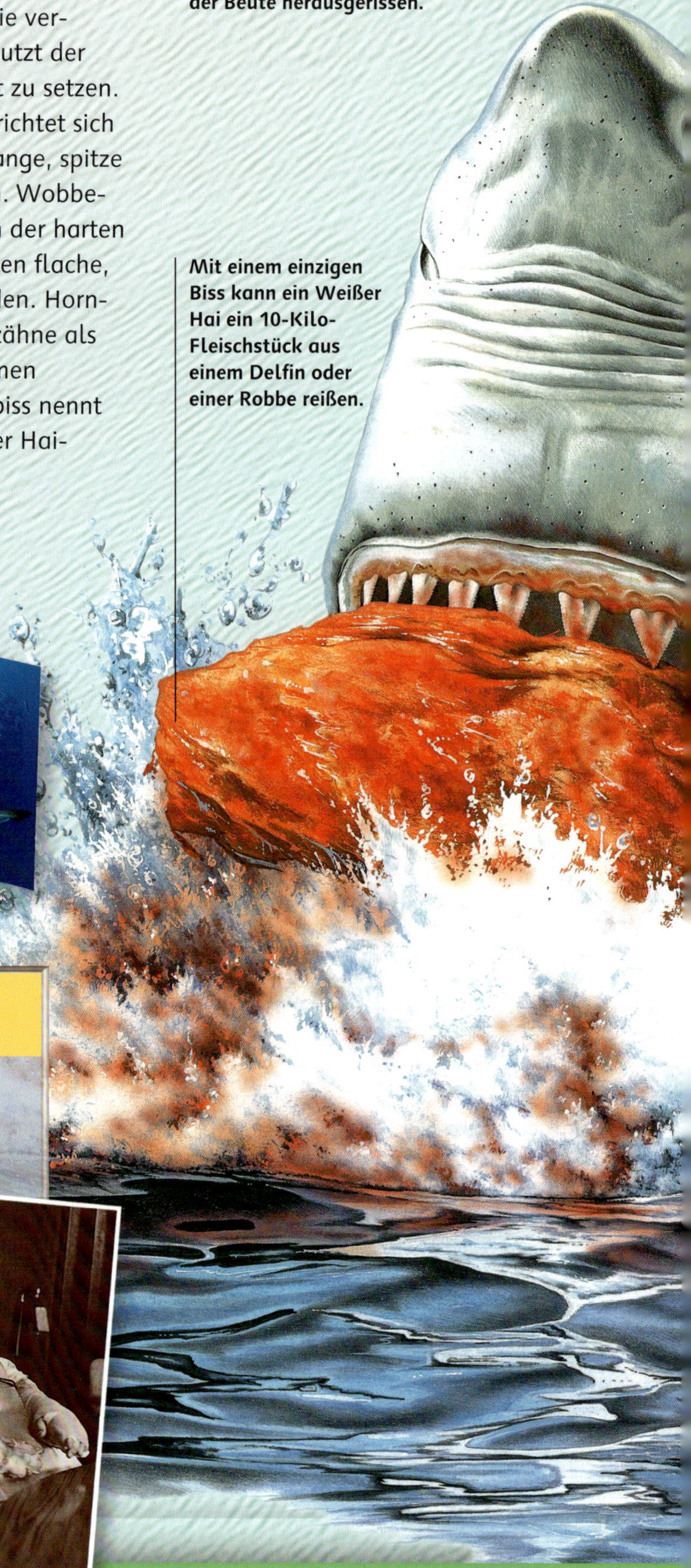

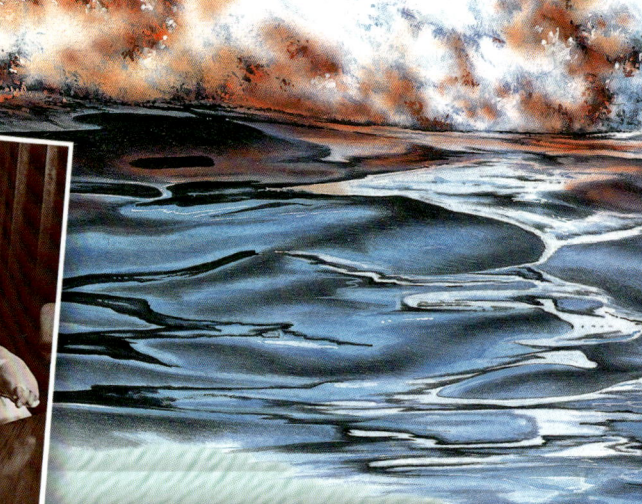

Mit einem einzigen Biss kann ein Weißer Hai ein 10-Kilo-Fleischstück aus einem Delfin oder einer Robbe reißen.

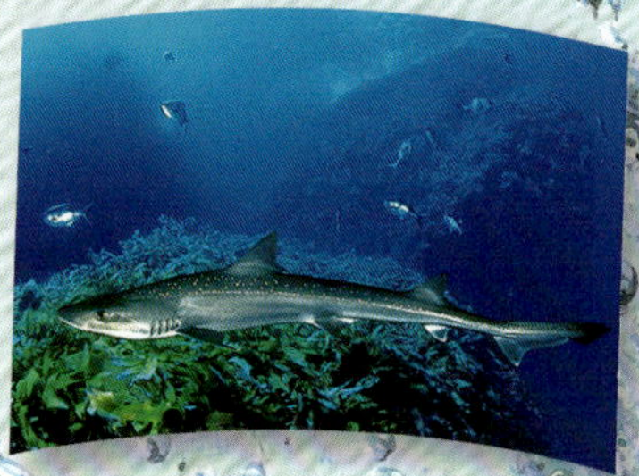

Dieser Marderhai hat keine scharfen Zähne, mit denen er seine Nahrung zerschneiden könnte. Er benutzt seine flachen Zähne, um am Boden lebende Tiere wie Kraken, Knochenfische und Krebstiere zu zermalmen.

INSIDESTORY

Das war knapp!

Joe Thompson surfte 1985 vor der Kauai-Küste von Hawaii, als er sich plötzlich Auge in Auge mit einem Tigerhai sah – und seine Hände waren mitten im Hai-Maul! Er konnte eine Hand befreien und boxte damit dem Hai ins Auge, bis dieser den Biss lockerte. Es gelang ihm, zu entkommen, aber nur noch mit einer seiner Hände. Er schaffte es bis zum Strand, wo er ein Auto anhielt, das ihn zum Krankenhaus mitnahm. Dann bat er seine Freunde, sein Surfbrett zu holen.

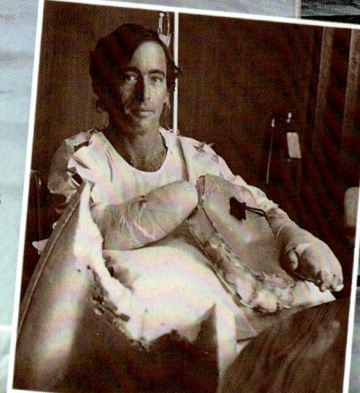

WÖRTERBUCH

HETERODONT setzt sich aus den griechischen Wörtern hetero für „verschieden" und odontes für „Zähne" zusammen.

Der WEISSE HAI hat einen dunkel gefärbten Rücken. Lediglich der Bauch ist weiß wie Schnee.

SCHON GEWUSST?

Ein Hai verbraucht in seinem Leben mehr als 30 000 Zähne. Er kann bis zu 3000 gleichzeitig im Maul haben.

Im Mittelalter suchte man mit Haizähnen nach Gift in Getränken. Man hielt ein Gebräu für tödlich, wenn es sprudelte, sobald der Zahn hineingeworfen wurde.

WEGWEISER

• Wie begünstigen Dentikel das schnelle Schwimmen eines Hais? Lies S. 14.

Das mächtige Gebiss eines Weißen Hais besteht aus leichtem und biegsamem Knorpel. Die beiden Dellen am oberen Rand des Oberkiefers zeigen, wo er lose mit dem unteren Schädel des Hais verbunden war, sodass er beim Angriff den Oberkiefer vom Schädel lösen konnte. Die Zähne im hinteren Gebiss sind viel kleiner als die im vorderen.

WEIT OFFEN

Zeitlupenaufnahmen von Haien beim Fressen liefern den Beweis, dass deren Kiefer aus dem Maul gleiten. Vorschiebbare Kiefer eignen sich besser zum Packen der Beute – und fangen einen Teil der gewaltigen Bisskraft ab.

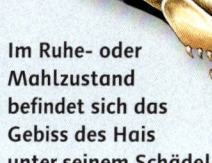

Im Ruhe- oder Mahlzustand befindet sich das Gebiss des Hais unter seinem Schädel.

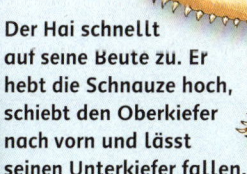

Der Hai schnellt auf seine Beute zu. Er hebt die Schnauze hoch, schiebt den Oberkiefer nach vorn und lässt seinen Unterkiefer fallen.

Die Zähne eines Hais werden ständig ersetzt. Wie oft, ist bei den meisten Arten unbekannt, aber Experimente mit gefangenen Zitronenhaien und Hornhaien ergaben, dass jeder Zahn einen Monat bis etwa ein Jahr lang hält. Die ausgefallenen Zähne liegen auf dem Meeresgrund, wo sie versteinern können.

Ist der Kiefer ganz geöffnet, wird er durch Muskelkontraktionen vom Schädel fort und aus dem Maul gezogen.

Neugeborener Tigerhai

Neugeborener Zebrahai

Überlebenskampf

Haie fressen einfach alles – auch andere Haie. Aber viele haben Wege gefunden, um ihre Überlebenschancen zu verbessern, damit sie ihre Gene an die nächste Generation weitergeben können.

So zum Beispiel die Tigerhaie, die eine große Anzahl winziger Jungtiere hervorbringen. Je mehr es sind, desto größer ist die Chance, dass wenigstens einige überleben. Der Nachteil ist, dass diese ungeschützten Jungen leicht zu Fischfutter werden. Die Weibchen der Weißen Haie gebären nur wenige Junge, aber diese sind relativ groß. Das ist zwar ein Vorteil, aber die geringe Zahl birgt auch ein Risiko.

Haimütter kümmern sich nicht um ihren Nachwuchs. Allerdings suchen sie einen möglichst sicheren Geburtsplatz für die Jungen. Lebend Gebärende schwimmen in flache Buchten, in denen es keine großen Raubfische gibt. Diejenigen, die Eier legen, schieben diese unter Steine oder Seegras.

Viele neugeborene Haie, wie Zebrahaie, haben eine Körperzeichnung oder -färbung, die sie gut tarnt. Andere, wie frisch geborene Weißspitzen-Riffhaie, werden leicht die Beute von Erwachsenen ihrer Art und bringen sich daher zwischen Korallen in Sicherheit. Selbst ausgewachsenen Weißspitzen-Riffhaien droht Gefahr – von größeren Haien. Darum verstecken sie sich tagsüber in Höhlen und gehen nur nachts auf Beutejagd.

Mit seiner Farbe und Musterung kann sich ein Hornhai in seiner Umgebung tarnen. Außerdem hat er zwei scharfe Stacheln auf dem Rücken, mit denen er sich in einem Felsspalt verkeilen kann. Dann sind nur noch sein Rücken – und die beiden Stacheln – zu sehen. Kaum ein Räuber wird Appetit auf eine stachelige Mahlzeit haben.

Dieser Katzenhai schiebt sich bei Gefahr in eine Felsritze und füllt dann seinen Magen so mit Wasser, dass er festsitzt. Räubern gelingt es nicht, den aufgeblähten Hai aus seinem Versteck zu zerren.

Hai-Angriff

Der Amerikaner Mike de Gruy ist Meeresbiologe und Filmemacher. Seine Arbeit führte ihn an viele Orte, und einen davon, das Enewetak-Atoll im Südpazifik, wird er Zeit seines Lebens nie vergessen. „Ich machte mit meiner Blitzlichtkamera Fotos von Grauen Riffhaien. Ich brauchte den Blitz, weil die weißen Bäuche der Grauen Riffhaie gegen das von oben kommende Licht kaum zu sehen waren. Ich machte ein paar gute Aufnahmen ‚nach oben'. Dann sah ich, wie ein kleinerer Hai die typischen Drohgebärden machte. ‚Toller Schuss!', dachte ich. Ich blitzte und – der Hai packte meinen Arm und schüttelte ihn. Ich ließ die Kamera fallen und verlor all meine tollen Bilder. Meine Wunde blutete, und ich machte mich schleunigst auf den Rückweg zum Boot. Ich hatte keine Bilder, dafür aber eine große Narbe."

Neugeborener Grauer Bambushai und seine Eikapsel

Neugeborener Marderhai und sein Dottersack

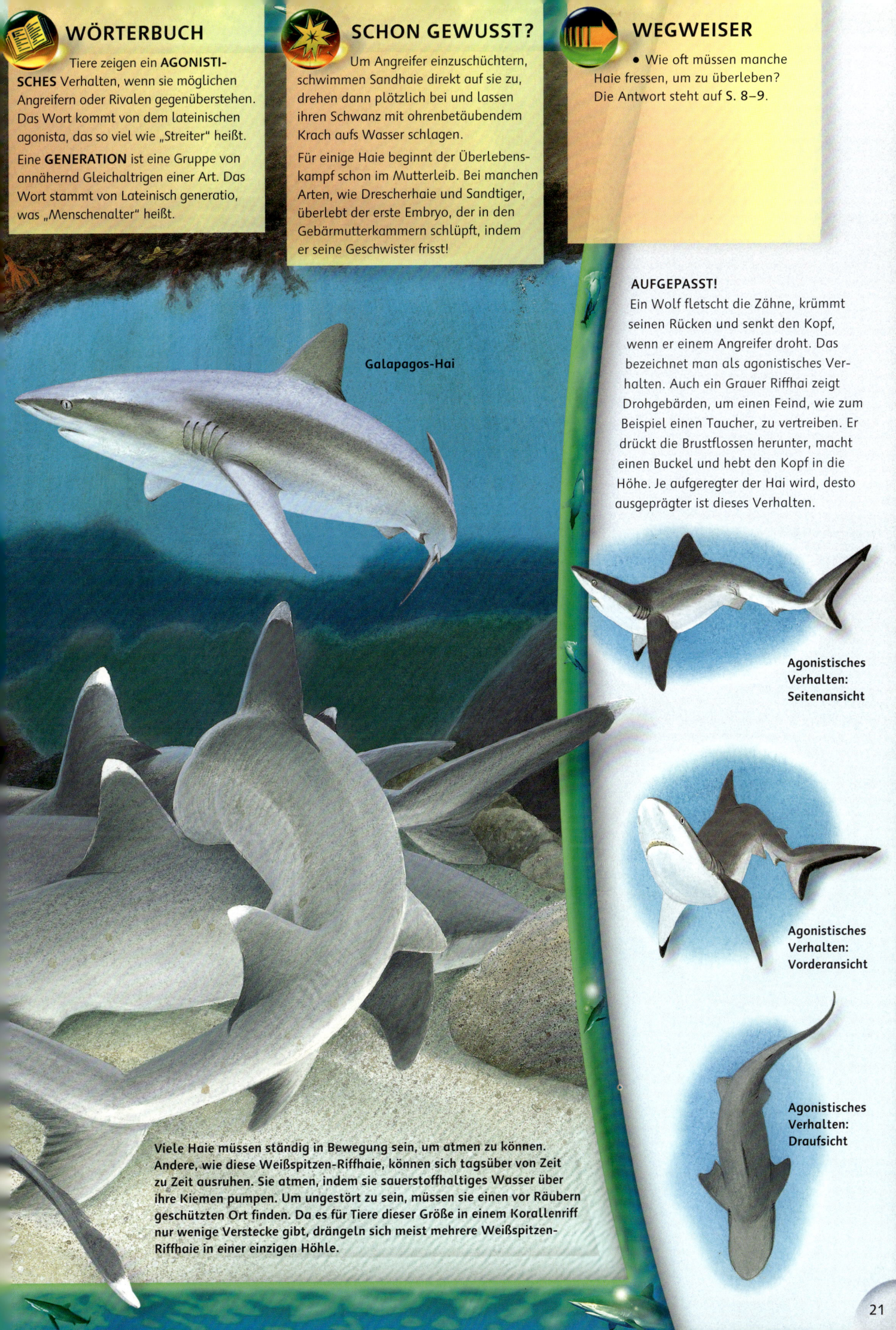

WÖRTERBUCH

Tiere zeigen ein **AGONISTI-SCHES** Verhalten, wenn sie möglichen Angreifern oder Rivalen gegenüberstehen. Das Wort kommt von dem lateinischen agonista, das so viel wie „Streiter" heißt.

Eine **GENERATION** ist eine Gruppe von annähernd Gleichaltrigen einer Art. Das Wort stammt von Lateinisch generatio, was „Menschenalter" heißt.

SCHON GEWUSST?

Um Angreifer einzuschüchtern, schwimmen Sandhaie direkt auf sie zu, drehen dann plötzlich bei und lassen ihren Schwanz mit ohrenbetäubendem Krach aufs Wasser schlagen.

Für einige Haie beginnt der Überlebenskampf schon im Mutterleib. Bei manchen Arten, wie Drescherhaie und Sandtiger, überlebt der erste Embryo, der in den Gebärmutterkammern schlüpft, indem er seine Geschwister frisst!

WEGWEISER

• Wie oft müssen manche Haie fressen, um zu überleben? Die Antwort steht auf S. 8–9.

Galapagos-Hai

AUFGEPASST!
Ein Wolf fletscht die Zähne, krümmt seinen Rücken und senkt den Kopf, wenn er einem Angreifer droht. Das bezeichnet man als agonistisches Verhalten. Auch ein Grauer Riffhai zeigt Drohgebärden, um einen Feind, wie zum Beispiel einen Taucher, zu vertreiben. Er drückt die Brustflossen herunter, macht einen Buckel und hebt den Kopf in die Höhe. Je aufgeregter der Hai wird, desto ausgeprägter ist dieses Verhalten.

Agonistisches Verhalten: Seitenansicht

Agonistisches Verhalten: Vorderansicht

Agonistisches Verhalten: Draufsicht

Viele Haie müssen ständig in Bewegung sein, um atmen zu können. Andere, wie diese Weißspitzen-Riffhaie, können sich tagsüber von Zeit zu Zeit ausruhen. Sie atmen, indem sie sauerstoffhaltiges Wasser über ihre Kiemen pumpen. Um ungestört zu sein, müssen sie einen vor Räubern geschützten Ort finden. Da es für Tiere dieser Größe in einem Korallenriff nur wenige Verstecke gibt, drängeln sich meist mehrere Weißspitzen-Riffhaie in einer einzigen Höhle.

Bedrohtes Leben

Haie mögen zwar die erfolgreichsten Ozeanräuber sein, aber die größten Räuber sind die Menschen. Denn: Menschen töten alljährlich Millionen Haie. Und: Haie brauchen mehr Zeit, um weniger Junge als die meisten anderen Fische hervorzubringen. Tatsache ist: Als Spitzenräuber spielen Haie eine enorm große Rolle in der Erhaltung gesunder Fischpopulationen, so wie etwa Wölfe in den Wäldern Nordamerikas oder Löwen in Afrikas Steppen. Wir wissen nicht, was mit dem Gleichgewicht des Lebens im Meer ohne Haie werden wird.

In Asien hat sich eine ganze Industrie entwickelt, die nur damit beschäftigt ist, den ungeheuren Bedarf an Haiflossen, die zu Suppen verarbeitet werden, zu decken. Fischer fangen den Hai, schneiden noch an Bord die Flossen ab und werfen ihn dann ins Meer zurück, wo er verhungert oder ertrinkt. Zudem verfangen sich viele Haie in Netzen. Manche Fischer lassen die Haie wieder frei, aber andere behalten sie einfach als sogenannten Beifang.

Eine weitere Bedrohung der Haie ist generell die Überfischung. Heute fangen die technisch bestens ausgestatteten Fischer immer mehr Fisch – und das wirkt sich auf das Nahrungsangebot der Haie aus.

Wir alle wissen, dass Delfine oft qualvoll in Fischernetzen verenden. Das Gleiche gilt für viele andere Meeresbewohner – darunter auch Haie. Tiere, die sich in den kilometerlangen Netzen verfangen – wie diese Hammerhaie –, haben nicht die geringste Chance zu entkommen. Netze, die verloren gehen oder auf See zurückgelassen werden, können noch Jahre später zur tödlichen Falle werden.

Im Netz
verfangener
Hammerhai

Achtlos weggeworfener Abfall kann Lebensräume zerstören und die darin lebenden Tiere und Pflanzen schädigen. Eine Möglichkeit, zur Rettung von Meerestieren (auch von Haien) beizutragen, ist die Teilnahme an einer freiwilligen Strandreinigungsaktion, wie auf dem Bild oben dargestellt.

WÖRTERBUCH

Aus dem karibischen Sprachraum kommt das Wort **MANATIS**, das eine Familie von Seekühen bezeichnet.

DELFIN kommt von dem griechischen Wort delphis, was „Meerschwein" bedeutet. Delphax heißt auf Deutsch „Schwein".

MARIN stammt von dem lateinischen Wort marinus, was so viel wie „zum Meer gehörend" oder auch „im Meer lebend" bedeutet. Der Gegensatz ist „terrestrisch" von terra = „Land".

SCHON GEWUSST?

Über 60 000 Haie wurden 1998 von Fischereibetrieben im Mittleren und Westlichen Pazifik gefangen. Davon wurden 98 % wegen ihrer Flossen getötet.

Auf jeden von einem Hai umgebrachten Menschen kommen zwei Millionen von Menschen getötete Haie. Jährlich werden 12 Millionen Haie von Menschen getötet, verglichen mit sechs Haiopfern.

WEGWEISER

• Welche Zahlen und Fakten sind über Hai-Angriffe bekannt? Lies nach auf S. 6–7.

WOFÜR SIE STERBEN

Manche Hai-Produkte sind wichtig – als Nahrungsmittel oder als medizinische Produkte, die das Leben der Menschen verbessern. Andere Hai-Produkte hingegen sind Luxusgüter, die durch synthetische Erzeugnisse ersetzt werden können.

Haiflossen sind teure Delikatessen, insbesondere dann, wenn der Rest des Hais weggeworfen wird.

Das aus Hai-Lebern gewonnene Öl ist reich an Vitamin A und anderen wichtigen Nährstoffen.

Hai-Öl wird auch für Cremes, Lotionen und Lippenstifte gebraucht.

Hai-Hornhäute (die durchsichtige Außenschicht des Auges) können als Ersatz für menschliche Hornhäute eingesetzt werden.

Marine Parks – wie beispielsweise das Große Barriere-Riff (oben) oder der Ningaloo-Riff-Park in Australien – wurden zum Schutz und zur Beobachtung der Tier- und Pflanzenwelt in Riffgewässern eingerichtet. Durch ein gesundes Gleichgewicht zwischen Naturschutz und Tourismus bieten die Parks vielen Hai-Arten eine sichere Bleibe. Taucher aus aller Welt kommen in die Parks, um mit Haien – wie dem sanften Walhai – in ihrem Lebensraum zu schwimmen.

Karibischer Riffhai

INSIDESTORY

Schutz für Haie

Dr. Merry Camhi setzt sich mit aller Kraft für eine Beendigung des Fischens nur wegen der Flossen ein. Sie ist Direktorin eines staatlichen Programms zum Schutz des Meeres. „Unser Job ist es, den US-Kongress und die Gesetzgeber der Küstenstaaten sowie ausländische Regierungen davon zu überzeugen, dass Haie, Rochen und andere große Ozeanfische in akuter Gefahr sind. Wir müssen daran arbeiten, Haipopulationen zu retten – das heißt, die Fangquoten auf vernünftige Mengen zu reduzieren." Das Programm befasst sich auch mit dem Schutz von Hai-Kinderstuben sowie der Begrenzung der Fanggenehmigungen für Sportfischer und die Verpflichtung, Haie besonders bedrohter Arten wieder auszusetzen.

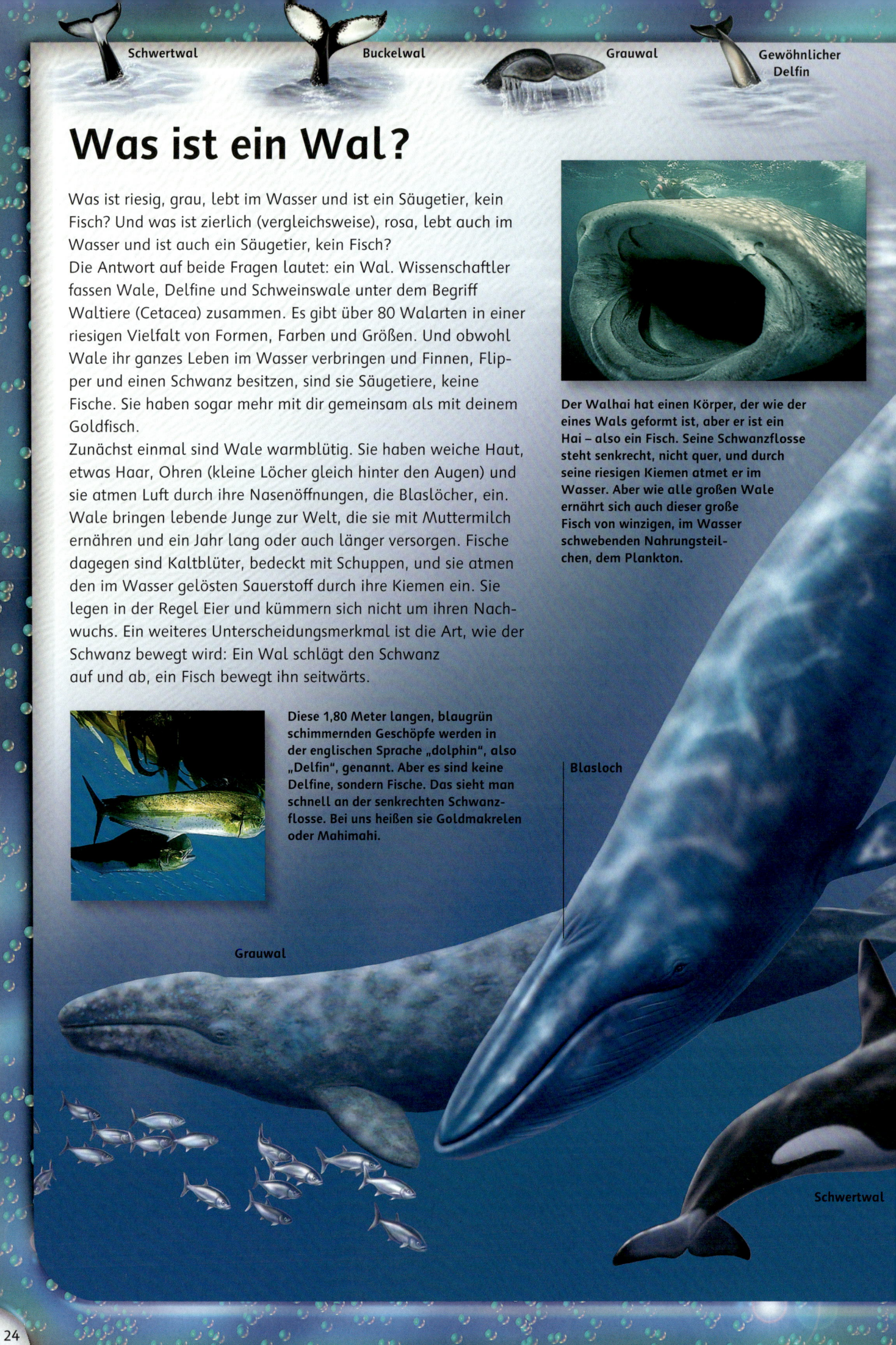

Was ist ein Wal?

Was ist riesig, grau, lebt im Wasser und ist ein Säugetier, kein Fisch? Und was ist zierlich (vergleichsweise), rosa, lebt auch im Wasser und ist auch ein Säugetier, kein Fisch?

Die Antwort auf beide Fragen lautet: ein Wal. Wissenschaftler fassen Wale, Delfine und Schweinswale unter dem Begriff Waltiere (Cetacea) zusammen. Es gibt über 80 Walarten in einer riesigen Vielfalt von Formen, Farben und Größen. Und obwohl Wale ihr ganzes Leben im Wasser verbringen und Finnen, Flipper und einen Schwanz besitzen, sind sie Säugetiere, keine Fische. Sie haben sogar mehr mit dir gemeinsam als mit deinem Goldfisch.

Zunächst einmal sind Wale warmblütig. Sie haben weiche Haut, etwas Haar, Ohren (kleine Löcher gleich hinter den Augen) und sie atmen Luft durch ihre Nasenöffnungen, die Blaslöcher, ein. Wale bringen lebende Junge zur Welt, die sie mit Muttermilch ernähren und ein Jahr lang oder auch länger versorgen. Fische dagegen sind Kaltblüter, bedeckt mit Schuppen, und sie atmen den im Wasser gelösten Sauerstoff durch ihre Kiemen ein. Sie legen in der Regel Eier und kümmern sich nicht um ihren Nachwuchs. Ein weiteres Unterscheidungsmerkmal ist die Art, wie der Schwanz bewegt wird: Ein Wal schlägt den Schwanz auf und ab, ein Fisch bewegt ihn seitwärts.

Der Walhai hat einen Körper, der wie der eines Wals geformt ist, aber er ist ein Hai – also ein Fisch. Seine Schwanzflosse steht senkrecht, nicht quer, und durch seine riesigen Kiemen atmet er im Wasser. Aber wie alle großen Wale ernährt sich auch dieser große Fisch von winzigen, im Wasser schwebenden Nahrungsteilchen, dem Plankton.

Diese 1,80 Meter langen, blaugrün schimmernden Geschöpfe werden in der englischen Sprache „dolphin", also „Delfin", genannt. Aber es sind keine Delfine, sondern Fische. Das sieht man schnell an der senkrechten Schwanzflosse. Bei uns heißen sie Goldmakrelen oder Mahimahi.

Blasloch

Grauwal

Schwertwal

WÖRTERBUCH

CETACEA kommt von lateinisch cetus und griechisch ketos. Beide Wörter bedeuten „großes Meerestier".

MAMMALIA ist der wissenschaftliche Name für Säugetiere – eine Klasse von Tieren, die ein Knochenskelett besitzen und deren Junge Milch aus der Brust ihrer Mutter saugen.

SCHON GEWUSST?

Die nächsten Verwandten der Wale haben weder Finnen noch Flipper – sie haben Beine mit Hufen. Zu den Huftieren gehören Säugetiere wie Rinder, Schafe, Hirsche, Pferde, Flusspferde und Nashörner.

WEGWEISER

• Wie sahen die Wale der Urzeit aus? Lies nach auf S. 26–27.
• Wale gibt es in allen Größen, aber wie riesig werden die Rekordhalter? Die Antwort steht auf S. 28–29.
• Lies über die Färbung des Amazonasdelfins auf S. 34.

WEITERE MEERESSÄUGER

Auch andere Säugetiere leben im Wasser wie die Wale. Das sind zwei Tiergruppen: die Seekühe, zu denen Dugongs und Manatis gehören, und Robben, zu denen Walrosse, Seelöwen und Seehunde gehören. Robben verbringen ihre Zeit an Land und im Wasser.

Wie alle Wale verbringt dieser Seiwal die meiste Zeit unter Wasser. Aber anders als ein Fisch muss er zum Atmen nach oben kommen. Denn würde ein Wal, wie ein Fisch, mit dem Kopf unter Wasser Atem holen, würde er ertrinken. Ein Wal schiebt seinen Kopf über die Wasseroberfläche und atmet durch die beiden Nasenöffnungen auf seinem Kopf ein.

Seiwal

Der Seelöwe jagt im Meer und lebt an Land. Dort bewegt er sich watschelnd auf seinen vier Flossenfüßen über den Strand.

INSIDESTORY

Wal in Sicht ...

Nach fast 20 Jahren Walbeobachtung sagt Peter Gill: „Wenn sie nicht entdeckt werden wollen, findet man sie auch nicht, und wenn man sie findet, sie aber nicht bleiben wollen, tun sie's auch nicht." Die Beobachtung von Walen, die 70 bis 90 Prozent ihrer Zeit unter Wasser verbringen, ist harte Arbeit. Viele Wale leben in entlegenen Gegenden und tauchen in große Tiefen ab. Und wenn ein Wal auftaucht, bleibt sein Körper weitgehend verborgen, und Wetter und Dünung erschweren die Beobachtung. Stell dir also vor, wie Peter Gill zumute gewesen sein muss: „Ein in etwa 100 m Entfernung fressender Blauwal begann plötzlich, auf unsere Yacht zuzuschwimmen. Als er nur noch 15 m entfernt war, tauchte er ab, und wir sahen zu, wie der blaugrün glänzende Koloss langsam unter uns verschwand. Es schien eine Ewigkeit zu dauern."

Die Sattelrobbe schießt auf der Suche nach Fischnahrung durchs Wasser. Dann aber klettert sie auf eine Eisscholle, um sich auszuruhen, zu paaren und die Jungen zur Welt zu bringen.

Der Dugong lebt nur in warmem, flachem Wasser, wo er langsam umherschwimmt und Seegras abweidet.

Südlicher Glattwal

Blauwal

Frühe Beweise
Mesonyx könnte der älteste bekannte Säuge-
tier-Verwandte der Wale sein. Der Protocetus-
Schädel (ganz rechts) zeigt deutlich die verlän-
gerte Schnauze (Rostrum), typisch für die frühen
wasserlebenden Verwandten – die Urwale.

Mesonyx-Schädel   Protocetus-Schädel

Die Wale der Urzeit

Rund 180 Millionen Jahre lang herrschten Dinosaurier auf der
Erde, und die Ozeane waren das Reich schwimmender Reptilien.
Aber alle Dinosaurier, viele Reptilien und andere Tiere starben
vor 65 Millionen Jahren plötzlich aus. Damit machten sie einer
anderen Tiergruppe Platz – den Säugetieren.

Einige Arten entwickelten vor rund 50 Millionen Jahren
Schwimmhäute und verbrachten viel Zeit im Wasser. Diese
frühen Walvorfahren, die Urwale, waren wahrscheinlich
delfingroß und suchten ihr Futter im warmen Flachwasser.
Vor 50 bis 35 Millionen Jahren wurden ihre Körper glatter
und ihre Hinterbeine verschwanden. Ihre Vorderbeine wurden
zu Flippern und ihre Schwänze zu Fluken, die sie beim Schwimmen kräftig auf und ab bewegten.

Zwei Walarten entwickelten sich vor 35 bis 30 Millionen
Jahren – die Zahnwale und die Bartenwale. Zahnwale verfügten
über ein gutes Gehör und ein Echolokation genanntes Schall-
system. Bartenwale hatten eine neue Ernährungsweise. Sie
siebten Nahrung durch kammähnliche Filter, die
Barten. Von diesen beiden Walarten stammen
alle heutigen Wale ab.

Bis vor 65 Millionen Jahren waren
Säugetiere nur ratten- oder mausgroß.
Die frühesten bekannten Vorfahren der
Wale lebten vor 55 Millionen Jahren.
Sie waren fleischfressende Säugetiere,
die an Land lebten – vermutlich schon
hundegroß wie Mesonyx.

Dorudon, der vor rund 25 Millionen Jahren
lebte, sah mit seinem stromlinienförmigen
Körper und der Rückenflosse eher wie ein
heutiger Delfin aus. Seine Nasenlöcher
lagen an der Oberseite des Kopfes.

Vor den Bartenwalen gab
es die bezahnten Filterwale
wie Mammalodon, der vor
23 Millionen Jahren lebte.
Er besaß wahrscheinlich
Fransen zwischen den Zähnen,
durch die er die Nahrung
filterte.

Wale und die Zeit
Die Erdgeschichte ist in Ären,
Perioden und Epochen eingeteilt,
die auf Gesteinsschichten und
in ihnen enthaltenen Fossilien
beruhen. Fossile Urwale erscheinen in der Periode des Tertiärs.

Trias	Jura	Kreide	Tertiär	Qua
	Mesozoikum		Känozoikum	
Vor 248 Mio J	Vor 208 Mio J	Vor 144 Mio J	Vor 65 Mio J	Vor 2 Mio J

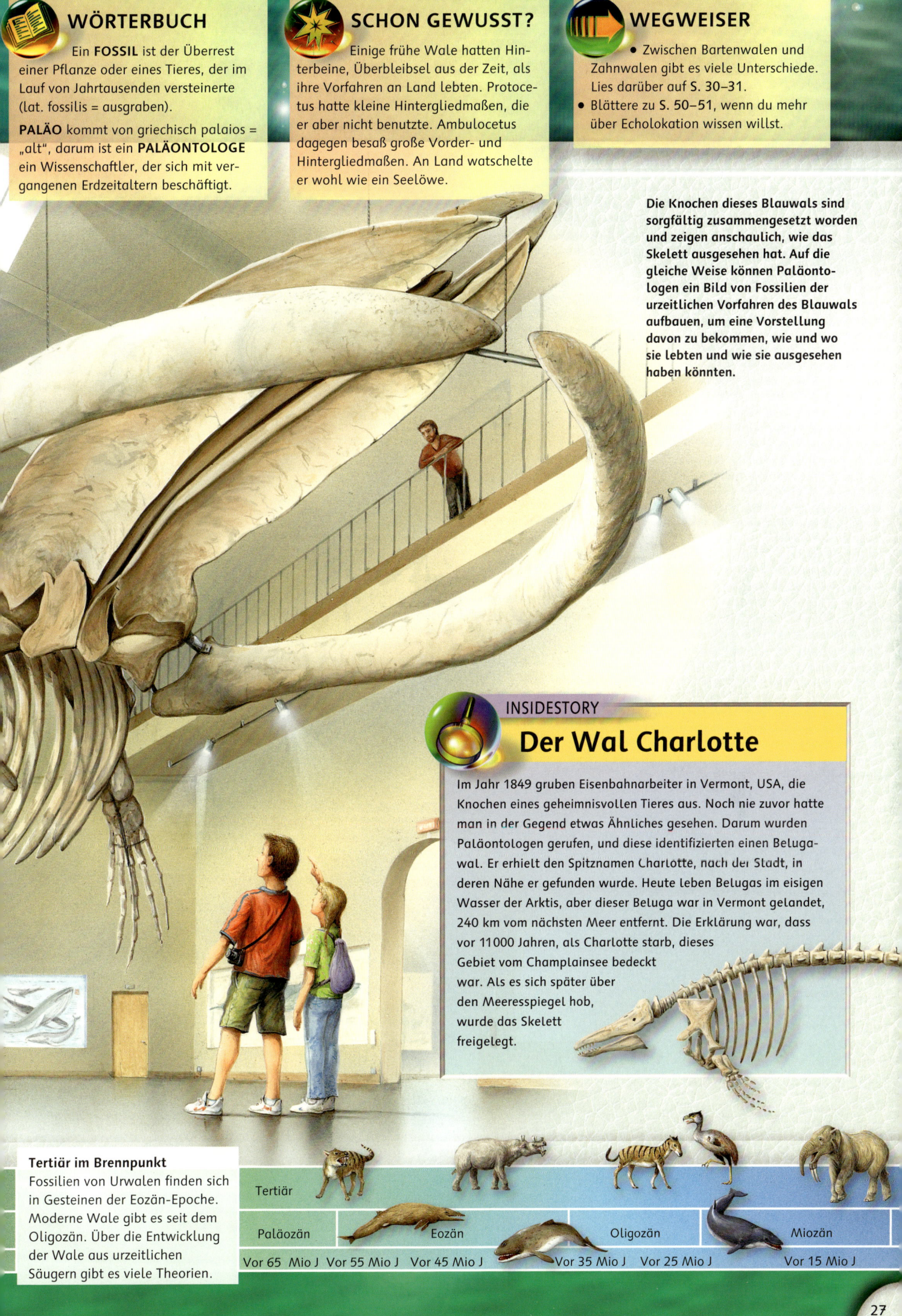

WÖRTERBUCH

Ein **FOSSIL** ist der Überrest einer Pflanze oder eines Tieres, der im Lauf von Jahrtausenden versteinerte (lat. fossilis = ausgraben).

PALÄO kommt von griechisch palaios = „alt", darum ist ein **PALÄONTOLOGE** ein Wissenschaftler, der sich mit vergangenen Erdzeitaltern beschäftigt.

SCHON GEWUSST?

Einige frühe Wale hatten Hinterbeine, Überbleibsel aus der Zeit, als ihre Vorfahren an Land lebten. Protocetus hatte kleine Hintergliedmaßen, die er aber nicht benutzte. Ambulocetus dagegen besaß große Vorder- und Hintergliedmaßen. An Land watschelte er wohl wie ein Seelöwe.

WEGWEISER

- Zwischen Bartenwalen und Zahnwalen gibt es viele Unterschiede. Lies darüber auf S. 30–31.
- Blättere zu S. 50–51, wenn du mehr über Echolokation wissen willst.

Die Knochen dieses Blauwals sind sorgfältig zusammengesetzt worden und zeigen anschaulich, wie das Skelett ausgesehen hat. Auf die gleiche Weise können Paläontologen ein Bild von Fossilien der urzeitlichen Vorfahren des Blauwals aufbauen, um eine Vorstellung davon zu bekommen, wie und wo sie lebten und wie sie ausgesehen haben könnten.

INSIDESTORY

Der Wal Charlotte

Im Jahr 1849 gruben Eisenbahnarbeiter in Vermont, USA, die Knochen eines geheimnisvollen Tieres aus. Noch nie zuvor hatte man in der Gegend etwas Ähnliches gesehen. Darum wurden Paläontologen gerufen, und diese identifizierten einen Belugawal. Er erhielt den Spitznamen Charlotte, nach der Stadt, in deren Nähe er gefunden wurde. Heute leben Belugas im eisigen Wasser der Arktis, aber dieser Beluga war in Vermont gelandet, 240 km vom nächsten Meer entfernt. Die Erklärung war, dass vor 11000 Jahren, als Charlotte starb, dieses Gebiet vom Champlainsee bedeckt war. Als es sich später über den Meeresspiegel hob, wurde das Skelett freigelegt.

Tertiär im Brennpunkt
Fossilien von Urwalen finden sich in Gesteinen der Eozän-Epoche. Moderne Wale gibt es seit dem Oligozän. Über die Entwicklung der Wale aus urzeitlichen Säugern gibt es viele Theorien.

Tertiär

Paläozän	Eozän	Oligozän	Miozän
Vor 65 Mio J	Vor 55 Mio J Vor 45 Mio J	Vor 35 Mio J Vor 25 Mio J	Vor 15 Mio J

Riesen der Meere

Viele Wale sind groß, und es gibt sogar wahre Riesen unter ihnen. Aber unabhängig von ihrer Größe haben alle Wale gemeinsame Merkmale. Ihre Körper sind glatt und stromlinienförmig. Sie haben eine dicke Fettschicht, den Blubber, die Energie und Wärme speichert. Die meisten Wale haben eine Rückenflosse (Finne), die beim Schwimmen als Stabilisator dient – manche haben auch Rillen oder Buckel statt einer Finne. Die flachen Brustflossen (Flipper) werden zum Steuern benutzt. Die kräftige, zweizipfelige Schwanzflosse (Fluke) wird auf und ab bewegt und treibt den Wal – groß oder klein, schnell oder langsam – voran.

Die riesigen Wale können nur so groß werden, weil ihr Körper vom Wasser getragen wird. In Luft – die ja Tiere, die an Land leben, umgibt – könnte das Skelett dieser Wale ihr gewaltiges Gewicht nicht stützen. Wale haben ein einfaches Skelett aus weicheren, leichteren Knochen. Dieses Skelett umgibt die gleichen Organe (außer einem Blinddarm und einer Gallenblase), die alle Säugetiere haben und die einen perfekt an das Leben im Wasser angepassten Körper funktionieren lassen.

Der gewaltige Größenunterschied zwischen diesem Südlichen Glattwal und den mit ihm schwimmenden Großen Tümmlern ist leicht zu erkennen. Und doch sind Delfine kleine Wale, und beide Tierarten gehören zu den Cetacea, den Waltieren.

SEI AKTIV!

Wie groß?

Ein Buckelwal kann eine Länge von 19 m erreichen. Hast du eine Vorstellung, wie lang das ist? Um dir ein Bild davon zu machen, könntest du ein paar Freunde holen und mit dem Zentimetermaß messen, wie lang sie sind. Addiere die Maße. Hast du genug Freunde, um die ganze Länge eines Buckelwals zusammenzubekommen? Wenn nicht, nimm einen 9 m langen Schwertwal.

Wenn du ausrechnen willst, welche Wal-Länge du und deine Freunde ergeben, legt euch alle hintereinander in einem Park hin – euer Garten wird vermutlich zu klein sein –, damit ihr seht, wie groß der Wal ist. Ein Blauwal kann über zweimal so lang wie ein Buckelwal sein. Wie viele Freunde bräuchtest du für die Länge eines Blauwals?

Der Blauwal ist das größte Tier auf der Erde. Er wird bis zu 26-mal schwerer als ein Afrikanischer Elefant und hat ein Herz, das so groß wie ein Kleinwagen ist. Und die größten Blauwale sind weiblich – weibliche Bartenwale sind immer größer als die männlichen.

Pottwal: 20 m

Buckelwal: 19 m

WÖRTERBUCH

Wann ist ein Wal ein Wal und wann ist er ein Delfin? Und wann ein Schweinswal? **WAL** nennt man gewöhnlich die großen Wale, die über 3 m lang werden. Mit **DELFIN** werden meist die kleineren Wale bezeichnet, und mit **SCHWEINSWAL** diejenigen, die noch kleiner sind. Aber ... es gibt mindestens drei Wale, die weniger als 3 m lang sind, und ein oder zwei Schweinswale, die größer als Delfine sind.

SCHON GEWUSST?

Hätte ein Elefant ein ebenso leichtes Knochenskelett wie ein Wal, könnte er nicht aufrecht stehen. Seine Beine würden umknicken. Müsste sich ein Wal, insbesondere ein Großwal, an Land aufhalten (zum Beispiel, wenn er gestrandet wäre), würde er vom Gewicht seines Körpers erdrückt werden.

WEGWEISER

• Mehr über die kleinen Wale steht auf S. 32–33.
• Wie können diese riesigen Tiere so elegant schwimmen? Lies auf S. 46–47.

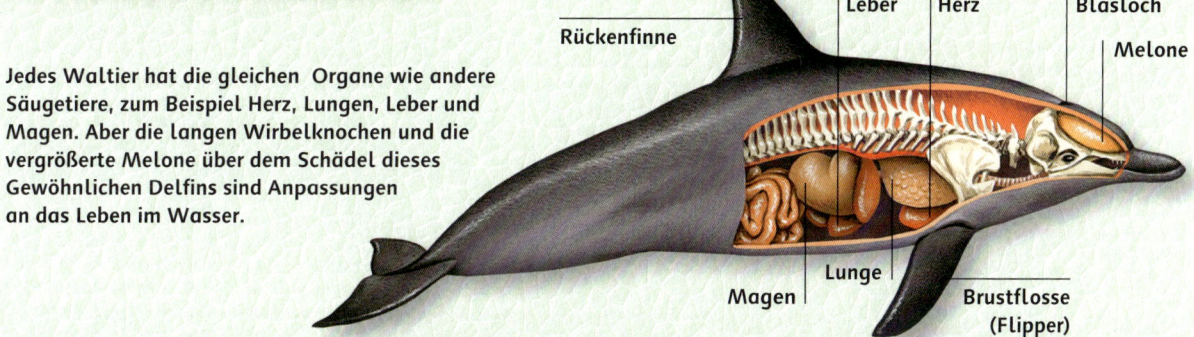

Rückenfinne — Leber — Herz — Blasloch — Melone — Magen — Lunge — Brustflosse (Flipper)

Jedes Waltier hat die gleichen Organe wie andere Säugetiere, zum Beispiel Herz, Lungen, Leber und Magen. Aber die langen Wirbelknochen und die vergrößerte Melone über dem Schädel dieses Gewöhnlichen Delfins sind Anpassungen an das Leben im Wasser.

Grönlandwal: 15 m

Schwertwal: 9 m

Mensch: 1,8 m

Zwergwal: 10 m

Pazifischer Hafenschweinswal: 1,5 m

Waltiere kommen in allen Größen vor, von klein bis supergroß. Der kleinste Wal, der Pazifische Hafenschweinswal, reicht einem 1,80 m großen Mann bis an die Schulter. Der größte, der Blauwal, ist etwa 19-mal so lang wie der Mann. Hier sind die Rekordhalter im Größenvergleich gezeigt.

29

Zähne oder Barten

Es gibt zwei Arten von Walen – Bartenwale und Zahnwale (wissenschaftlich als Mysticeti und Odontoceti bezeichnet). Bartenwale haben keine Zähne; stattdessen besitzen sie Barten. Barten sind ausgefranste Platten aus Keratin, einem Material wie unsere Fingernägel. Die Platten hängen vom Oberkiefer herunter und bilden Kämme, mit denen sie Nahrung aus dem Wasser filtern. Ein Bartenwal frisst, indem er große Mengen Wasser und darin schwebende Tiere aufnimmt. Dann drückt er das Wasser durch die Barten wieder nach draußen, aber die Nahrung – kleine Krebse – bleibt hängen. Die elf Bartenwal-Arten fressen tonnenweise nur kleine Tiere, gehören aber zu den Riesen in der Welt der Wale – wie die Glattwale, Furchenwale, Grönlandwale und Grauwale.

Zahnwale sind meist viel kleiner – zu ihnen gehören Delfine und Schweinswale, aber auch der Pottwale, Schnabelwale sowie Narwal und Beluga. Ihre Zähne – zwischen zwei und 252 – haben unterschiedliche Formen und Größen. Mit einem Spezialsinn, der Echolokation (den nach Meinung der Wissenschaftler nur Zahnwale besitzen), jagen sie Fische und Tintenfische, die sie einzeln hinunterschlucken. Ein weiterer Unterschied zwischen den beiden Walarten ist das Blasloch. Zahnwale haben ein und Bartenwale zwei Blaslöcher, dazu ein elastisches Verschlusspolster, damit kein Wasser eindringt.

Fossilien von urzeitlichen Zahnwalen zeigen, dass sie dreieckige Zähne hatten. Heute haben die meisten Wale Zähne, die wie spitze Kegel geformt sind und im Ober- und Unterkiefer sitzen.

SEI AKTIV!

Barten in Aktion

Fülle eine Handvoll Erbsen oder Bohnen, Reis, Sand und Salz in eine große Schüssel und bedecke sie mit Wasser. Verrühre alles ein paar Minuten lang, und schon hast du Futter, mit dem du deine Barten testen kannst. Stelle einen Durchschlag (frage einen Erwachsenen, ob du einen aus der Küche holen darfst) in ein Becken. Stell dir vor, dass der obere Rand des Durchschlags das Walmaul und das Sieb die Barten sind. Was geschieht, wenn du die Schüssel mit „Futter" in den Durchschlag schüttest? Das Wasser strömt durch die Barten nach draußen. Erbsen und Reis bleiben hängen und werden verschluckt. So funktioniert der Filterapparat der Barten. Aber was geschieht mit dem Sand und Salz?

WÖRTERBUCH

ODONTOCETI kommt von griechisch odont, was „Zahn" bedeutet, und von lateinisch cetus, was „großes Meerestier" heißt. **MYSTICETI** kommt von griechisch mistax, was „Schnurrbart" heißt. Gemeint sind die Wale mit einem „Schnurrbart" aus Barten. **BARTEN** hießen früher Fischbein, aber anders als „Bein", was so viel wie Knochen bedeutete, sind Barten biegsam.

SCHON GEWUSST?

Beim Finnwal sind Unterlippe und Barten auf der linken Seite grau und auf der rechten weiß. Wissenschaftler haben für diese Zweifarbigkeit keine rechte Erklärung. Vielleicht wird Beute im dunklen Meer durch die helle Seite des Finnwals erschreckt und lässt sich leichter ins Maul schöpfen.

WEGWEISER

• Barten- und Zahnwale haben unterschiedliche Ernährungsweisen. Der Buckelwal umgibt seine Beute mit einem Netz aus Luftblasen. Lies auf S. 44–45.
• Wie fängt ein Delfin Beute? Mehr über Echolokation auf S. 50–51.

Die längsten Barten hat der Grönlandwal. Er schwimmt gemächlich mit leicht geöffnetem Maul und schließt es erst dann, wenn sich auf den Barten eine genügende, das Auspressen und Verschlucken lohnende Futtermenge – reiskorngroße Ruderfüßer – angesammelt hat. Grönlandwale fressen bis zu 50 000 Ruderfüßer in der Minute.

Nordkaper haben warzenähnliche Schwielen auf den Köpfen. An den Mustern, die diese Stellen aus verhärteter Haut bilden, können Wissenschaftler die Wale voneinander unterscheiden.

BARTEN KONTRA ZÄHNE

Barten- und Zahnwale haben unterschiedliche Jagd- und Fressgewohnheiten. Man kann sie aber noch an vielen anderen Dingen unterscheiden. Auch ihre Körperform und ihre Größe sowie ihr Brustbein, ihre Rippen und die Schädelform weichen voneinander ab.

Als Zahnwal muss der Atlantische Weißseitendelfin seine Beute schnell verfolgen können. Dabei hilft ihm sein lang gestreckter Körper.

Der Zwergglattwal ist, wie alle Bartenwale, stämmiger, weil er sich beim Beutefang langsam bewegen kann. Er braucht einen stark gewölbten Oberkiefer, in dem die vielen Barten Platz finden.

Delfin und Schweinswal

Der populärste Delfin ist der „lächelnde" Große Tümmler. Diese Delfine sieht man häufig vom Strand aus oder bei Vorführungen im Zoo. Aber zur Familie der Delfine, den Delphinidae, gehören viele Arten mit unterschiedlichen Formen und Größen. So gibt es zum Beispiel den Schwertwal (auch Orca genannt), andere besonders große Delfine wie die Grindwale und 26 weitere, die Meere bewohnende Delfine.

Delfine sind lang und schlank mit einer gerundeten Melone auf dem Kopf und einer abgesetzten, schnabelartigen Schnauze (Rostrum). Es gibt aber auch Delfine, die stämmige Körper und stumpfe, abgerundete Schnauzen haben. Bis auf zwei haben alle eine Rückenfinne, die lang oder kurz, rund oder spitz sein kann. Viele haben Körpermerkmale – Flecken, Streifen oder schwarz-weiße Muster – und ein paar sind schlicht grau oder braun. Delfine leben gern in Gruppen und kommen in tropischen Gewässern, zwischen Eisschollen, in Küstennähe oder auf offener See vor.

Schweinswale sind keine Delfine, obwohl sie oft mit ihnen verwechselt werden. Alle – und es gibt sechs Arten in der Familie der Phocoenidae oder Schweinswale – haben einen kleinen, runden Kopf mit stumpfer Schnauze, kleine Flipper und spatelförmige, scharfe Zähne. Sie sind kleiner und stämmiger als die meisten Delfine und leben gewöhnlich in Küstennähe.

Delfine leben in Gruppen, aber nicht immer friedlich. Diese Rissos-Delfine tragen Narben von Kämpfen oder Paarungsritualen, bei denen Delfine sich gegenseitig die Haut mit den Zähnen einritzen.

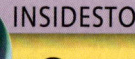 INSIDESTORY

Gerettet von Delfinen!

Eine Gruppe von Tauchern versuchte vor der Küste von Cornwall in England Rettungsübungen durchzuführen. Ein dort heimischer Delfin namens Donald hielt das für ein tolles Spiel. Er störte die Taucher durch seine Sprünge, bis sie schließlich aufhören mussten. Später unternahmen die Taucher bei einem nahen Schiffswrack Tauchgänge. Dabei geriet einer in Schwierigkeiten. Er kam an die Oberfläche und gab jemandem, der im Boot Ausschau hielt, Zeichen, sank dann aber. Der Mann sprang ins Wasser und schwamm

los – das tat auch Donald. Diesmal aber schien Donald zu wissen, dass es kein Spiel war. Er hielt den Taucher vorsichtig über Wasser und half dem Retter, ihn zum Boot zu ziehen. Er hielt sogar seinen Kopf über Wasser und sah zu, bis der Taucher an Bord war. Donald war einer der vielen Delfine, die schon Ertrinkenden geholfen haben.

Langflossen-Grindwal
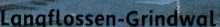

WÖRTERBUCH

DELFIN kommt vermutlich vom griechischen Wort für Delfin, delphinos. Es bedeutet auch „Meerschwein", was sich im deutschen Wort „Schweinswal" wiederfindet. Die Schnauze des Schweinswals ist stumpf wie die eines Schweines. **DELFIN** könnte aber auch von griechisch delphys für „Meeressäuger" kommen.

SCHON GEWUSST?

Delfine und Schweinswale sehen oft so aus, als lächelten sie für die Kamera. In Wirklichkeit lauschen sie. Sie schieben ihren Unterkieferknochen vor, der als höchst empfindsames Ohr fungiert. Wenn sie also zu lächeln scheinen, versuchen sie die Töne von anderen Delfinen und Schweinswalen auszumachen – die sie aus einer Entfernung von mehr als 1,5 km wahrnehmen.

WEGWEISER

• Klagen, Grunzen, Bellen, Keuchen – sogar Singen. Wenn du wissen willst, wie Wale sich verständigen, blättere zu S. 52–53.

Der Pazifische Weißseitendelfin gehört zu den vielen Delfinen, die Luftsprünge vollführen. Delfine springen offensichtlich, wenn sie aufgeregt sind oder sich freuen. Sie springen auch, um sich zu verständigen. Der Dunkle Delfin springt zum Beispiel, wenn er einen Fischschwarm entdeckt, möglicherweise als Signal an die anderen, dass Futter in Sicht ist.

SCHWEINSWALE

Zu den sechs Schweinswalarten gehören der kleinste Wal, der Vaquita, und der schnellste, der Dalls-Schweinswal. Den Brillenschweinswal bekommt man kaum zu Gesicht, der Indische Schweinswal und der Burmeisters-Schweinswal werden auch nur selten gesichtet. Der Hafenschweinswal ist ein häufiger Besucher der Häfen auf der nördlichen Erdhalbkugel.

Der Dalls-Schweinswal ist der kräftigste und schnellste Schwimmer aller Wale.

Der Brillen-Schweinswal ist nach dem weiß umrandeten schwarzen Augenfleck benannt.

Der Indische Schweinswal ist in Küstengewässern, Flüssen und Mündungsgebieten Asiens anzutreffen.

Auf den Bahamas schwimmen Atlantische Fleckendelfine mit Menschen. Sie sind zwar eine kleine Delfinart, aber mit 2,3 m Länge immer noch über 30 cm größer als ein überdurchschnittlich großer Mensch.

Weißschnauzendelfin

Der Hafen-Schweinswal heißt so, weil er häufig in der Nähe von Häfen und Buchten gesichtet wird.

Seltsame Geschöpfe

Einige wirklich seltsame Wale leben in den Meeren der Welt.
Zu den ausgefallensten gehören der Narwal mit seinem Stoßzahn und der Beluga. Diese Wale sind in den eisigen Gewässern
am Polarkreis, rund um den Nordpol, heimisch.

Sie ähneln sich in Größe und Körperform, keiner hat eine Finne,
und sie schwimmen oft zusammen. Belugas sind hellgrau, wenn
sie geboren werden, und werden allmählich weiß. Narwale
hingegen werden weiß geboren und sind im Alter an Rücken
und Flanken braunschwarz gesprenkelt. Männchen haben zwei
Zähne, von denen der linke durch die Oberlippe zu einem spira-
lig gewundenen Stoßzahn von 2 bis 3 m Länge wächst.

Die Gruppe von Walen, von der Wissenschaftler am wenigsten
wissen, sind die Schnabelwale. Diese Wale werden selten
gesichtet. Sie leben oft auf hoher See, tauchen eine Stunde und
länger und verschwinden, sobald Menschen in der Nähe sind.
Ihre Schnauzen sind lang und schmal, und die meisten Männchen haben zwei bis vier Zähne im Unterkiefer.

Ebenfalls ungewöhnlich sind die fünf Flussdelfine. Diese kleinen Delfine haben winzige Augen und sind fast blind. Ihr Futter
finden sie mit ihrer langen, mit spitzen Zähnen besetzten
Schnauze, mit der sie in den trüben Flüssen Asiens und Südamerikas nach Fischen schnappen.

Belugas leben gesellig. Sie verbringen den Sommer
in Herden von tausend und mehr Tieren, suchen Nahrung, behüten ihre Jungen und reiben im Flachwasser tote Haut ab. Im Winter wandern sie in kleinen
Gruppen von bis zu zwanzig Tieren.

Zwei männliche Narwale kämpfen mit
gekreuzten Stoßzähnen. Junge Männchen
kämpfen zum Spaß, aber ältere können
sich bei Paarungskämpfen gegenseitig
aufspießen. Gelegentlich werden auch
Männchen mit zwei Stoßzähnen gesichtet.

Der männliche Layards-Schnabelwal hat zwei
Zähne im Unterkiefer, die nach oben aus dem
Mund herauswachsen und sich dann um
den Oberkiefer legen, sodass der Wal den
Mund kaum öffnen kann. Diese „Wickel-
zähne" sind nicht zum Fressen geeignet –
manche Wissenschaftler glauben,
dass die Wale damit kämpfen.

Der Amazonasdelfin
oder Butu ist als Jungtier
schiefergrau, doch mit
zunehmendem Alter
verblasst die Farbe und
lässt das Rosa des pul-
sierenden Blutes durch
die halb durchsichtige
Haut scheinen.

WÖRTERBUCH

BELUGA kommt von russisch byelyi für „weiß" und byelukha für „Wal". Weißwal ist ein anderer Name.

Der **NARWAL** hat seinen Namen vom altnorwegischen Wort nahvalr, was „Leichenwal" bedeutet und sich auf seinen Bauch bezieht, der blass wie eine Leiche ist.

SCHON GEWUSST?

Wenn der Amazonas über seine Ufer tritt, verlässt der Butu den Fluss und sucht zwischen Bäumen und Gräsern im überfluteten Regenwald nach Nahrung. Weil seine Wangen so weit hervorstehen, dass er nur schwer über sie hinwegsehen kann, dreht er sich häufig um.

WEGWEISER

• Manche Wale sind Einzelgänger. Andere, wie Belugas, leben gesellig zu Hunderten, manchmal sogar zu Tausenden. Auf S. 56–57 steht, wie Wale miteinander leben.
• Narwale sind nicht die einzigen Wale, die kämpfen. Siehe S. 58.

SELTSAME MEERESTIERE

Die Meere sind voll von seltsamen Meerestieren, die sich an bestimmte Bedingungen angepasst haben, um zu überleben. Je tiefer die Ozeane, desto seltsamer sind ihre Bewohner

Anglerfische leben in der finsteren Tiefsee. Das Weibchen hat ein helles Licht auf seinem Kopf, mit dem es Fische anlockt – und dann auffrisst.

INSIDESTORY

Schnabelwalen auf der Spur

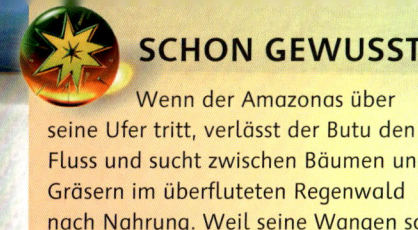

Schnabelwale sind von allen Walen am wenigsten bekannt, und viele sind noch nie lebend gesehen worden. Dr. Graham Ross beobachtet seit 30 Jahren Wale im Indischen Ozean. Er beschreibt diese Wale als „Rätsel, die etwas nerven". Bis vor kurzem waren vom Indopazifischen Schnabelwal nur zwei Schädel bekannt – einer von einem australischen Strand und der andere von einer Müllhalde in Somalia. Als ein neugeborenes Kalb 1976 in Südafrika an die Küste gespült wurde, identifizierte Dr. Ross es als Entenwal. Dann analysierte die Forscherin Merel Dalebout den Wal mit einer neuen DNA-Methode und erkannte, dass es ein Indopazifischer Schnabelwal war, das erste je entdeckte vollständige Exemplar, und zur gleichen Art gehörte wie der tropische Entenwal!

Die blattähnlichen Hautlappen des **Fetzenfisches** fallen im Seegras nicht weiter auf. Fetzenfische sind mit den Seepferdchen verwandt.

Dieser fluoreszierende Fisch ist langsam und scheu. Aber mit Stacheln, giftigem Fleisch und einem tödlichen Gift kann der **Kuhfisch** sich gut verteidigen.

Wo Wale leben

Ozeane bedecken über 70 Prozent der Erdoberfläche – und Wale sind fast überall in den Weltmeeren zu Hause. Je nach Art tauchen sie in der Tiefe des Atlantiks nach Fischen, reiten auf den Wellen vor einem afrikanischen Strand, tauchen um Eisberge vor Alaska oder paaren sich in warmen tropischen Gewässern. Die ozeanische Welt besteht aus vielen verschiedenen Lebens- räumen, von der Meeresoberfläche bis hin zur pechschwarzen Tiefsee und vom Äquator bis hin zu den Polen. Die Meerestiefe ändert sich von relativ flachen Kontinentalschelfen zu steilen Kontinentalabhängen und schließlich dem Ozeanboden, der mindestens 4 km unter der Oberfläche liegt. Auch die Tempera- tur ändert sich – von warm und tropisch über kühl und gemäßigt bis zu kalt und eisig.

Der Schwertwal und der Zwergwal sind in allen Meeren anzu- treffen, bei allen Temperaturen. Ein Entenwal kann in einer geschützten Bucht ebenso wie weit weg vom Land auftauchen. Andere Wale bevorzugen eine bestimmte Gegend: Für den Hectors-Delfin ist es die Küstenlinie um Neuseeland, für den Vaquita der nördliche Golf von Kalifornien, Mexiko. Und es gibt Wale, die zwischen einem Lebensraum, in dem sie ihre Nahrung finden, und einem anderen, in dem sie sich fortpflanzen, hin- und herziehen.

Bartenwale sind die Wanderer unter den Walen. Sie ziehen zwischen eisigen polaren und tropisch warmen Gewässern hin und her. Brydewale aber unternehmen nur kurze Wanderungen, wenn überhaupt. Sie bleiben im warmen Wasser der Tropen und Subtropen.

Orcas oder Schwertwale leben überall gern. Sie kommen in Küstennähe ebenso vor wie weit draußen auf dem offenen Meer – vom Äquator bis zum Nord- und Südpol. Diese beiden Bewohner einer polaren Region haben ihren Kopf aus dem Wasser gesteckt, um einen besseren Überblick zu gewinnen. Man nennt dieses Verhalten „Spähhüpfen". Nach etwa einer Minute tauchen sie leise wieder ab.

Südliche Glattwale bringen ihre Jungen in Küstennähe zur Welt. Zu einer bestimmten Jahreszeit, von Mai bis November, kann man von Klippen in Chile, Argentinien, Südafrika und dem südlichen Australien aus Walmütter mit ihren neugeborenen Kälbern beobachten.

WÖRTERBUCH

OZEAN kommt von okeanos, dem griechischen Wort für „Fluss". Die alten Griechen glaubten, die flache Erde sei von einem großen Fluss umgeben.

HABITARE ist lateinisch für „besitzen oder bewohnen". Es liegt dem Wort Habitat zu Grunde, dem Ort, wo sich ein Tier oder eine Pflanze aufhält.

SCHON GEWUSST?

Zwergwale sind in der Antarktis dabei beobachtet worden, wie sie Eisschollen auf dem Kopf balancierten. Belugas und Grönlandwale können unter dem Packeis überleben. Sie sind in der Lage, fast 2 km unter der dicken Eisschicht zu schwimmen, und wenn sie kein Loch zum Atmen finden, machen sie sich selbst eines. Belugas gelingt es, mit dem Rücken 7,5 cm dickes Eis aufzubrechen.

WEGWEISER

- Manche Wale fressen im Norden und pflanzen sich weiter südlich fort. Lies über Wanderzüge der Wale auf S. 38–39.
- Wie tief tauchen Pottwale? Lies darüber auf S. 40–41.
- Wale in Gefangenschaft. Mehr darüber steht auf S. 64–65.
- Auf S. 66–67 erfährst du, wie du selbst Wale beobachten kannst.

SEI AKTIV!
Mach dir ein Polarmeer!

Nimm fünf oder sechs feste Plastikbeutel in der Größe von Frühstückstüten. Fülle einige zur Hälfte und die anderen zu einem Drittel mit Wasser. Verschließe die Beutel mit einem doppelten Knoten, damit kein Wasser ausläuft. Lege die Beutel in einen Kühlschrank, z. B. zwischen Packungen mit Gefriererbsen, dann gefrieren sie zu interessanten Formen. Lass sie über Nacht im Kühlschrank, nimm sie am nächsten Tag heraus und zieh die Beutel ab. Fülle ein Becken zwei Drittel voll Wasser, schütte Salz ins Wasser und lege die Eisberge hinein. Sieh zu, wie sie schwimmen und wie viel Eis über dem Wasser und wie viel darunter ist. Stell dir vor, du seist ein Wal in der Arktis, der versucht, beim Schwimmen nicht gegen die Eisberge zu stoßen. Wie würde dir das gelingen, wenn es unter Wasser trübe wäre und du nichts sehen könntest?

OZEANISCHE UMWELT
Die Ozeane bieten viele Habitate: Watt, Sandstrände und Felsen; Flussmündungen und Sümpfe; Korallenriffe und seichtes Wasser sowie mittlere Tiefen (300 m unter der Oberfläche).

Ein Tangwald wächst in kaltem, sonnenbeschienenem Wasser an der Küste und ist ein Ort, wo die Nahrungskette der Wale beginnt.

Seichte, blaugrüne Küstengewässer sind voller Plankton und Fische. Eine Felsenküste bietet Walen Nahrung und etwas Schutz.

Die mittleren Tiefen sind kalt und voller durchsichtiger Fische, großmauliger Aale und riesiger Tintenfische – der Lieblingsnahrung des Tieftauchers Pottwal.

Wanderzüge

Manche Wale verbringen den Sommer in der Arktis oder Antarktis,
wo sie reiche Nahrungsgründe finden. Wenn es kühler wird, ziehen
sie in wärmere Gewässer. Wie auch die am Rand dieser Seite abge-
bildeten Tiere unternehmen Wale weite Wanderungen. In Schulen
schwimmen sie zwei bis drei Monate lang Tag für Tag und halten
nur an, um sich auszuruhen oder zu kommuni-zieren – aber nicht um
zu fressen –, bis sie am Ziel angekommen sind: ihren Fortpflanzungs-
plätzen in den Tropen. Dort bleiben sie im Winter, paaren sich oder
bringen Jungen zur Welt. Wenn es wieder milder wird, kehren sie in
ihre sommerlichen Nahrungsgebiete im Eis zurück.

Fast alle Großwale (Bartenwale) unternehmen unglaublich lange
Wanderungen. Die längste ist die des Buckelwals; er schwimmt
von der Antarktis nach Costa Rica und Kolumbien und wieder
zurück. Der Grauwal schwimmt von Alaska nach Mexiko und zurück. Das Tempo der meisten liegt zwischen 1,5 und 8 km in
der Stunde, aber ein Finnwal erreichte den Rekord von 17 km in
der Stunde über 3700 km.

Auch einige Zahnwale wandern. Der Langflossen-Grindwal und
der Pottwal (nur männliche Tiere!) machen die Hin- und Rückreise
vom Pol zu den Tropen jedes Jahr. Belugas überqueren bei ihrer
Wanderung den Polarkreis südwärts.

Viele Zwergwale ziehen im Winter zur Paarung
und Geburt der Kälber in wärmere Gegenden,
aber manche bleiben auch in der Kälte zurück.
Das sind gewöhnlich Wale, die noch nicht
geschlechtsreif sind, viel fressen und Kräfte für
das nächste Jahr sammeln.

Der Langflossen-Grindwal lebt zwar
nomadisch, unternimmt aber keine
Wanderungen. Nomaden legen viel
kürzere Strecken zurück als
Wanderwale und folgen
nur den Zügen ihrer
Nahrungstiere –
in diesem Fall
Tintenfische,
die mit den
Strömungen
ziehen.

Glattwale, Buckelwale und Grauwale
sind wahre Marathonschwimmer. Jedes
Jahr schwimmen Grauwale 20 000 km
von Mexiko nach Alaska und zurück (ein
Grauwal mit Kalb ist oben abgebildet).
Die jungen Kälber gehen schon mit zwei
Monaten auf diese Reise. Falls sie ein
Alter von 40 Jahren erreichen, haben
sie eine Strecke zum Mond und zurück
zurückgelegt.

Fortpflanzungsgebiet der Buckelwale	Weidegründe der Glattwale
Weidegründe der Buckelwale	Fortpflanzungsgebiet der Grauwale
Fortpflanzungsgebiet der Glattwale	Weidegründe der Grauwale
Wanderrouten	

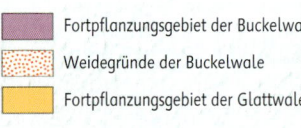

Blaurückenlachs

WÖRTERBUCH

NOMADE kommt von griechisch nomas und heißt so viel wie „mit weidenden Viehherden umherziehend". Nomadisch lebende Wale sind solche, die keine Wanderungen unternehmen und nicht auf bestimmten Routen durch die Meere ziehen. Nomadische Wale schwimmen dorthin, wo ihre Beutetiere sind.

SCHON GEWUSST?

Die großen Wale können ihr Gewicht während der Zeit, in der sie nur fressen, verdoppeln. Aber auf ihren Wanderzügen nehmen sie manchmal acht Monate lang überhaupt keine Nahrung auf. Sie leben dann von der in ihrem Blubber gespeicherten Energie.

WEGWEISER

- Auf S. 40–41 steht wie Wale an das Leben im Wasser angepasst sind.
- Wale benutzen zur Orientierung Schall. Mehr darüber steht auf S. 50.
- Manche Wale singen auf ihren Wanderzügen. Lies darüber auf S. 52.

HILFE AUS DEM ALL

Wissenschaftler erhielten Hilfe aus dem All, um herauszufinden, wohin die Wanderzüge der Belugas Nordostkanadas im Winter führten. Sie befestigten einen Sender an einem Beluga. Er sandte Signale an einen Satelliten, die den Standort des Belugas angaben. Danach verfolgten sie die Route. Und weil Belugas in Herden wandern, brauchten sie nur einen zu verfolgen, um das Ziel aller zu kennen: Grönland.

INSIDESTORY

Wale zählen

Wale sind schwer zu zählen. Schließlich sind sie meist unter Wasser, und es kann leicht sein, dass man denselben Wal zweimal zählt. Die Lösung ist die Zählung aus der Luft. Forscher des kanadischen Fischereiministeriums überwachen mit dieser Methode den Bestand der Belugas des St.-Lorenz-Stroms in Kanada. Sie überfliegen das Gebiet in einem kleinen Flugzeug auf einer bestimmten Route. Eine unter dem Flugzeug angebrachte Kamera macht Fotos. Im Labor zählen die Forscher alle Belugas auf den Fotos und machen eine Schätzung, die auch Belugas einbezieht, welche nicht fotografiert werden konnten, weil sie gerade unter Wasser waren. Bei der letzten Zählung gab es in dieser Gegend rund 1000 Belugas. Das sind zwar nur etwa 20 Prozent des Bestands von vor 100 Jahren, aber die Zahl scheint sich zu stabilisieren.

Wissenschaftler befestigen einen Satellitensender am Beluga.

Der Satellit empfängt im Weltall Signale vom Beluga.

Weißschwanzgnu

Wissenschaftler bekommen die Signale auf ihren Computer und arbeiten die Route danach aus.

 Indianer-fisch

 Tang

 Schwamm

 Drückerfisch

Wasserwelt

Würdest du nur wenige Stunden im Ozean verbringen, kämst du runzelig, von Sonne und Wind gegerbt, salzverkrustet und sehr, sehr kalt wieder heraus. Wale haben sich im Lauf von Jahrmillionen an das Leben im Wasser angepasst.

Ihre Körper sind stromlinienförmig und ihre Haut ist seidenglatt und elastisch, ohne Falten und fast ohne Haare. Diese extrem glatte Form macht es für sie leicht, im Wasser zu schwimmen, das viel dichter als Luft und darum schwerer zu durchqueren ist (versuche einmal, in einem Schwimmbecken so zu laufen wie auf einem Gehweg).

Unter Walhaut liegt eine Schicht aus Blubber, die im kalten Wasser warm hält und als Energiespeicher dient. Wale haben leichte Skelette, sodass sie sehr groß werden können und dennoch vom Wasser getragen werden. Sie würden aber sinken, hätten ihre Körper nicht die Fähigkeit entwickelt, im Wasser zu schweben. Sie können auch sehr tief tauchen, indem sie ihren Herzschlag verlangsamen, um Sauerstoff zu sparen, und haben kein Problem mit dem zunehmenden Wasserdruck, der beim Menschen die Taucherkrankheit verursacht. Außerdem haben sie mit ihrem extrem guten Gehör und der Echolokation Sinne, welche die beste Art der Verständigung unter Wasser optimal nutzen – mit Schall. All diese Anpassungen machen Wale zu den einzigen Säugetieren, mit Ausnahme von Manatis (Seekühen) und Dugongs, die ständig im Wasser leben können.

Einige Tucuxi fühlen sich in Süßwasser wohl, andere ziehen Salzwasser vor. Der erste Typ lebt in den Flüssen Südamerikas, dem Amazonas und dem Orinoco. Der zweite Typ lebt vor der Küste im Atlantischen Ozean – er ist größer und dunkler als der Fluss-Tucuxi.

Der Indopazifische Buckeldelfin tritt vorwiegend in Küstennähe auf, vom südlichen Afrika bis hinauf nach Asien und von dort weiter bis nach Nordaustralien. Er verbringt seine Zeit mit der Suche nach Fischen und Muscheln in den warmen, flachen Gewässern der Mangrovensümpfe, Lagunen und Flussmündungsgebiete. Gelegentlich schwimmt er auch ein Stückchen flussaufwärts.

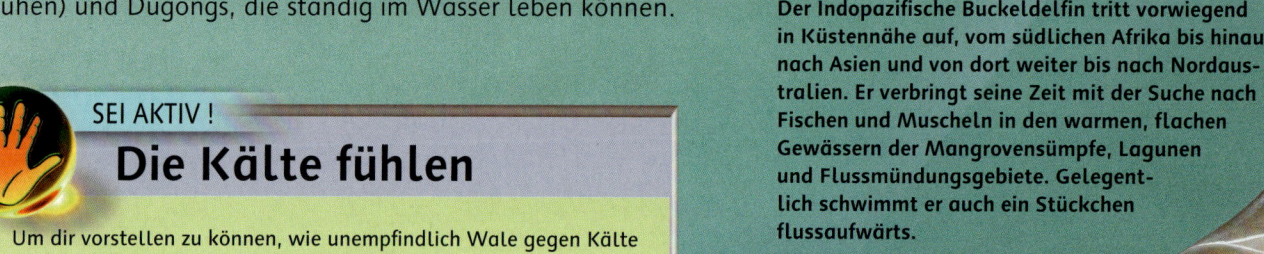

SEI AKTIV!

Die Kälte fühlen

Um dir vorstellen zu können, wie unempfindlich Wale gegen Kälte sind, fülle ein Becken mit kaltem Wasser und lege deine Hand hinein. Wie lange kannst du sie dort lassen, bevor sie zu kalt wird? Schütte nun die Hälfte des Wassers aus und gib stattdessen viele Eiswürfel hinein. Lege wieder deine Hand hinein. Wie lange kannst du sie diesmal drinlassen? Trockne deine Hand gut ab, ziehe dann einen Gummihandschuh oder Plastikbeutel an. Lege deine Hand ins Wasser und prüfe, ob es länger oder weniger lange dauert, bis sie sich kalt anfühlt. Ziehe nun einen Wollhandschuh unter dem Gummihandschuh oder Plastikbeutel an. Lege deine Hand ins Wasser. Ist es jetzt länger erträglich? Vermutlich ja. Genauso halten sich Wale selbst in eisigem Wasser warm: Blubberschichten statt Wolle und Gummi.

Die **TAUCHERKRANKHEIT** verursacht Muskel- und Gelenkschmerzen und kann zu Lähmungen führen. Wenn ein Taucher sich längere Zeit in großen Tiefen aufgehalten hat, darf er nur langsam wieder auftauchen, weil sonst der Stickstoff in seinem Blut ausperlt wie die Bläschen im Sprudel.

Obwohl Wale oft in eiskaltem Wasser leben, kann ihnen doch vom schnellen Schwimmen warm werden. Dann wird warmes Blut durch Arterien in Flipper, Finne und Fluke gepumpt. Da diese Körperstellen dünn sind und keinen Blubber haben, wird die Wärme schnell ans Wasser abgegeben und das abgekühlte Blut fließt in den Körper zurück.

- Dank ihrer Körperform gleiten Wale mit Leichtigkeit durchs Wasser. Wenn du wissen willst, wie Wale sich fortbewegen, blättere zu S. 46–47.
- Was geschieht, wenn Wale stranden, steht auf S. 62–63.

VON OBEN BIS UNTEN

Je tiefer der Ozean, desto dunkler und kälter ist er – auch das Leben wird anders. Der Franciscana mag flaches Wasser. Der Gewöhnliche Delfin schwimmt zwischen der Oberfläche und 100 m Tiefe, während der Kurzflossen-Grindwal dreimal so tief nach Krill taucht. Und der Pottwal holt sich Riesenkraken aus der Tiefsee.

Haut

Blubber

Arterien

Muskel

Menschen besitzen keinen Blubber wie Wale oder ein Fell wie die meisten anderen Säugetiere, darum müssen sie sich auf andere Weise vor der Kälte schützen. Langstreckenschwimmer schmieren ihre Körper dick mit Fett ein, um im kalten Wasser warm zu bleiben.

Dicht unter der Haut eines jeden Wals liegt eine Fettschicht, der Blubber. Sie hält ihn warm und speichert Energie. Glattwale haben die dickste Schicht – 50 cm Blubber auf dem ganzen Körper.

Franciscana, bis 9 m

Gewöhnlicher Delfin, bis 100 m

Kurzflossen-Grindwal, bis 300 m

Pottwal, bis 3000 m

Fontänen blasen

Das erste Zeichen eines großen Wals ist meist ein plötzliches, explosionsartiges Geräusch, wenn er durch sein Blasloch ausatmet. Dann atmet er sofort wieder ein, bevor er abtaucht. Der Blas der kleineren Zahnwale ist weniger laut. Aber alle Wale müssen ihren Kopf aus dem Wasser recken, um durch Öffnen und Schließen ihrer Blaslöcher Sauerstoff in ihre Lungen zu atmen, sonst ertrinken sie.

Wale atmen bewusst – wir Menschen atmen unbewusst. Ein an der Oberfläche ruhender Furchenwal bläst langsam, ein durch die Wellen schießender Schweinswal atmet schnell. Wenn Wale operiert werden, werden sie nie völlig betäubt, weil sie dann aufhören könnten zu atmen.

Unter Wasser halten Wale den Atem an – ein Delfin, der im Flachwasser frisst, 10 Sekunden, ein Pottwal, der in die Tiefe abtaucht, bis zu zwei Stunden lang. Man könnte denken, dass sie deswegen große Lungen hätten, aber ihre Lungen sind im Verhältnis zur Körpergröße eher klein. Dennoch ist ihre Atmung sehr effizient – jedes Mal, wenn Wale atmen, ersetzen sie 80 Prozent der verbrauchten Luft in ihren Lungen durch frische (bei uns sind es nur 25 Prozent). Ihr Blut speichert mehr Sauerstoff als unser Blut.

Wale atmen sehr schnell aus und ein. Wenn Delfine und Schweinswale mit großer Geschwindigkeit schwimmen, springen sie zum Luftholen aus dem Wasser – durch Luft saust man leichter als durch Wasser.

Kiemen

Wie alle Fische atmet ein Hai durch Kiemen, nicht durch Lungen. Sauerstoffreiches Wasser strömt in sein Maul und über seine Kiemen, wo der Sauerstoff in das Blut des Hais gelangt. Über die Kiemenschlitze fließt das Wasser wieder nach draußen.

INSIDESTORY
Nur zur Hälfte schlafen

Würden Delfine schlafen wie wir, müssten sie ertrinken. Sie müssen untereinander Kontakt halten und dafür sorgen, dass sie sicher sind und nicht aufhören zu atmen, selbst wenn sie schlafen. Darum ist beim Schlafen ein Auge offen und nur das halbe Gehirn im Tiefschlaf. Die andere Hälfte ist hellwach. Delfine schwimmen dicht beieinander, blicken mit dem offenen Auge unablässig in die Runde und passen auf die anderen Mitglieder der Gruppe auf. Nach einer Weile schließen sie das andere Auge und lassen die andere Hälfte des Gehirns schlafen. Auf diese Weise bekommt ihr Gehirn die Ruhe, die es braucht, während sie weiter schwimmen, atmen und beobachten, was um sie herum geschieht.

Gewöhnlicher Delfin

Finnwal

Pottwal

WÖRTERBUCH

Wenn ein Wal ausatmet, spricht man richtiger von einem **BLAS** als von einer **FONTÄNE.** Fontäne würde heißen, dass Wasser aus dem Blasloch ausgestoßen wird. Lange Zeit glaubte man, Wale würden Wasser ausspritzen und so Boote zum Kentern bringen. Aber der Blas besteht nicht aus Wasser, sondern aus Wasserdampf.

SCHON GEWUSST?

Früher glaubte man, der Blas eines Wals sei übel riechend, aber das stimmt natürlich nicht. Der Blas der Zwergwale riecht allerdings nach Brokkoli, der zu lange gekocht wurde. Wenn du also Wale auf See beobachtest und plötzlich Brokkoli riechst, weißt du, dass gerade ein Zwergwal zum Luftholen hochgekommen ist.

WEGWEISER

- Delfine sind Akrobaten und Schnellschwimmer. Eindrucksvolle Luftsprünge siehst du auf S. 48–49.
- Wie ist es möglich, dass Wale so lange und in so großer Tiefe schwimmen? Die Antwort darauf steht auf S. 46–47.
- Wie man Wale unterscheiden kann, steht auf S. 66–67.

Der Blas eines Wals besteht aus Luft, Wasserdampf und Meerwasser. Und bei jeder Walart sieht der Blas anders aus. Der hier gezeigte Finnwal erzeugt einen einzelnen, steil nach oben gerichteten Blas. Beim Pottwal ist die Blaswolke schräg nach links gerichtet. Bei einigen Walen, wie Grönlandwalen, Glattwalen und Grauwalen, ist der Blas zweigeteilt und V-förmig. Der gewaltige Blauwal bläst mit 9 m am höchsten.

Der Pottwal kann eine Tiefe von 3000 m erreichen und seinen Atem bis zu 2 Stunden anhalten. Wenn er wieder auftaucht, atmet er schnell ein. Der Finnwal taucht 10 bis 15 Minuten lang und nicht tiefer als 100 m. Der Gewöhnliche Delfin macht nur kurze Tauchgänge, zwischen 10 Sekunden und 2 Minuten, kann aber notfalls auch 8 Minuten lang durchhalten.

Sieben, saugen, schneiden

Bartenwale gehören zu den größten Meerestieren, leben aber vom kleinsten Seegetier. Sie verschlingen Schwärme von winzigem Zooplankton, Krill und etwas größeren Weichtieren, und auch Schwärme kleinerer Fische stehen auf dem Speisezettel. Furchenwale nehmen planktonreiches Wasser in ihren dehnbaren Kehlsack auf, und Glattwale schwimmen mit weit aufgerissenem Maul durch Schwärme von Plankton.

Andere Bartenwale schlürfen das Plankton ein, während Grauwale Tiere des Meeresbodens in ihr Maul schürfen. Zahnwale dagegen jagen aktiv. Während einige ihre Beute vor dem Hinunterschlucken kauen oder zerschneiden, benutzen andere ihre Zähne nur bei der Jagd und schlucken dann ihr Futter ganz hinunter. Das könnte erklären, wie Wale mit verformten Kiefern oder beschädigten Zähnen es schaffen, zu überleben – sie saugen ihre Nahrung vermutlich wie ein Staubsauger ein.

Zahnwale ernähren sich unterschiedlich, von Fischen, Muscheln oder Kraken. Während Schnabelwale nach Tiefseekraken tauchen, nehmen Schwertwale alles – von Seevögeln und Robben bis zu Bartenwalen. Wie viele Zahnwale jagen auch Schwertwale in Gruppen.

Beim Fressen rollen sich Grauwale auf die Seite und schürfen mit geöffneten Kiefern am Meeresboden Sand und Schlamm auf. Auf diese Weise fangen sie kleine Krebse und Würmer. Die meisten Grauwale fressen auf der rechten Seite. Das erkennt man daran, dass die Barten an dieser Seite stärker abgenutzt sind. Einige Grauwale sind aber auch „Linkshänder".

INSIDESTORY
Raffinierte Fangtechnik

Wir waren in Alaska, um Buckelwale zu sehen ... plötzlich stieg eine Luftblase an die Oberfläche, knapp 9 m entfernt ... Sie war etwa tellergroß, und schnell folgten andere ... In wenigen Augenblicken hatte sich ein riesiger Ring aus Blasen gebildet. Dann geschah es. Plötzlich tauchten 14 Buckelwale aus brodelndem Wasser auf ... Wasser stürzte in ihr weit geöffnetes Maul mit den aufgeblähten Kehlfurchen, und zwischen Massen springender Heringe kamen die Wale bis zu 6 m hoch, bevor sie zurücksanken. Als das Wasser wieder ruhig war ... waren die Wale verschwunden und nicht die geringste Spur des Schauspiels war geblieben.

Tagebuchauszug, Juli 1995, Mark Carwardine, Cetologe

Ein Blauwal frisst 6 bis 8 Tonnen Krill und andere Kleinkrebse pro Tag. Ein Blauwalbaby trinkt täglich 100 Liter Milch.

Tauchen nach Futter
Ein Finnwal atmet tief durch, bevor er sich steil nach unten dreht. Das Gehör und andere Sinne helfen ihm, einen Schwarm Zooplankton zu finden; er saugt ihn mit Wasser ein. Nach dem Filtern taucht der Wal wieder auf.

WÖRTERBUCH

FURCHENWALE – Blau-, Finn-, Sei-, Buckel-, Bryde- und Zwergwal – verdanken ihren Namen den elastischen Kehlfurchen, die es ihnen ermöglichen, große Mengen krillhaltiges Wasser aufzunehmen.

KRILL kommt aus dem Norwegischen und bedeutet „Fischbrut".

SCHON GEWUSST?

Wenn ein Schwertwal in einer Gruppe jagt, nimmt er fast alles, was er findet, selbst einen Blauwal, der dreimal so groß ist wie er selbst. Jeder Schwertwal übernimmt bei der Jagd eine bestimmte Aufgabe. Einige jagen den Blauwal, andere hindern ihn daran zu tauchen und wieder andere werfen sich über sein Blasloch, damit er nicht atmen kann.

WEGWEISER

• Wo Wale leben, hängt oft davon ab, was sie fressen. Lies mehr darüber auf S. 36–37.
• Wie jagen Wale in tiefen, dunklen und trüben Gewässern? Darüber kannst du dich auf S. 50–51 informieren.

Ein Buckelwal schwimmt unter einem Fischschwarm in einer Spirale – und schafft dabei ein Netz aus Luftblasen, die er beim Ausatmen unter Wasser erzeugt. Die Fische werden so zusammengetrieben. Dann kommen auch die anderen Buckelwale und schwimmen mit weit geöffnetem Maul durch das Netz.

Hinab in die Tiefe

Schwimmen sieht bei Walen ganz leicht aus. Aber eine solche Körpermasse durch Wasser zu bewegen verbraucht enorm viel Energie. Wale fangen den Reibungswiderstand des Wassers ab, indem sie ihn in „laminare Strömung" verwandeln. Das ist die störungsfreie Strömung des den Walkörper umgebenden Wassers, das mit einer anderen Geschwindigkeit mitgerissen wird als das übrige Wasser. So gleiten Wale dank eines glatten Körpers, einer sehr flexiblen Haut und einer kräftigen Fluke zügig durchs Wasser. Am wichtigsten ist der Schwanz. Er wird auf- und abgeschlagen, erzeugt laminare Strömungen und treibt den Wal voran. Zum Steuern dienen die Flipper, und die Rückenfinne wirkt stabilisierend. Gewöhnlich kreuzen Wale gemächlich, um Energie zu sparen, aber wenn sie schneller werden müssen, krümmt sich der hintere Körper und der Schwanz schlägt kräftiger. Und wenn Wale nicht dicht an der Oberfläche sind, tauchen sie auf Nahrungssuche in tieferes Wasser. Je nach Walart bleiben sie zwischen zehn Sekunden und zwei Stunden unter Wasser. Sie können senkrecht oder auch schräg hinuntergleiten, schaffen dabei große Entfernungen und Tiefen, alles bei angehaltenem Atem und von den Auf- und Abbewegungen des Schwanzes angetrieben.

Pottwale und Schnabelwale sind die besten Tieftaucher aller Wale. Der Pottwal taucht senkrecht ab, meist bis in knapp 400 m Tiefe, aber die größten Männchen erreichen 3000 m. Er sucht in fast völliger Finsternis nach Tiefseebewohnern, wie Riesenkalmaren und Riesenkraken.

Ein Kalb, das dicht bei seiner Mutter bleibt, ist immer gut dran. Wenn es neben ihr herschwimmt, kann es im „Windschatten" der Mutter deren laminare Strömungen nutzen und kommt schnell voran.

Seiwal: 38 km/h

Mensch: 36,5 km/h

WÖRTERBUCH

FLUKE kommt von altnorwegisch floke, was „flach" heißt. Die Fluke ist die knochenlose Schwanzflosse eines Wals. Manche Wale und Delfine heben den Schwanz in die Höhe, um steil abtauchen zu können.

Der **SANDUHR-DELFIN** ist nach dem schwarz-weißen Muster an den Seiten seines Körpers benannt, das an die Form einer Sanduhr erinnert.

SCHON GEWUSST?

Die schnellsten Waltiere sind Dall-Schweinswale. Sie können dicht unter der Oberfläche bis zu 55 km/h erreichen. Der Seiwal ist mit kurzen Sprints von 38 km/h der schnellste Großwal. Aber über weite Entfernungen ziehen große Wale gewöhnlich nicht schneller als mit einer Geschwindigkeit von 1 bis 8 km in der Stunde.

WEGWEISER

• Manche Wale legen große Entfernungen zurück. Lies mehr darüber auf S. 38–39.
• Warum ertrinken Wale beim Tauchen nicht? Lies auf S. 42–43.

SEI AKTIV!

Wie vergleicht man?

Deine normale Gehgeschwindigkeit beträgt vermutlich rund 5 km in der Stunde, was der schnellsten bekannten Geschwindigkeit eines wandernden Buckelwals entspricht. Schwimmend würdest du allerdings weit hinter dem Buckelwal zurückbleiben, aber was ist, wenn du rennst? Wenn du wissen willst, mit welchem Wal du dann Schritt halten könntest, lass von jemandem die Zeit stoppen, wenn du 100 m läufst. Multipliziere deine Zeit mit 10 und teile dann 3600 durch diese Zeit. Das ist die Kilometerzahl, die du in einer Stunde laufen würdest. Wie sieht der Vergleich mit den Walen aus?

Die Auf- und Abbewegungen des Hinterkörpers und der Fluke eines Sanduhr-Delfins drücken gegen das Wasser und treiben ihn vorwärts. Die Aufwärtsschläge sind genauso wichtig wie die Abwärtsschläge.

Luftakrobaten

Stell dir einen 17 m langen Buckelwal vor, der plötzlich aus dem Wasser schnellt. Er dreht sich in der Luft um 180°, landet mit einem ohrenbetäubenden Klatscher auf dem Rücken und verschwindet aus deinen Augen. Die großen Wale kommen gewöhnlich zu zwei Dritteln aus dem Wasser und lassen sich auf den Bauch oder auf den Rücken zurückplatschen. Schweinswale und Delfine springen ganz heraus, und Spinnerdelfine, Dunkle Delfine und Streifendelfine vollführen beim Springen Drehungen, schlagen Saltos und drehen sich um die eigene Achse. Delfine und Schweinswale schwimmen mit niedrigen, gebogenen Sprüngen.

Schwertwale leben, jagen und schlafen in eng zusammenhängenden Familiengruppen. Sie können sehr aktiv sein und haben Spaß am Spielen, wie hier beim gemeinsamen Springen.

Niemand weiß genau, warum Wale springen, aber Wissenschaftler glauben, dass sie sich damit untereinander verständigen. Vielleicht ist das Springen eine Warnung an Eindringlinge, ein Notruf an Artgenossen, ein Ausdruck von Aufregung oder Freude oder einfach nur eine Art, sich bemerkbar zu machen. Großwale schlagen auch mit der Fluke oder den Flippern auf das Wasser, um sich zu verständigen. Ein lauter Knall mit Fluke oder Flippern verrät Ärger und ist eine Warnung, sich fernzuhalten, aber auch eine Verteidigungsmaßnahme gegen angreifende Schwertwale. Sanfte Schläge mit den Flippern können bei paarungswilligen Walen eine Liebkosung bedeuten.

Dunkle Delfine gehören zu den akrobatischsten aller Delfinarten. Ihr leichter Körper ermöglicht es ihnen, ungewöhnlich hohe Sprünge und Saltos zu vollführen. Beginnt ein Delfin der Gruppe zu springen, animiert das meist auch die anderen Tiere dazu.

WÖRTERBUCH

Der Name **BUCKELWAL** bezieht sich auf die kleine, hakenförmige Rückenfinne, die auf einer großen, fleischigen „Plattform" sitzt. Sein wissenschaftlicher Name, Megaptera novaeangliae, bedeutet „großflügeliger Neu-Engländer". Der Buckelwal besucht die Küste von Neu-England. Er hat bis zu 5 m lange Flipper.

SCHON GEWUSST?

Der Streifendelfin springt oft bis zu 7 m hoch – dreimal so weit, wie er lang ist. Er kann sich auf der Schwanzspitze drehen und rückwärts Saltos schlagen. Ein 1,80 m großer Mensch, der dreimal so hoch springen wollte, wie er groß ist, müsste 5,50 m schaffen, doch dafür bräuchte er einen Sprungstab und müsste Anlauf nehmen.

WEGWEISER

• Wie Wale sich unter Wasser fortbewegen, erfährst du auf S. 46–47.

AUFS WASSER SCHLAGEN

Großwale benutzen Fluke, Flipper und Kopf, um sich Botschaften zu übermitteln. Eine Nachricht kann mehrere Bedeutungen haben. Wir verstehen zwar nicht, was sie sagen, wissen aber, wie sie es sagen.

Ein Grauwal hebt den Kopf aus dem Wasser und sieht sich um. Vermutlich ist die Sicht hier besser.

Buckelwale bewegen sich zwar gemächlich, aber sie sind springfreudiger als alle anderen großen Wale. Sie können bis zu 100-mal hintereinander springen und kommen dabei fast ganz aus dem Wasser.

Buckelwale legen sich auf die Seite und schlagen mit ihren langen Flippern aufs Wasser, dass es nur so knallt.

INSIDESTORY

Um die eigene Achse

Jeden Morgen treffen in der Kealake'akua Bay, Hawaii, große Schulen von Spinnerdelfinen ein, nachdem sie nachts auf See gefressen haben. Vormittags ruhen sie sich aus und schwimmen kreuz und quer durch die Bucht. Dann beginnen sie zu springen. Bis zu 3 Meter hoch schleudern die Delfine ihren Körper beim Springen in die Luft und drehen sich in einem Sprung vier- bis fünfmal um ihre Körperlängsachse. Jeder Delfin hat seine eigene Sprungart, und alle Altersgruppen springen. Jeder Sprung beginnt mit einem lauten Bellen und endet mit einem lauten Flukenklatscher. Wissenschaftler glauben, dass die Delfine damit anderen Delfinen die Größe ihrer Schule mitteilen wollen. Die Drehungen und Sprünge können aber auch dem sozialen Zusammenhalt dienen – denn sie scheinen ansteckend zu wirken.

Viele Wale schlagen mit der Fluke hart aufs Wasser. Dabei sind schon kleine Walfangboote zertrümmert worden.

Sinne im Einsatz

Wale haben die gleichen Sinne wie Menschen. Das Sehen ermöglicht es ihnen, nahe Dinge zu erkennen und Beute zu fangen.
Den Geschmackssinn setzen Wale ein, um sich zu orientieren und
um andere Wale oder Beute zu finden – Delfine können eine
Meerbarbe und eine Makrele am Geschmack unterscheiden. Der
Geruchssinn ist unter Wasser eingeschränkt. Der Tastsinn wird für
die Kommunikation und die Erkundung
der Umgebung benutzt. Tast- und Hörsinn sind unter Wasser
wichtiger als Sehen, Geschmack und Geruch.
Wale haben Sinne, die wir nicht haben, wie die Echolokation,
den Magnetsinn und den Wasserdrucksinn. Echolokation ist ein
System, mit dem Schall erzeugt und empfangen wird; es ist für
Zahnwale lebenswichtig, wenn sie jagen, Artgenossen auffinden
und sich orientieren. Ein echoortender Delfin sendet Klicklaute
mit hoher Frequenz aus. Diese treffen auf ein Objekt und werden
als Echo zum Delfin zurückgeworfen. Im Gehirn des Delfins formt
sich aus den zurückkehrenden Signalen ein Hörbild, nach dem er
bestimmen kann, was und wo das Objekt ist. Es ist so, als
würden wir mit den Ohren sehen. Zahnwale können
die Echolokation überall und jederzeit einsetzen.
Bartenwalen fehlen die körperlichen Voraus-
setzungen dafür. Das gleichen sie vermutlich
durch ihr erstklassiges Gehör aus.

Walhaut ist seidig weich und unglaublich
empfindsam und darum ein Sinnesorgan, mit
dem ein Wal seine Umwelt berühren und
verstehen kann. Diese jungen Fleckendelfine
lernen, wie sich Tang anfühlt.

Wasser ist 800-mal dichter als Luft, aber die
meisten Wale können sich dennoch gut im
Wasser orientieren, selbst wenn es dunkel und
trübe ist. Nur die Delfine, die in schlammigen
Flüssen leben, haben schlechte Augen.

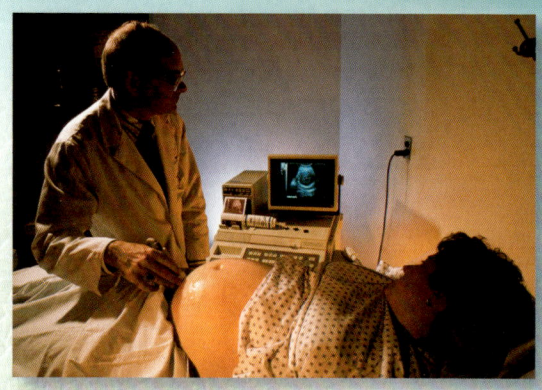

Von einer Schwangeren wird eine Ultraschall-
aufnahme gemacht. Dazu werden Ultraschall-
wellen in ein Bild von dem Baby in ihrem Bauch
umgewandelt. Der Mensch setzt Ultraschall
ein wie Wale die Echolokation.

WÖRTERBUCH

Echo ist griechisch und lokation kommt von lateinisch locore für „orten".

ECHOLOKATION ist die Fähigkeit, sich mithilfe von Schall zurechtzufinden.

ULTRASCHALL sind Schallwellen, die für das menschliche Ohr nicht mehr wahrnehmbar sind. Ultra ist lateinisch für „jenseits, über hinaus".

SCHON GEWUSST?

Eine gute Rundumsicht ist zum Schutz vor Feinden unerlässlich. Zwergpottwale haben nach hinten verdrehbare Augen, Große Tümmler können jedes Auge einzeln bewegen – geradeaus und nach rechts –, und Pottwale legen sich auf den Rücken, damit sie sehen können, was über ihnen los ist.

WEGWEISER

• Auf S. 30–31 findest du Unterschiede zwischen Zahn- und Bartenwalen.
• Wale senden Signale an Artgenossen und andere Meerestiere. Lies mehr darüber auf S. 48–49.

SINNVOLL

Es gibt Sinne, die nur Tiere haben. Echolokation ist einer dieser Sinne, und der Magnetsinn – die Fähigkeit, Veränderungen im Magnetfeld der Erde wahrzunehmen – ein anderer.

INSIDESTORY

Schallstoß

Echolokation wird bei der Futtersuche eingesetzt, aber Zahnwale sind auch in der Lage, damit ihre Beutetiere zu lähmen oder sogar zu töten. Sie senden Stöße von hochfrequentem Schall aus. Mit den Schallstößen können sie das Gleichgewicht oder Sinnessystem ihrer Beute stören und sich dadurch den Fang erleichtern. Und wenn man bedenkt, dass Fische und Kalmare oft schneller als Zahnwale sind, brauchen Wale wohl eine solche Geheimwaffe, um nicht zu verhungern. Große Tümmler stoßen hohe Laute aus, wenn sie in freier Wildbahn Meeräschen jagen, und Schwertwale tun das Gleiche bei Lachsen. Echoortende Narwale geben die lautesten je registrierten Klicklaute ab und könnten damit ebenfalls jagen.

Viele Fledermäuse leben in dunklen Höhlen und jagen nachts. Sie orientieren sich mit sehr hohen Schreien, deren Echos sie auffangen.

Belugas finden sich mit in Abständen ausgesandten Klicklauten in den eisbedeckten Meeren, in denen sie leben, zurecht. Sobald sie einen Fisch geortet haben und beginnen, auf das Ziel zuzuschwimmen, werden die Laute schneller und höher und enden in einem langen Quietschen.

Jedes Jahr kehren Suppenschildkröten auf die Insel Ascension im Südatlantik zurück, wo sie geboren wurden. Auf ihrem Weg über 2000 km quer durch den Ozean orientieren sie sich mit ihrem Magnetsinn.

Der Fettschwalm findet seine Nahrung und den Rückweg zu den Höhlen, wo er nistet, nachts durch Echolokation. Seine schnellen Klicklaute sind deutlich zu hören.

In Gesängen reden

Dank ihres hervorragenden Gehörs können Wale Laute aus
großer Entfernung hören, bei Bartenwalen sind es bis zu mehrere
Hundert Kilometer. Sie können auch feststellen, aus welcher
Richtung die Laute kommen. Wissenschaftler sind sich aber nicht
im Klaren, wie sie das tun. Sie glauben, dass Bartenwale vielleicht durch ihre wachsgefüllten Ohrlöcher hören – das Wachs
könnte den Schall zum Innenohr leiten. Zahnwale hingegen
hören vermutlich durch ihren Unterkiefer, der mit Fett ausge-
kleidet ist, das den Schall ins Innenohr übertragen könnte.
Wale nutzen ihr gutes Gehör auch, um sich durch Schall zu
verständigen. Schweinswale und Pottwale erzeugen Klicklaute, mit denen sie sich „unterhalten" und durch Echolokation
orientieren. Andere Walarten geben viele unterschiedliche
Laute von sich. Belugas jaulen, quietschen, krächzen und pfeifen.
Delfine klappern bei Gefahr mit den Kiefern und pfeifen viel, vor
allem, wenn sie ärgerlich, ängstlich oder aufgeregt sind – und
sie kreischen. Ein Großer Tümmler ist an seinem „persönlichen"
Pfiff zu erkennen. Diese umfangreichen Lautäußerungen könnten
dazu dienen, sich gegenseitig mit Auskünften über Beutetiere
oder Feinde zu versehen.

Bartenwale geben eher tiefere Töne wie Klagen, Brummen,
Rülpsen und Grunzen von sich, die sich zu ganzen Liedern zusam-
mensetzen. Sie erzeugen die Laute vermutlich wie
wir im Kehlkopf, während Zahnwale dazu die Luftwege,
die Lippen und die Melone in ihrer Stirn nutzen.

**Wale verständigen sich nicht immer mit Schall.
Optische Signale wie das Springen werden von
Dunklen Delfinen eingesetzt, wenn sie große
Fischschwärme entdeckt haben. Damit
signalisieren sie weiter entfernten Gruppen
von Artgenossen, dass sie kommen und
beim Zusammentreiben und Fressen
der Fische helfen sollen.**

INSIDESTORY
Gesang der Buckelwale

Alle männlichen Buckelwale einer Population singen die gleiche
Melodie, gewöhnlich, wenn sie auf Wanderung oder in ihren
Fortpflanzungsgebieten sind. Im Lauf der Jahre verändert sich
dieser Gesang nur wenig. Aber 1995 und 1996 hörten Michael
Noad und sein Team vom australischen Meeressäugerzentrum,
wie zwei Wale an der Ostküste Australiens einen ganz anderen
„Song" für ihre Artgenossen in der Gegend sangen. Es war der
gleiche wie der Gesang der Buckelwale an der australischen
Westküste. 1997 sangen weitere Ostküsten-Wale das
neue Lied, einige wählten sogar eine Kombination aus
dem alten und dem neuen. 1998 beherrschte jeder
Wal den neuen Gesang. Michael Noad glaubt, dass
neue Gesänge der Partnersuche dienen: „Wenn da
ein Männchen etwas Neues singt, hebt es sich aus
der Masse der anderen hervor."

**Belugas lassen Luft durch ihre Nasen-
säckchen und Nasengänge einströmen,
die dann durch ein Paar fettgefüllte „Lippen"
wieder ausströmt. Diese werden in Schwingung
versetzt und erzeugen Laute, die von der ölgefüll-
ten Melone nach außen geleitet werden.**

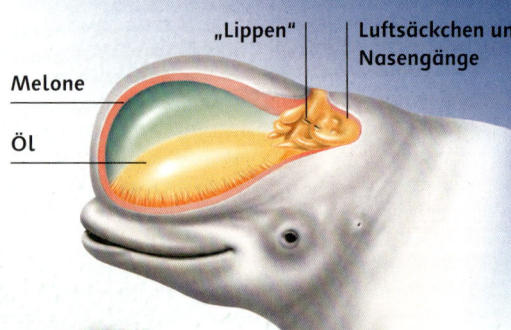

„Lippen"   Luftsäckchen und
Nasengänge

Melone

Öl

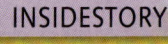
Tüpfelhyänen lachen

WÖRTERBUCH

Hydor ist das griechische Wort für „Wasser" und phone ist griechisch für „Laut, Ton". Ein **HYDROPHON** ist ein Unterwassermikrofon.

SONOGRAMM ist aus lateinisch sonor = „Klang, Ton" und griechisch gramma = „Geschriebenes" zusammengesetzt. Ein Sonogramm ist also „geschriebener Ton" oder Schallaufzeichnung.

SCHON GEWUSST?

Die Rufe der Blauwale können unter Wasser 100 km und sogar 1000 km entfernt noch gehört werden und bis zu 188 Dezibel erreichen. Der Schrei eines Menschen erreicht gerade mal die 70-Dezibel-Grenze. Geräusche über 120–130 Dezibel sind für das menschliche Ohr schädlich.

WEGWEISER

• Wenn du wissen willst, wie Wale sonst noch miteinander kommunizieren, blättere zu S. 48–49.
• Wale haben mehr Sinne als der Mensch. Lies darüber auf S. 50–51.

SONOGRAMME UND SCHALL

Diese Sonogramme sind Abbilder der Schallwellen von verschiedenen singenden Tieren. Sie zeigen, ob die Töne hoch oder niedrig sind, ob sie hoch- oder niedrigfrequent sind und wie lang ihre Dauer ist.

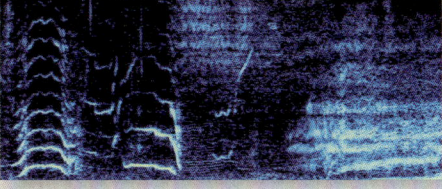

Ein Neun-Sekunden-Abschnitt eines Buckelwalgesangs enthält Geräusche, die ein wenig wie das Schnurren einer Katze und das Trompeten eines Elefanten klingen.

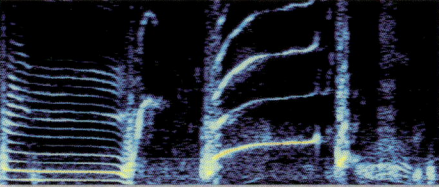

Dieser Gesang eines Schwertwals dauert 3 Sekunden und besteht aus drei Lauten – ein kurzes Klagen, ein kurzes Quieken, dann ein längeres Klagen.

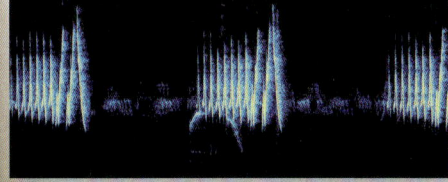

Eine Grasmücke pfeift wiederholt zwei hohe Töne, sehr schnell hintereinander, dann einen langsameren Schlusston.

Männliche Buckelwale sind für ihre komplexen Lieder berühmt. Unter Wasser kann man sie nach bestimmten Tonfolgen (wie Verse) brummen, grunzen, zirpen, pfeifen und jammern hören. Das dauert 7 bis 15 Minuten. Dann beginnen sie wieder von vorn.

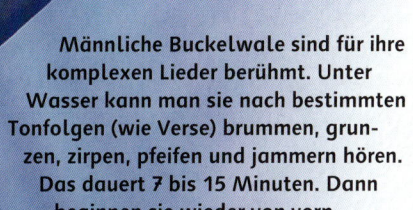

Wissenschaftler fangen die Töne von Walen mithilfe eines Hydrofons (eines Unterwassermikrofons) auf. Manche Laute von Walen sind zu hoch oder zu niedrig, um für unser Ohr ohne Hilfe eines Geräts hörbar zu sein, dafür aber kann man die Klicklaute von Walen bei der Echolokation spüren, wenn man in ihrer Nähe schwimmt.

Dies ist die Stimme einer Frau, die einen Ton singt und ihn etwa vier Sekunden lang hält.

Frösche quaken

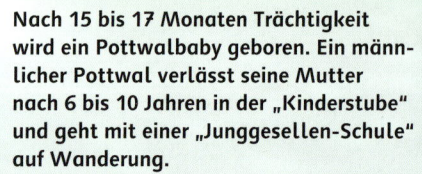

Nach 15 bis 17 Monaten Trächtigkeit wird ein Pottwalbaby geboren. Ein männlicher Pottwal verlässt seine Mutter nach 6 bis 10 Jahren in der „Kinderstube" und geht mit einer „Junggesellen-Schule" auf Wanderung.

Neugeborenes Kalb   6 bis 10 Jahre altes Kalb

Der Beginn des Lebens

Wenn für Wale die Paarungszeit gekommen ist, versuchen die Männchen mit allen Mitteln, einem Weibchen zu imponieren. Buckelwale singen und übertreffen sich gegenseitig in Paarungsritualen. Glattwale streicheln das Weibchen mit den Flippern und schwimmen dicht an ihm vorbei, Delfine schubsen und beißen und sind oft recht rabiat. Männliche Pottwale, Narwale und Schnabelwale kämpfen miteinander, wovon ihre Narben zeugen.

Wale bleiben nicht lebenslang zusammen, sie haben viele verschiedene Partner. Wie alle Säugetiere entwickelt sich ein Wal im Mutterleib. Die Trächtigkeit dauert 9 bis 12 Monate bei Schweinswalen und Delfinen, 11 bis 12 bei den meisten Großwalen und 16 bis 18 bei größeren Zahnwalen. Nach der Geburt schubst die Mutter das Neugeborene zum ersten Blas nach oben. Dann beginnt es, ihre Milch zu trinken. Das Walkalb schwimmt neben seiner Mutter her und gibt Laute von sich. Die Mutter versorgt ihr Kalb meist sehr umsichtig, vor allem, solange es noch gesäugt wird – 4 bis 11 Monate bei einem Bartenwal und ein, zwei oder sogar vier Jahre bei einem Zahnwal. Weibchen gebären meist nur ein Junges auf einmal, und viele Arten warten mindestens zwei Jahre – Große Tümmler sogar fünf –, bevor eine neue Trächtigkeit beginnt.

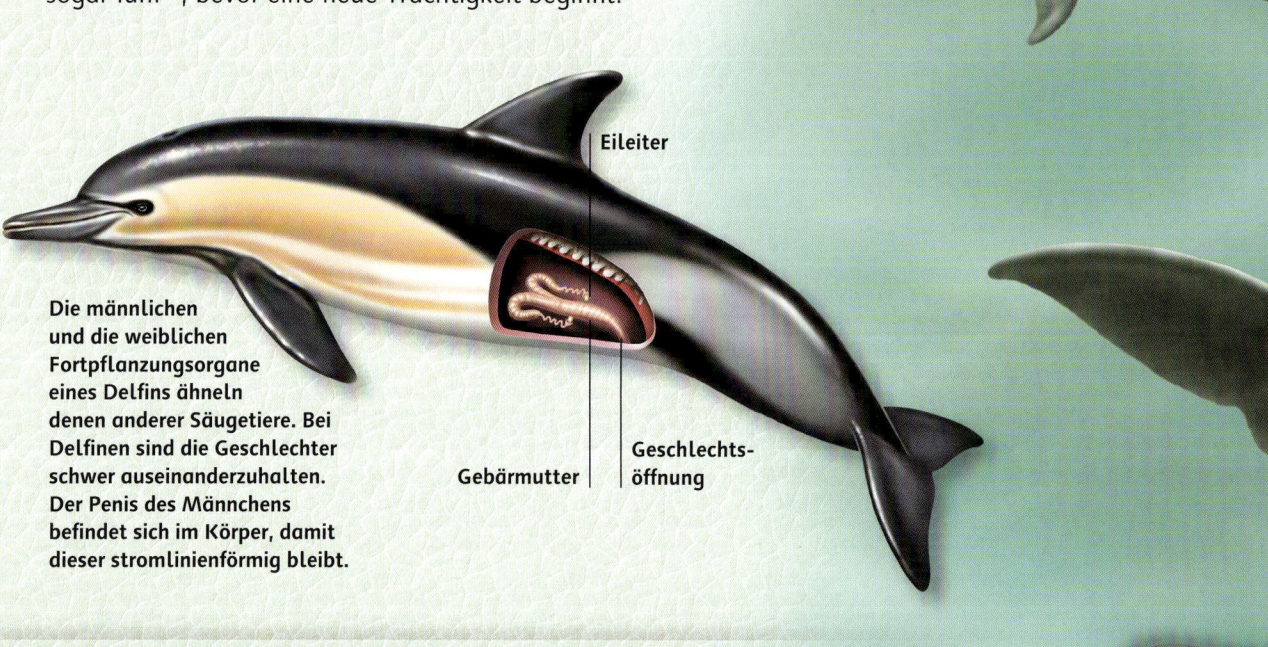

Eileiter

Die männlichen und die weiblichen Fortpflanzungsorgane eines Delfins ähneln denen anderer Säugetiere. Bei Delfinen sind die Geschlechter schwer auseinanderzuhalten. Der Penis des Männchens befindet sich im Körper, damit dieser stromlinienförmig bleibt.

Gebärmutter

Geschlechtsöffnung

18 bis 19 Jahre alt

WÖRTERBUCH

TRÄCHTIGKEIT nennt man die Schwangerschaft bei Tieren, die Zeit, in der das Junge in der Gebärmutter des Weibchens vom befruchteten Ei bis zur Geburt heranwächst.
Bei Walen benutzt man für die Lebensabschnitte die gleichen Bezeichnungen wie bei Rindern und anderen Huftieren. Ein Baby heißt Kalb, ein geschlechtsreifes Weibchen Kuh und ein Männchen Bulle.

SCHON GEWUSST?

Walbabys können trotzig sein. Forscher haben gesehen, wie Kälber ihre Mütter wissen lassen, was sie davon halten, dass ihre Mütter sich einfach auf die Seite rollen, damit sie nicht mehr saugen können. Sie schlugen mit der Fluke nach unten und stießen mit dem Kopf nach ihrer Mutter. Manchmal hielt die Kuh ihr Kalb mit ihren Flippern fest, bis es sich wieder beruhigt hatte.

WEGWEISER

• Lies mehr über das Familien- und Gruppenleben der Wale auf S. 56–57.

INSIDESTORY

Wachstumsringe

Um festzustellen, wie alt ein Zahnwal ist, untersuchen Wissenschaftler einen Längsschnitt durch einen Zahn. Walzähne wachsen in Schichten – eine Schicht pro Jahr. Bartenwale haben keine Zähne, darum nimmt man einen Querschnitt durch ihre wachsartigen Ohrpfropfen. Wie Walzähne wächst auch der Pfropfen in jährlichen Schichten. Diese Methoden sind nicht genau und nur anwendbar, wenn Wale tot sind. Da inzwischen viele Wale anhand von Fotos an ihren Markierungen identifizierbar sind, beschreiten Wissenschaftler heute neue Wege. Sie identifizieren einen Wal und verfolgen ihn sein Leben lang, um sein genaues Alter zu kennen. Danach scheinen kleine Schweinswale 12 bis 15 Jahre zu leben, Große Tümmler 50 und Blauwale 70 – manche Großwale schaffen sogar 100 Jahre.

Männliche Buckelwale locken ein Weibchen nicht nur mit Gesang an. Sie wälzen sich im Wasser, schlagen mit den Flippern oder mit der Fluke auf das Wasser oder machen einen „Schwanzstand". Manche Männchen schubsen ihre Konkurrenten auch zur Seite, um dem Weibchen möglichst nahe zu kommen.

Ein Irawadi-Delfinkalb wird mit der Schwanzflosse voran unter Wasser geboren. Die Mutter stößt es vorsichtig an die Oberfläche, damit es seinen ersten Atemzug tun kann. Andere Delfine, „Tanten" genannt, helfen ihr. Sie schwimmen um sie herum, beschützen das Neugeborene und halten es manchmal sogar eine Weile zwischen ihren Körpern.

27 Jahre alt

Ein männlicher Pottwal wird mit 18 oder 19 Jahren geschlechtsreif. Im Alter von etwa 27 Jahren folgt die soziale Reife. Dann ist der Wal ausgewachsen und zieht allein zu den Kinderstuben, um sich zu paaren.

Körperkontakt: Mit den
Schnäbeln berühren

Körperkontakt: Mit den
Flippern berühren

Familie und Freunde

Viele Wale sind soziale Tiere, die in Gruppen leben. So finden
sie Schutz vor Feinden und haben es leichter bei der Partnersuche sowie der Geburt und Aufzucht der Jungen. Gruppen sind
auch wichtig bei der Futtersuche; die Menge der verfügbaren Nahrung bestimmt die Größe der Gruppe.

Bartenwalgruppen haben zwei bis zehn Mitglieder. Sie ernähren
sich von Krill und Kleinfischen. Mütter verlassen ihre Kälber,
wenn sie ein Jahr alt sind. Vielleicht ist das der Grund dafür,
warum Großwale häufig die Gruppe wechseln.

Zahnwale bilden größere Gruppen. Küstennah lebende Delfine
jagen in Gruppen von 6 bis 20 Tieren in Buchten und an Stränden
Fische, während Hochsee-Delfine oder Pilotwale in sehr großen
Gruppen von Hunderten, ja sogar Tausenden, auf die Suche nach
riesigen Fischschwärmen gehen. Zahnwalgruppen haben außerdem
einen engeren Zusammenhalt, wobei die Weibchen im Mittelpunkt
stehen. Die meisten Kälber werden ein bis vier Jahre lang gesäugt
und bleiben bis zur Pubertät bei ihrer Mutter. Dann müssen sich
die Männchen anderen Gruppen anschließen. Die käftigsten Tiere
(meist erwachsene Männchen) setzen Laute, Körpersprache und
Zähne ein, damit sie die beste Partnerin und das beste Futter
bekommen.

Kurzflossen-Grindwalkälber hängen an ihrer Mutter.
Sie werden zwei bis sechs Jahre lang gesäugt, wenn
die Mutter älter als 20 Jahre ist, sogar bis zu 15
Jahre. Sie bleiben lebenslang in der gleichen Gruppe.

In Küstennähe lebende Fleckendelfine bilden kleine
Schulen mit bis zu 15 Tieren. Delfine schließen sich
der Gruppe an, verlassen sie, kommen dann wieder,
und es bestehen langfristige Beziehungen. Hochsee-
Fleckendelfine leben in Schulen zu Hunderten, ja
Tausenden, zu denen sich manchmal auch Große
Tümmler gesellen.

Tinkerbell (das wichtigste
Weibchen) und Tangles,
Mutter und Kalb, haben die
gleichen Markierungen wie
ihre Mutter und Großmutter,
Beauty, die vor Jahren starb.

📖 WÖRTERBUCH

Eine **SCHULE** ist eine große Gruppe von Meerestieren. Man spricht von einer „Schule" von Delfinen oder anderen Walen. Manchmal wird eine Gruppe von Walen auch als **HERDE** bezeichnet, wie bei Rindern und Antilopen.

✳ SCHON GEWUSST?

Viele Zahnwale sind für ihr fürsorgliches Verhalten gegenüber Gruppenmitgliedern bekannt. Manchmal setzen sie ihr Leben für einen nahen Verwandten ein. Pottwale bleiben zum Beispiel bei harpunierten Artgenossen und versuchen, sie zu verteidigen und die Harpunenleine zu zerreißen. Dieses Verhalten könnte der Grund für Massenstrandungen bestimmter Arten sein.

➡ WEGWEISER

- Wale ziehen in Gruppen oder allein. Lies mehr darüber auf S. 38–39.
- Wale verständigen sich auf vielfältige Weise. Sie singen sogar zusammen. Darüber steht mehr auf S. 52–53.

Eine soziale Gruppe des Menschen ist die Großfamilie, zu der Eltern, Tanten und Onkel, Vettern und Kusinen, Großeltern und Urgroßeltern gehören. Wale leben nicht in solchen sozialen Gruppen – alle Männchen, mit Ausnahme von Schwertwalen und Grindwalen, verlassen die Familie in der Pubertät.

INSIDESTORY
Die Schwammträger

In einer Gruppe von über 60 Großen Tümmlern in der Shark Bay, Australien, gibt es ein paar Weibchen, die etwas Ungewöhnliches tun: Sie tragen Schwämme auf ihrer Schnauze. Halfluke, Spongemom, Bitfluke und Gumby nehmen alle einen Schwamm auf ihr Rostrum, wenn sie tauchen. Wahrscheinlich benutzen sie den Schwamm, um auf dem Sandboden nach Nahrung zu suchen. Vielleicht hilft er ihnen beim Einschlürfen von Fischen. Sechzehn Jahre, nachdem Halfluke erstmals mit einem Schwamm gesehen wurde, waren die Schwammträger immer noch da, und Halflukes Tochter trägt nun auch einen Schwamm. Ein paar andere benutzen gelegentlich Schwämme, doch diese fünf Delfine tun es immer. Sie haben wenig mit den anderen Delfinen im Sinn, und niemand weiß, warum.

TANGALOOMA-DELFINE
Jeden Abend besucht eine Gruppe von Großen Tümmlern Tangalooma an der Küste Australiens. An ihren Markierungen und ihrem Verhalten kann man sie als zur selben Familie gehörend erkennen. Manchmal bringen sie einen anderen Delfin mit, so wie auch Menschen Freunde zu Familienfesten mitbringen.

Shadow, Tinkerbells Schwester, hat dieselben körperlichen Merkmale wie ihre Mutter, ihre Schwester und das Kalb ihrer Schwester. Wie beim Menschen werden diese Merkmale von den Eltern an die Kinder vererbt.

Gefahr im Wasser

Die größte Gefahr droht dem Wal von Meeresräubern wie großen Haien und Schwertwalen. Nicht einmal die riesigen Blau- und Glattwale sind vor einem Trupp jagender Schwertwale sicher. Auch ihre nahen Verwandten, der Kleine Schwertwal und der Zwerggrindwal, greifen manchmal an. Und Eisbären lauern Belugas auf. Zur Verteidigung tun sich viele Wale zusammen. Manche Wale schwimmen weg oder tauchen ab, andere bleiben und kämpfen. Sie schlagen mit den Schwänzen, machen Scheinattacken, blasen und drohen dem Feind mit Flukenschlagen und Springen. Viele Zahnwale verteidigen die Jungen, Kranken oder Verwundeten.

Äußere Parasiten, wie Walläuse und Seepocken, mästen sich an der Haut und an Wunden großer Wale, scheinen ihnen aber nicht zu schaden. Massen von inneren Parasiten können einen Wal schwächen und sogar töten.

Die größte Gefahr allerdings kommt vom Menschen. Wale sterben als Beifang in Netzen, und ihre Lebensräume an Küsten und in Flüssen werden zerstört. Die Ozeane sind voller Geräusche und verschmutzt von Schadstoffen und Industrieabfällen.

Wenn Belugas in flachem Wasser stranden, verhalten sie sich ganz ruhig und bewegungslos, damit sie nicht von Eisbären entdeckt werden. Denn wenn ein Eisbär einen Beluga findet, beißt er in sein Blasloch und macht ihn damit kampfunfähig. Dann beginnt er, die Haut und den Blubber des Belugas zu fressen.

Pottwale sind langsame Schwimmer und verteidigen sich bei einem Schwertwalangriff gemeinsam. Die Erwachsenen bilden einen Kreis um Kälber und Kranke. Dann schlagen sie mit nach außen weisenden Fluken wütend aufs Wasser.

WÖRTERBUCH

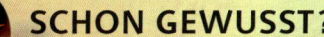

Ein **PARASIT** lebt auf einer Pflanze oder einem Tier und findet hier seine Nahrung. Das griechische Wort parasitos bedeutet „einer, der am Tisch eines anderen isst".

BEIFANG heißt, dass Wale und Delfine zufällig in Netze geraten, die für Fische gestellt wurden.

SCHON GEWUSST?

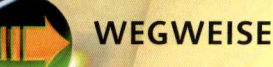

1979 berichtete der Autor P. F. Major von aufgeregten Buckelwalen vor der Küste von Hawaii. Als einer von ihnen zu springen begann, sah er zwei Marline an seinen Flanken hängen. Bei einer Drehung fiel einer der Marline ab. Marline habe keine Zähne, darum ist es unwahrscheinlich, dass sie den Wal angegriffen haben – vermutlich war es ein Versehen.

WEGWEISER

• Wale bilden Gruppen. Wozu und warum, steht auf S. 56–57.
• Viele Menschen setzen sich für die Rettung und den Schutz der Wale ein. Wenn du mehr darüber wissen willst, lies auf S. 60–61 weiter.

ANDERE WAL-FALLEN
Menschliche Aktivitäten sind eine große Bedrohung für Wale.

Der Zwergpottwal ruht die meiste Zeit dicht unter der Wasseroberfläche. Wenn er aber aufgeschreckt wird, lässt er eine dicke Wolke mit einer rötlich braunen Flüssigkeit aus seinem Darm fließen. Dies könnte dazu dienen, ihn zu tarnen oder einen Feind abzulenken, während er abtaucht.

Die Zunahme der von Ölplattformen verursachten Geräusche macht es für Wale immer schwieriger, ihren Hörsinn für die Verständigung, die Beutesuche und die Wahrnehmung von Feinden einzusetzen.

Boote tragen zur Lärmbelastung im Wasser bei. Containerschiffe rammen große Wale. Schnellboot-propeller verwunden Wale und schneiden in Blubber und Flossen.

INSIDESTORY
Wegbegleiter

Ein wandernder Wal wird von vielen kleineren Geschöp-fen begleitet – einige sind schädlich, andere harmlos oder sogar nützlich. Und je langsamer der Wal, desto mehr Mitreisende gibt es. Kleine Keksausstecherhaie saugen sich beispielsweise an der Haut von Walen fest. Ihre messerscharfen Zähne verursachen einen tiefen Biss, und wenn sie sich um 360 Grad drehen, schneiden sie ein kreisrundes Stück aus, eben wie ein Keksausstecher. Schiffshalter dage-gen tun dem Wal nichts, wenn sie sich an ihn hängen, um besser voran-zukommen. Seepocken setzen sich auf langsamen Walen fest, dann befallen Walläuse Seepocken und Walhaut (Foto). Möglicherweise leisten die Läuse Putzerdienste.

Wale verschlucken manch-mal Plastiktüten und müssen verhungern. Und Umweltgifte sammeln sich in ihrem Körper an und vergiften sie.

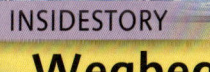

Fischereiboot

Robbe   Hai

Wale schützen

Der Mensch hat dafür gesorgt, dass manche Arten vom Aussterben bedroht sind. Nach über 100 Jahren Walfang sind gerade mal fünf bis zehn Prozent der ursprünglichen Bestände übrig geblieben. Kleinere Wale werden noch heute gejagt, und Fischereimethoden, Verschmutzung, Lärm und andere Umweltprobleme haben die Bestände reduziert. Ein Wal bringt nur ein Junges auf einmal zur Welt, und das auch nur alle vier bis fünf Jahre. Das ist der Grund, warum sich Walbestände nicht so schnell erholen wie Fische. Während es Grau- und Buckelwalen wieder besser geht, werden sich andere stark bejagte Arten, wie Grönlandwale und Nordkaper, vermutlich nie wieder ganz erholen.
Aber Einzelpersonen und Organisationen engagieren sich für den Schutz der Wale und ihres Lebensraums. Forscher und Lehrer helfen uns, Wale zu verstehen. Umweltschützer retten Wale, richten Walreservate ein und setzen sich für walfreundliche Fischfangmethoden ein. Die Internationale Walfang-Kommission (IWC) stellte bereits in den 1930er-Jahren einige Arten unter Schutz. 1986 erließ sie ein Fangverbot für stark bedrohte Arten – all dies sind wichtige Aktionen, wenn wir wollen, dass alle 81 Walarten weiterhin in den Ozeanen leben.

Diese Aktivisten sind mit dem Schlauchboot dicht an ein großes Walfangschiff herangefahren und protestieren gegen den Walfang. Die gefährliche Aktion stört die Walfänger bei der Verfolgung der Wale.

Gifte sammeln sich allmählich im Blubber der Wale an und machen sie krank und schwach. Die meisten Tiere sterben auf See, aber andere, wie dieser Delfin, werden von Wunden übersät an Land gespült.

GREENPEACE

WÖRTERBUCH

ÖKOSYSTEM kommt von griechisch oikos für „Haus" und systema für „zusammengesetztes Ganzes". Es betrifft die Beziehungen der Lebewesen untereinander und mit ihrem Lebensraum.

VAQUITA ist Spanisch und heißt „kleine Kuh". So nennen die Fischer am Golf von Mexiko den Golftümmler.

SCHON GEWUSST?

Obwohl ein weltweites Fangverbot für Großwale besteht, gibt es Ausnahmen: Japan, Norwegen und Island töten Zwergwale, Brydewale und Pottwale. Russen wurden Anfang der 1990er-Jahre beim Töten geschützter Arten erwischt. Naturvölkern in den USA, Kanada, der Russischen Föderation, Grönland und auf St.Vincent und den Grenadinen sind jedes Jahr kleine Fangquoten genehmigt.

WEGWEISER

• Wo leben Wale?
Lies S. 36–37.
• Lies über die natürlichen Gefahren, denen Wale ausgesetzt sind, auf S. 58–59.

DIE MEISTGEFÄHRDETEN

Einige Delfin- und Walarten sind vom Aussterben bedroht, weil es nur noch sehr wenige von ihnen gibt. Die unten gezeigten Arten sind heute am stärksten gefährdet.

Vom Beiji oder Chinesischen Flussdelfin gibt es nur noch knapp 100 Tiere. Selbst Schutzprojekte können sein Überleben nicht garantieren.

Walforscher vergleichen ihre Notizen und Beobachtungen. Je mehr wir über Wale wissen, desto besser können wir verstehen, wie sie in ihrer Welt überleben und wie wir sie schützen können.

Der Vaquita lebt in Lagunen im Golf von Kalifornien, Mexiko. Die meisten sind in Stellnetzen umgekommen. Es gibt nur noch 200 Tiere.

SEI AKTIV!

Laden-Detektiv

In den letzten 40 Jahren sind mehr Delfine beim Thunfischfang umgekommen als bei irgendeiner anderen Tätigkeit des Menschen. Fischer benutzen Treibnetze und Ringwaden. In diese Netze geraten nicht nur Thunfische, sondern auch viele andere Tiere, darunter Delfine, Robben und Schildkröten. Manche Fischer haben ihre Fangmethoden geändert. Ihre Thunfisch-Dosen werden als „delfinsicher" oder „delfinfreundlich" verkauft. Achte einmal im Supermarkt darauf, welche Thunfisch-Dosen einen Aufkleber „delfinfreundlich" haben. Gibt es welche, die kein solches Logo aufweisen? Aus welchen Ländern kommen sie? Stammen die delfinfreundlichen Dosen auch aus diesen Ländern? Welche Dosen würdest du nehmen?

Der Nordkaper ist durch den Walfang fast ausgerottet. Und obwohl er seit über 60 Jahren unter Schutz steht, gibt es nur noch etwa 320.

Staudämme im Indus haben die Indusdelfine in fünf kleine Gruppen aufgesplittert, was die Fortpflanzung erschwert. Kaum 500 haben überlebt.

Meeres-
schildkröte

Delfin

Strandungen

Es ist ein trauriger Anblick, wenn Wale, die so perfekt an das Leben im Wasser angepasst sind, am Strand verenden. Das kann ein einzelner Wal sein, zu alt, krank oder verletzt, um weiterzuschwimmen oder, was häufiger vorkommt, eine kleine, aufs Trockene geratene Gruppe. Gelegentlich kommt es zu Massenstrandungen. Hunderte von Zahnwalen, wie Pilotwale, Kleine Schwertwale, Pottwale und Delfine, kommen bis dicht an die Küste und schwimmen dann plötzlich an den Strand. Warum Wale das tun, bleibt rätselhaft.

Am häufigsten und in größter Zahl stranden Arten, die in eng verknüpften Gruppen und auf hoher See leben. Experten glauben, dass sie ihrer Beute bis in Küstennähe folgen, wo ihre Orientierungsfähigkeit gestört wird, und zwar entweder durch Parasitenbefall und Erkrankung oder durch Störungen im Erdmagnetfeld. Flachküsten und Sandbänke sind Unfallschwerpunkte. Und wenn ein krankes oder verletztes Tier strandet, reagieren Gruppenmitglieder auf seine Notsignale. Sie bleiben bei ihm und stranden ebenfalls.

Der Körper eines gestrandeten Wals wird nicht mehr vom Wasser getragen und kann von seinem eigenen Gewicht erdrückt werden. Felsen oder Wellen können den Wal verletzen, Sand kann sein Blasloch verstopfen und die Sonne seine empfindliche Haut verbrennen. Retter schaffen es manchmal, gestrandete Wale ins Meer zurückzuschleppen.

Diese Menschen versuchen, gestrandeten Pilotwalen zu helfen. Sie haben sie vorsichtig gedreht, sodass sie richtig liegen. Hier gießen sie Meerwasser über die Wale (wobei kein Wasser ins Blasloch dringen darf) und bedecken sie mit nassen Tüchern. So bleibt ihre Haut feucht und wird vor Sonne und Wind geschützt.

Schiffe der US-Marine hatten ihre Sonarsysteme im Einsatz, als auf den Bahamas sieben Wale am Strand verendeten. Bei allen Walen wurden Schäden im Innenohr festgestellt, was ihre Orientierungsfähigkeit beeinträchtigte. Walforscher sind überzeugt, dass das Sonar zu den Verletzungen geführt hat.

INSIDESTORY
Doppelter Einsatz

Eine Gruppe von Pilotwalen strandete 1994 in einer Bucht in Neuseeland. Am nächsten Morgen waren 47 Wale gestorben. Ausgebil-dete Helfer versorgten 45 Überlebende. Im Kampf gegen die bren- nende Sonne und trockene Winde gruben die Retter mit einem Bagger eine Rinne zum offenen Meer. Dann hoben sie die geschwächten Tiere vorsichtig auf aufblasbare Pontons. Bei Flut schwammen die Wale wieder – über 30 Stunden nach ihrer Strandung. Sie suchten noch eine Weile im Flachen nach vermissten Artgenossen und wurden dann von Rettungsbooten an den gefährlichen Sandbänken der Bucht vorbei ins Meer getrieben. Es war schon spät am Nachmittag, als die Retter an die andere Seite der Bucht gerufen wurden, wo weitere 100 Pilotwale gestrandet waren. Die Retter richteten die Wale auf und hielten sie über Nacht feucht, bis sie am nächsten Tag ins Meer zurückschwammen.

Pottwal

WÖRTERBUCH

PILOTWALE verdanken ihren aus dem Englischen abgeleiteten Namen ihrer Neigung, einem Leittier oder Lotsen zu folgen (pilot ist englisch für „Lotse"). Er könnte auch darauf zurückgehen, dass Pilotwale – oder Grindwale – Fischschwärmen nachjagen und dadurch Fischer zu einem guten Fang „lotsen".

SCHON GEWUSST?

Als 80 Pilotwale in gefährliche Nähe des Tokerau-Strandes in Neuseeland kamen, versuchten Ortsansässige, sie zu retten. Zum Glück kam eine Schule von Delfinen von der Jagd auf See zurück. Sie schwammen im seichten Wasser um die Pilotwale herum und lockten sie ins Meer zurück. 76 Wale wurden gerettet.

WEGWEISER

● Der Orientierungssinn eines Wals ermöglicht es ihm, weit zu wandern. Um zu erfahren, wie und warum Wale wandern, blättere zu S. 38–39.
● Mehr über die Art, wie Wale sich orientieren und ihre Nahrung finden, steht auf S. 50–51.
● Viele Gefahren drohen Walen; einige sind natürlich und andere von Menschen verursacht. Lies auf S. 58–59 weiter.

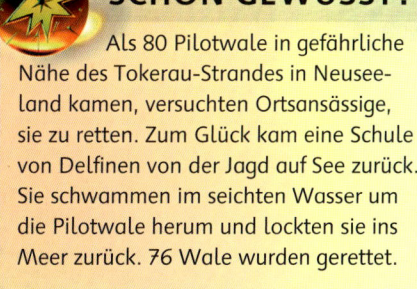

Dieser gestrandete Wal wird wieder auf See hinausgeschleppt. Nach neuen Rettungsmethoden bringt man die Wale erst weg von der Stelle, wo sie gestrandet sind, und macht sie nicht gleich wieder flott. Walforscher glauben, dass der Strandungsort selbst der Grund sein könnte, warum Wale stranden.

GERETTET UND FREI

Viele gestrandete Wale würden sterben, kämen sie gleich ins Meer zurück. Darum bringt man sie in ein Rehabilitationszentrum. Hier werden sie fachkundig betreut, bis sie wieder gesund sind.

Ein verletzter Delfin wird vorsichtig auf eine Tragematte gelegt und zu einem Laster gebracht, der ihn zum Rehabilitationszentrum fährt.

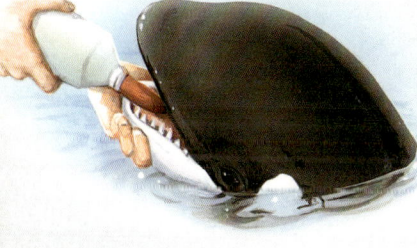

Sehr junge Delfine werden mit Milch aus der Flasche ernährt. Ältere werden von Hand mit Fischen gefüttert.

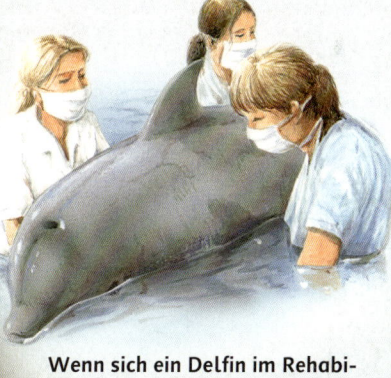

Wenn sich ein Delfin im Rehabilitationspool erholt hat, will er wieder schwimmen; Freiwillige stehen daneben und helfen ihm.

Wale als Zootiere

Große Tümmler, Belugas, Orcas, Kleine Schwertwale und
Indische Schweinswale sind nur einige der Wale, die seit über
100 Jahren in Gefangenschaft gehalten werden. Sie sind die
Attraktion in Aquarien, Ozeanarien und Zoos und ziehen Millionen von Besuchern an. Sie leben in großen, küstennahen Gehe-
gen, in die ständig frisches Meerwasser strömt, oder aber in
engen Betonbecken mit schmutzigem Wasser und ohne natürli-
ches Licht.

Manch einer ist gegen die Walhaltung in Gefangenschaft,
andere sehen darin eine Chance, Wale zu verstehen. Und auch
Wissenschaftler haben durch die Beobachtung bestimmter
Arten in Aquarien und Ozeanarien viel gelernt.

Aber Wale sind nicht für die Gefangenschaft geschaffen. Diejenigen, die klein genug sind, leben normalerweise in
sozia- len Gruppen, für deren Haltung meist nicht genug Platz
ist. Und obwohl einige Arten sich in Gefangenschaft züchten
lassen, werden die meisten Wale im Meer gefangen. Manche
passen sich an, aber viele leiden und sterben eher als ihre wild
lebenden Artgenossen. Das Verhalten gefangener Wale gibt
uns zudem kaum eine richtige Vorstellung davon, wie in freier
Wildbahn lebende Wale wirklich sind.

**Dieser Beluga in einem Aquarium in
Vancouver, Kanada, ist vielleicht der
einzige Wal, den das kleine Mädchen
je sehen wird. Aber so begrenzte
Behausungen können nie dasselbe wie
die Hochsee sein. Viele gefangene
Wale kreisen in ihrem
Becken, verstummen,
werden aggressiv,
depressiv und
verletzen sich
sogar selbst.**

**Der Beiji oder Chinesische Flussdelfin ist die seltenste
Walart der Welt. Seine einzige Hoffnung, in dem
stark verschmutzten und von Dämmen gestauten
Yangtze, der seine Heimat ist, zu überleben, sind vermutlich eine Art Gefangenschaft und ein Zuchtpro-
gramm in Reservaten. Leider haben Wissenschaftler
bisher Schwierigkeiten, die Delfine einzufangen.**

INSIDESTORY
Keiko in die Freiheit

Keiko ist der Star im Kinofilm **Free Willy** über einen Jungen, der einen
gefangenen Schwertwal befreien hilft. Keiko wurde bei Island frei geboren, aber 1979 gefangen. Nach dem Film kam er zurück in das mexikanische Aquarium, aus dem er geholt worden war. Als seine Fans davon erfuhren, sammelten sie Geld, um Keiko
zu befreien. 1998 wurde er nach Island in ein
abgezäuntes Gehege zurückgebracht. Seither hat er Jahr für Jahr Ausflüge in die Freiheit unternommen und dabei immer mehr
Kontakt zu wilden Artgenossen gehabt.
Aber er kehrte stets in sein Gehege zurück.
Nach 22 Jahren in Gefangenschaft sind
sich seine Betreuer nicht sicher, ob er je
wieder wild leben wird.

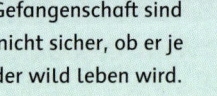

**Überall in der Welt gibt es Orte, wo man
Wale, Delfine und Schweinswale in ihrem
natürlichen Lebensraum beobachten kann.
In Monkey Mia und Tangalooma in Australien
und Little Bahama Bank auf den Bahamas
kann man sie füttern und mit ihnen schwimmen.**

WÖRTERBUCH

Ein **AQUARIUM** war in der Antike eine Viehtränke. Aqua ist lateinisch für „Wasser" und arium bedeutet „ein zu etwas gehörender Ort". Als Aquarium bezeichnet man heute einen Behälter, ein Becken oder ein verglastes Gebäude, in dem Wassertiere gehalten werden.

SCHON GEWUSST?

Manche Aquarien finanzieren Projekte, die Walen das Leben in Freiheit ermöglichen. Das Aquarium von Vancouver bietet die Patenschaft für einen wild lebenden Schwertwal an. Man bekommt eine Patenschaftsurkunde, ein Foto und die Lebensgeschichte des Patenwals, eine CD mit Schwertwallauten und zahlreiche Informationen.

WEGWEISER

• Viele Tricks, die Wale in Gefangenschaft für Vorführungen erlernen, basieren auf natürlichen Verhaltensweisen. Mehr darüber steht auf S. 48–49.

Wale, die in Aquarien und Meeresparks Kunststücke vorführen, sind Publikumsmagnete. Die Tricks und die Verspieltheit dieses Schwertwals haben einen hohen Unterhaltungswert. Aber vielleicht fühlen sich die Tiere dabei gar nicht wohl.

ALLE MEINE TRICKS

Große Tümmler sind sehr lernfähig, und die Tricks, die ihnen beigebracht werden, beruhen meist auf natürlichen Verhaltensweisen. Auch im Meer springen sie aus dem Wasser wie durch den Feuerreifen oder schnellen über Wogenkämme wie über einen Stock.

65

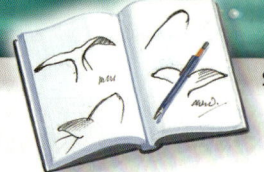

Wale sichten

Die Begegnung mit einem Wal in freier Wildbahn – der zusammen mit seinen Artgenossen taucht, frisst oder springt – ist die beste Art, diese Tiere aus nächster Nähe kennenzulernen. Zum Glück gibt es Orte, wo das möglich ist. Man kann sie aus der Luft, von Land, unter oder auf dem Wasser beobachten. Man kann es allein im Kajak oder Segelboot oder als Waltourist im Schlauchboot oder Motorboot versuchen.

Wer Erfolg haben will, braucht außerdem ein gutes Fernglas und viel Geduld. Schließlich verbringen Wale 70 bis 90 Prozent ihrer Zeit unter Wasser, und man kann sie nur sichten, wenn sie zum Atmen an die Oberfläche kommen – oder wenn sie springen oder auf Bugwellen reiten.

Die verschiedenen Arten sind je nach Jahreszeit nur in bestimmten Seegebieten anzutreffen, wo sie sich paaren und kalben, fressen oder wandern. Manche Wale, wie Große Tümmler, Dunkle Delfine und Atlantische Fleckendelfine, kommen bis dicht an die Küste, und man kann sie vom Strand, von Klippen und Aussichtspunkten aus sehen. Aber Schnabelwale und hochseebewohnende Delfine bleiben auf See, und man braucht Glück, um einen von ihnen zu sichten.

Manchmal kommen Wale in die Nähe von Menschen. Insbesondere Delfine reiten gern auf der Bugwelle eines Bootes. Sie schubsen sich spielerisch und sehen auch mal zu den Menschen hoch, die ihnen von oben zuschauen.

 SEI AKTIV!

Mach ein Sichtungsbuch

Du brauchst ein dickes Heft mit wasserfestem Papier. Es soll in dein Tagesgepäck passen, damit du es (mit Bleistift und Anspitzer) auf alle Touren auf der Suche nach Walen mitnehmen kannst. Notiere jeden Wal, den du siehst. Schreib Ort, Datum und Uhrzeit auf. Beschreibe das Wetter, den Zustand der See und alles Auffällige. Halte auch die Anzahl und die Art der Wale fest – falls du sie identifizieren kannst. Wenn nicht, schreib Identifizierungsmerkmale auf, wie z. B. Größe, Gestalt, Farbe, Markierungen und Blasform sowie ungewöhnlich geformte Köpfe oder Flossen. Beschreibe, was sie über Wasser tun und wie sie abtauchen.

In den ruhigen, geschützten Wasserwegen Alaskas kommt ein Kajak zu dicht an eine Walfluke heran. Wale achten meist auf kleine Boote, aber wenn sie mit Fressen beschäftigt sind, sollte man Abstand halten.

WÖRTERBUCH

Amerikanische Walfänger nannten die Grauwale „devilfish", was so viel wie „Teufelsfisch" bedeutet, da Walkühe ihre Kälber so heftig verteidigten, wenn man sich ihnen näherte, dass sie oftmals die Walfänger angriffen. Heute sind sie dafür bekannt, eine der freundlichsten und neugierigsten Walarten zu sein.

SCHON GEWUSST?

Wale können Menschen verletzen. Manchmal tun sie es absichtlich, wenn z. B. Pottwale und Grauwale Walfangboote rammen und die Walfänger angreifen. Manchmal geschieht es aber unabsichtlich. Finnen oder Fluken haben Menschen getroffen, die gestrandeten Walen halfen, und ein Fotograf erlitt dabei Knochenbrüche.

WEGWEISER

- Wenn du Wale treffen möchtest, musst du wissen, wo sie leben. Darüber steht vieles auf S. 36–37.
- Manche Walarten sind in Gefahr. Was man tun kann, um sie zu retten, steht auf S. 60–61.

Von Ende November bis März kann man Buckel- und Zwergwale auf der Antarktischen Halbinsel in ihren sommerlichen Nahrungsgebieten beobachten. Waltouristen können in kleinen Schlauchbooten dicht genug an die Tiere heranfahren, um ihnen am Packeisrand beim Krillfressen zuzusehen.

WO IN DER WELT
Diese Karten zeigen, wo in der Welt man Wale, Delfine und Schweinswale verlässlich sehen kann – sie werden von der Küste oder vom Boot aus beobachtet.

Südliche Glattwale paaren sich und kalben im Winter und Frühling in den Küstengewässern der südlichen Erdhalbkugel. In Argentinien, Südaustralien und Südafrika kann man von Klippen aus den Kühen beim Spielen mit ihren Kälbern zusehen.

Worterklärungen

Ära Zeitabschnitt in der Erdgeschichte.

Barten Die Keratinplatten im Maul von einigen Walen, die ein Sieb bilden, das die Nahrung aus dem Meerwasser herausseiht.

Blas Sichtbare ausgeatmete Luft eines Wals. Der Blas besteht aus Luft, Wasserdampf, Meerwasser und Schleim.

Blubber Die Speckschicht unter der Walhaut, die Energie und Wärme speichert.

Delfin-Tante Ein weiblicher Delfin, der einer Delfinmutter bei der Geburt und der Aufzucht ihres Kalbs hilft.

Echolokation Ein System zur Erzeugung und zum Empfang von Schall, das von Walen zur Orientierung benutzt wird.

Finne Knorpelige Erhebung auf dem Rücken vieler Walarten, die zur Stabilität im Wasser beiträgt.

Flipper Zu Paddeln umgeformte Vorderbeine eines Wals, die zum Steuern benutzt werden. Bei Fischen sind es die Brustflossen.

Fluke Schwanzflosse eines Wals. Sie steht vertikal und treibt das Tier beim Schwimmen voran.

Fossil Die in Gesteinsschichten eingebetteten Überreste von Pflanzen und Tieren, die im Lauf vieler Jahrtausende versteinert sind.

Kalb Junger Wal, der noch von der Mutter gesäugt wird.

Kaltblüter oder Wechselwarme. Tiere, deren Körpertemperatur der Umgebung entspricht. Reptilien sind Kaltblüter.

Keratin Hornsubstanz, aus der Fingernägel, Haare und Barten bestehen.

Kiemen Das Atmungsorgan vieler Wassertiere. Haie, Knochenfische und Muscheln atmen durch Kiemen.

Klicklaute Dicht aufeinanderfolgende, hohe Töne, die Zahnwale bei der Echolokation erzeugen.

Krill Kleine, bis zu 5 cm große Krebstiere, Hauptnahrung der Bartenwale.

Krustentiere Mitglieder der Klasse der Krebstiere, z. B. Krabben, Krebse und Garnelen.

Magnetsinn Die Fähigkeit, das Magnetfeld der Erde zu spüren.

Melone Weicher, linsenförmiger Fettkörper in der Stirn von vielen Zahnwalen. Man nimmt an, dass sie den bei der Echolokation auszusendenden Schall bündelt.

Nomade Ein Tier, das dorthin wandert, wo auch seine Nahrungstiere sind.

Paläontologe Wissenschaftler, der Fossilien untersucht, um mehr über die erdgeschichtliche Vergangenheit zu erfahren.

Parasit Ein Lebewesen, das seine Nahrung anderen Lebewesen entzieht und diese dabei schädigt.

Plankton Tierische und pflanzliche Kleinstlebewesen, die im Wasser frei schweben.

Rehabilitation Pflege von kranken oder verletzten Tieren, bis sie wieder gesund genug sind, um in die freie Wildbahn zurückzukehren.

Rostrum Die schnabelähnliche Verlängerung des Oberkiefers.

Säugen Ein Junges Muttermilch trinken lassen.

Säugetier Die Gruppe von Tieren, die ihre Jungen mit Muttermilch ernähren.

Schule Gruppe von Tieren der gleichen Art. Das Wort wird besonders im Zusammenhang mit Delfinen gebraucht, die miteinander leben.

Schwielen Krustige, verhornte Hautwucherungen auf dem Kopf einiger Wale.

Sonar Eine Methode, bei der Schall und Echo zur Ortung von Objekten unter Wasser eingesetzt wird.

Stranden Wenn ein Wassertier auf trockenem Land festsitzt und unfähig ist, ins Wasser zurückzukehren.

Stromlinienförmig Eine Körperform, bei der sich der Widerstand des Wassers oder der Luft bei der Fortbewegung verringert.

Trächtigkeit Schwangerschaft bei Tieren.

Tümmler Ein anderes Wort für Schweinswal.

Ultraschall Hohe Töne, die für das menschliche Ohr nicht mehr wahrnehmbar sind.

Warmblüter Tiere, deren Körpertemperatur unabhängig von ihrer Umgebung konstant bleibt. Säugetiere, einschließlich Mensch, sind Warmblüter.

Zooplankton Winzige Tiere, die in den oberen Schichten der Ozeane leben und Bestandteil des Krills sind.

Vögel

Inhalt

Vogelwelt **70**
Die frühen Vögel **72**
Körperbau **74**
Das Federkleid **76**
Beherrscher der Lüfte **78**
Der Erde verhaftet **80**
Schnäbel und Füße **82**
Zur Paarung bereit **84**
Der Nistinstinkt **86**
Vor dem Schlüpfen **88**
Heranwachsen **90**
Das fressen Vögel **92**
Kraftvolle Jäger **94**
Nächtliche Beutezüge **96**
Weltreisende **98**
Vogelbeobachtung **100**
Stadtbewohner **102**
An den Meeresküsten **104**
Im Waldesinnern **106**
Im Dschungel **108**
Auf weiten Ebenen **110**
Auf Bergeshöhen **112**
Hitze und Kälte **114**

Worterklärungen **116**

Zimtbrustmotmot
(Regenwald Amerikas)

Wüstenschmätzer
(eurasische Wüsten)

Goliathreiher
(afrikanische Gewässer)

Trappenlaufhühnchen
(australisches Grasland)

Wintergoldhähnche
(europäische Wälde

Vogelwelt

Die Bienenelfe ist nur so groß wie eine Hummel, der Strauß dagegen so groß wie ein Basketballspieler. Zwischen diesen beiden Extremen gibt es mehr als 9000 Arten von Vögeln. Als die Vögel vor Millionen von Jahren zu fliegen begannen, besiedelten sie alle Kontinente der Erde. Sie passten sich den unterschiedlichsten Lebensräumen an, darunter Wüsten, Regenwäldern, Grassteppen und sogar den Meeren. An diesen Orten fanden sie unterschiedliche Nahrung und auch unterschiedliche Materialien zum Nestbau vor, und diejenigen Arten, die es nicht schafften, sich ihrer Umgebung anzupassen, starben aus.

Der Zwang zur Anpassung besteht nach wie vor. Der Wüstenschmätzer zum Beispiel sorgt dafür, dass seine Eier am Tag nicht zu heiß und in der Nacht nicht zu kalt werden, indem er in den Bauen von Mäusen oder anderen Nagetieren nistet. Das Wintergoldhähnchen hat kurze, abgerundete Flügel, die es ihm erlauben, zwischen den Bäumen in den Wäldern, in denen es lebt, umherzufliegen. Der Goliathreiher dagegen lebt in der Nähe von Wasser. Er hat lange, stelzenartige Beine zum Waten und einen dolchartigen Schnabel zum Aufspießen von Fischen. Das Trappenlaufhühnchen fliegt nur selten, weil es das nicht braucht. Es ist durch sein Gefieder und seine Lebensgewohnheiten im Gras seiner australischen Heimat vor Feinden gut getarnt. Aber selbst leuchtend bunte Vögel können mit ihrer Umwelt verschmelzen. Der Zimtbrustmotmot ist in den tropischen Regenwäldern Südamerikas kaum auszumachen.

Lebensräume der Vögel

- 🔴 Städte
- 🟤 Wälder
- 🟢 Regenwälder
- 🟩 Grasland
- 🟣 Gebirge
- 🟡 Wüsten
- 🔵 Polargebiete

WÖRTERBUCH

Ein **ORNITHOLOGE** ist ein Wissenschaftler, dessen Spezialgebiet das Studium der Vögel ist. Die Bezeichnung ist aus griechisch ornis (Vogel) und logos (Kunde) zusammengesetzt.

Der Lebensraum einer Tier- oder Pflanzenart wird auch **HABITAT** genannt. Das Wort ist vom lateinischen habitare (bewohnen) abgeleitet.

SCHON GEWUSST?

Der afrikanische Strauß kann so viel wiegen wie zwei Erwachsene – bis zu 150 Kilogramm.

Eine frisch geschlüpfte Bienenelfe wiegt ungefähr so viel wie ein abgeschnittenes Stück Fingernagel, nämlich weniger als 2 Gramm.

WEGWEISER

• Wirkt sich die in einem Lebensraum verfügbare Nahrung auf die Anpassung eines Vogels aus? Lies dazu S. 92–93.
• Wie in einem Lebensraum viele Vogelarten nebeneinander existieren können steht auf S. 106–109.

Flamingos leben in seichten Gewässern und Küstenregionen Amerikas, Afrikas und Asiens. Mit ihren langen Beinen und Hälsen sind sie ihrer Umwelt hervorragend angepasst. Wenn ein Flamingo Nahrung aufnehmen will, biegt er sich vornüber, dreht den Kopf und zieht den Schnabel mit der Unterseite nach oben durchs Wasser. Mit dem Oberschnabel schöpft er Schlamm und Wasser, das kleine Krebse, Insekten, Einzeller und Algen enthält. Dann schließt der Vogel den Schnabel und drückt mithilfe von Unterschnabel und Zunge das Wasser wieder heraus. Die Nahrung bleibt an feinen Lamellen hängen und wird geschluckt.

WIDRIGE UMSTÄNDE

Wir sehen Vögel in Städten und Dörfern, auf Äckern und Wiesen, in Wäldern und an Stränden. Aber es gibt auch Vögel an Orten, an denen sogar Menschen Mühe hätten, zu überleben. Wie schaffen sie es?

Die meisten der in Küstennähe lebenden Vögel legen ihre Eier in einer flachen Bodenmulde ab. Aber am Persischen Golf ist es so heiß, dass die Eier gebraten werden würden. Deshalb gräbt der Reiherläufer dort tiefe Nisthöhlen in die Dünen. Der Sand ist feucht und kühl, und die Eier sind vor der heißen Wüstensonne geschützt.

Der stämmige Adeliepinguin ist dem polaren Klima gut angepasst. Er hat ein dichtes, pelzähnliches Gefieder, das ihn vor der eisigen Kälte schützt.

Sogar im höchsten Gebirge der Erde, dem Himalaja, können Vögel überleben. Der Bartgeier hat lange, breite Flügel, auf denen er in der dünnen Luft stundenlang gleitet.

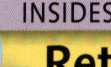 INSIDESTORY

Rettungsaktion

1951 reisten Mitarbeiter des American Museum of Natural History auf die Insel Bermuda, um nach einem Vogel zu suchen, den frühe europäische Siedler beschrieben und Cahow genannt hatten. Der 16-jährige, auf Bermuda geborene David Wingate schloss sich den Wissenschaftlern an. Sie fanden eine kleine, vom Aussterben bedrohte Kolonie von Vögeln, von denen sie glaubten, dass es sich um den geheimnisvollen Cahow handeln könnte, gaben ihm aber den neuen Namen Bermudasturmvogel. David Wingate wurde später selbst Ornithologe. Er widmete sein Leben dem Studium dieser seltenen Vögel. Ihm ist es zu verdanken, dass es inzwischen wieder an die 200 dieser Sturmvögel gibt.

Fische mit Lungen kriechen
an Land vor 408–362 Mio J.

Erste Insekten –
vor 362–290 Mio J.

Dinosaurier –
vor 248–208 Mio J.

Erste Vögel –
vor 208–144 Mio J.

Homo sapiens entwickelt
sich vor 2–0 Mio J.

Die frühen Vögel

Die Wissenschaftler sind ziemlich sicher, dass Archaeopteryx, der früheste uns bekannte Vogel, mit den Theropoden verwandt war, zu denen auch der Tyrannosaurus gehörte. Seine Füße und die seiner kleineren Verwandten weisen eine überraschende Ähnlichkeit mit denen der Hühner auf.

Noch heute versuchen die Wissenschaftler zu klären, wie die Vögel entstanden sind, indem sie die Fossilien von Vögeln, die vor Jahrmillionen lebten, mit den heutigen Vögeln vergleichen. Archaeopteryx lebte in der Jurazeit (vor 208–144 Millionen Jahren). Es wurden auch Vogelfossilien aus der Kreidezeit (vor 144–65 Millionen Jahren) gefunden. Diese Vögel, von denen Hesperornis und Ichthyornis die berühmtesten sind, waren den heutigen Vögeln schon sehr ähnlich. Hesperornis konnte nicht fliegen, aber unter Wasser Jagd auf Fische machen. Ichthyornis dagegen war vermutlich ein kraftvoller Flieger. Man nimmt an, dass er wie die heutigen Seeschwalben übers Wasser flog und nach Fischen tauchte.

INSIDESTORY
Ahnensuche

Charles Darwin (1809–1882) war ein englischer Naturforscher, der mit seiner Theorie von der natürlichen Auslese erklärte, wie sich Tier- und Pflanzenarten entwickeln. Er vermutete, dass Arten mit Eigenschaften, die ihnen beim Überleben in ihrem Habitat halfen, sich besser ernähren und sich erfolgreicher fortpflanzen konnten. Auf den Galapagosinseln vor der Küste Südamerikas fand er viele Arten von Finken. Er nahm an, dass sie alle von einem gemeinsamen Vorfahren abstammten und dass nur diejenigen Arten überlebten, die sich ihrem Habitat angepasst hatten. So vermehrten sich auf einer Insel, auf der es viele Samen gab, Finken mit kräftigen Schnäbeln, während Finken mit anderen Schnabelformen sich andere Nahrung suchen mussten oder ausstarben.

Nur Vögel haben Federn, und die Federn machen die meisten Vögel zu hervorragenden Fliegern. Niemand weiß, welches Geschöpf als erstes Federn hatte – vielleicht ein Dinosaurier aus der Familie der Theropoden. Das älteste Lebewesen, das nachweislich Federn besaß, ist Archaeopteryx. Aber im Laufe von Jahrmillionen hat sich eine gewaltige Vielfalt von Vögeln entwickelt.

Ichthyornis

Archaeopteryx

Zu den Reptilien gehörender Theropode (Dinosaurier)

FOSSIL MIT FEDERN

Stell dir vor, wie verblüfft die Wissenschaftler waren, als 1861 in einem Steinburch in Süddeutschland die Fossilien von Archaeopteryx gefunden wurden. Auf den ersten Blick sah das Tier aus wie ein Reptil, denn es hatte kräftige Zähne, und sein Kopf und sein Schwanz ähnelten dem eines Theropoden. Aber seltsamerweise hatte das Gestein einen deutlichen Umriss von Federn bewahrt. Das Geschöpf erhielt den Namen Archaeopteryx, der „Urflügel" bedeutet.

WÖRTERBUCH

TAXONOMIE ist der Wissenschaftszweig, der Tier- und Pflanzenarten ihre Namen gibt und nahe verwandte Arten zu Gattungen und Familien gruppiert. Das Wort setzt sich aus griechisch taxis (Ordnung) und nome (Einteilung) zusammen.

PALÄO-ORNITHOLOGEN untersuchen seit langem ausgestorbene Vögel. Paläo ist griechisch für „alt".

SCHON GEWUSST?

Die größten Vögel, die es je auf Erden gab, lebten in Neuseeland. Sie wurden Moas genannt und erreichten eine Größe von drei Metern und ein Gewicht von 250 Kilogramm. Von den Menschen wurden sie so stark gejagt, dass die letzte, uns bekannte Art schon vor 1800 ausstarb.

WEGWEISER

- Wissenswertes über die modernen Verwandten der frühen flugunfähigen Vögel steht auf S. 80–81.
- Urvögel wie Hesperornis hatten Schnäbel wie die modernen Vögel, aber auch Zähne wie die Reptilien. Die heutigen Vögel haben keine Zähne – oder etwa doch? Lies dazu S. 82.

Schneegans

Hesperornis war ein flugunfähiger Vogel, der vor mehr als 100 Millionen Jahren in der Kreidezeit lebte und sich von Fischen ernährte. Er war fast 1,50 Meter groß und hatte Zähne wie Archaeopteryx. Seine Fossilien wurden 1870 in den USA entdeckt.

Der Terror-Vogel wanderte einst auf den südamerikanischen Pampas umher. Er war fast drei Meter groß, und sein Kopf war so massig wie der eines heutigen Pferdes.

In den Rancho La Brea-Teergruben in Kalifornien wurden neben den Überresten von 104 ausgestorbenen Vogelarten auch die von Teratornis merriami gefunden, der einem Geier ähnelte.

Confuciusornis wurde in China gefunden. Die Fossilien sind etwa 65 Millionen Jahre alt. Es sind zwei Skelette und die schwärzlichen Umrisse ihrer gefiederten Körper. Bei einem der Vögel ragen zwei lange Federkiele aus dem Schwanz. Es wird vermutet, dass es sich dabei um ein Männchen handeln könnte, weil bei den meisten heutigen Arten die Männchen einen längeren Schwanz haben.

An den beweglichen Fingern eines Hoatzin-Kükens sitzen drei Krallen. Auch Archaeopteryx und Confuciusornis hatten krallenbewehrte Finger. Um mehr über die Geschichte des Lebens auf der Erde herauszufinden, vergleichen Wissenschaftler ausgestorbene Tiere mit Arten, die heute leben.

Jagdfasan

Scharlach-
sichler

Fadenpipra

Körperbau

Der Körper eines flugfähigen Vogels – von Herz und Lunge bis hin zu den leichten Knochen – ist einem Leben in der Luft hervorragend angepasst. Aber das Fliegen kostet eine Menge Energie. Deshalb brauchen Vögel sehr viel Nahrung und Sauerstoff und ein leistungsfähiges System, das diese Energiespender zu ihren Muskeln befördert.

Das Atemsystem eines Vogels ist so konstruiert, dass er bei jedem Flügelschlag ein- und ausatmet. Dabei wird Sauerstoff aus den Lungen in den Blutkreislauf befördert. Das mit Sauerstoff und Kohlenhydraten aus der Nahrung angereicherte Blut wird von einem kraftvollen Herzen in die Muskeln des Vogels gepumpt. Dort werden der Sauerstoff und die Kohlenhydrate verbrannt und liefern dem Vogel die Energie, die er zum Fliegen braucht.

Die Lungen der Vögel stehen mit zahlreichen Luftsäcken in Verbindung, die bis in den Bauch und in die großen Knochen reichen. Die in diesen Säcken enthaltene Luft hilft bei der Kühlung des Vogelkörpers und macht ihn gleichzeitig auch leicht.

Der Körper eines Vogels ist kompakt, und seine Knochen sind sehr leicht. Die Federn bilden eine glatte Oberfläche. Sie sorgen dafür, dass der Luftwiderstand relativ gering ist.

Ein Vogel hat weniger Knochen als ein Reptil oder ein Säugetier. Einige Rückenwirbel sind miteinander verwachsen. Das trägt dazu bei, den Vogelkörper stabiler und kompakter zu machen. Auch sind die Schlüsselbeine zu einer Gabel verschmolzen. Wenn ein Vogel fliegt, fungiert das V-förmige Gabelbein als eine Art Sprungfeder, die zum Speichern von Energie zusammengedrückt wird, wenn die Flügel nach unten schlagen, und dann beim Aufschlag Energie freisetzt.

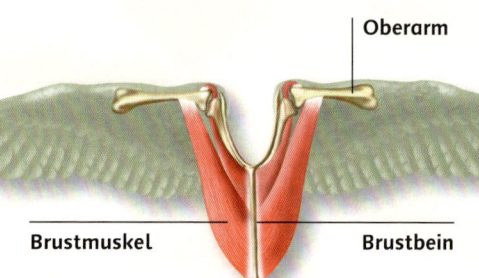

Oberarm

Brustmuskel   Brustbein

Das Schwergewicht eines Vogels liegt in der Körpermitte, wo die kräftigen Flugmuskeln für die nötige Flügelkraft sorgen. Die Enden dieser Muskeln sind mit dem Oberarmbein und dem Brustbein verbunden. Vögel haben ein breites Brustbein, das wie ein Schiffsrumpf gebogen ist. An ihm sind die kraftvollen Muskeln, die den Vögeln das Fliegen ermöglichen, sicher verankert.

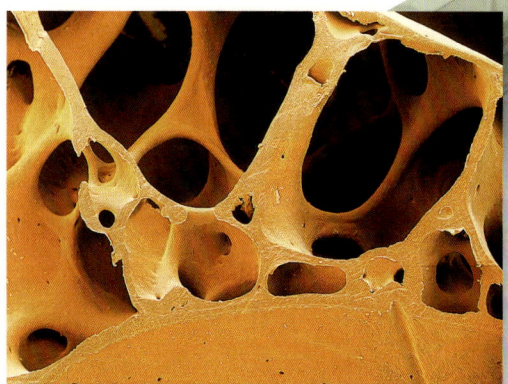

Wenn ein Vogel massive Knochen hätte wie wir, wäre er zum Fliegen zu schwer. Deshalb sind die Knochen der meisten Vögel hohl und leicht. Sie sind aber dennoch ziemlich widerstandsfähig, denn sie haben eine Wabenstruktur, die viel zu ihrer Stabilität beiträgt und das Gewicht verringert.

SEI AKTIV!

Pulsschläge

Das Herz eines Vogels schlägt gewöhnlich schneller als das eines Menschen. Um festzustellen, wie schnell dein Herz schlägt, legst du Zeige- und Mittelfinger entweder an deinen Hals (neben der Luftröhre) oder auf die Unterseite deines Handgelenks. Setz dich hin und stelle mithilfe eines Sekundenzeigers oder einer Stoppuhr fest, wie oft dein Herz in einer Minute schlägt. Wie viele Schläge hast du gezählt? Ungefähr 70? Mach jetzt zwei Minuten lang Luftsprünge oder Liegestütze und zähle dann abermals. Wie viele Schläge sind es jetzt? Ungefähr 120? Diese Zahlen sind normal für einen Menschen, aber für einen Vogel sehr niedrig. Das Herz eines Kolibris kann bis zu 700 Mal in der Minute schlagen und sich anhören wie das Schnurren einer Katze.

BIOLOGIE ist die Wissenschaft, die sich mit dem Leben und allen Lebewesen beschäftigt. Das Wort setzt sich aus griechisch bios für „Leben" und logos für „Kunde" zusammen.

VERTEBRATEN oder Wirbeltiere nennt man die Tiere, die eine Wirbelsäule besitzen. Das lateinische Wort vertebra bedeutet „Wirbel".

1758 fand der englische Chirurg John Hunter heraus, dass ein Vogel mit einer blockierten Luftröhre atmen konnte, wenn einer seiner Flügel- und Beinknochen ein Loch hatte. Das führte zur Entdeckung des komplexen Systems von Lungen, Knochen und Luftsäcken.

Einige Vögel der Urzeit hatten Zähne, heute lebende Vögel haben keine. Zähne würden den Vogel vorn schwerer machen und sein Flugvermögen beeinträchtigen.

- Jeder weiß, dass Vögel Federn haben, aber woraus bestehen Federn? Lies dazu S. 76–77.
- Kräftige Muskeln, leichte Knochen, Brustbein, Herz und Lungen ermöglichen den Vögeln das Fliegen. Aber wie fliegen sie? Du erfährst es auf S. 78–79.
- Lies über die Entwicklung vom Ei bis zum ausgewachsenen Vogel auf den S. 88–89 und 90–91.

INNERE ORGANE

Vogelherzen sind unserem sehr ähnlich. Zwei Kammern pumpen das Blut durch den Körper. Auf der linken Seite wird sauerstoffreiches Blut (gelb) aus der Lunge in den Körper gepumpt. Auf der rechten Seite wird sauerstoffarmes Blut (blau) aus dem Körper in die Lunge befördert, wo es neuen Sauerstoff aufnimmt.

Körper

Lungen

Rechte Seite

Linke Seite

Vögel haben kleine Lungen, aber die mit ihnen in Verbindung stehenden Luftsäcke machen sie leistungsfähig. Die Säcke reichen bis in die Knochen hinein.

Luftröhre

Luftsack

Luftröhre

Luftsack

Oberarm

Nahrung wandert durch die Speiseröhre in den Kropf, wo sie gespeichert werden kann, oder direkt in den Muskelmagen, wo sie zerkleinert wird. Nährstoffe aus dem Darm gelangen in den Blutkreislauf und werden zu den Muskeln befördert.

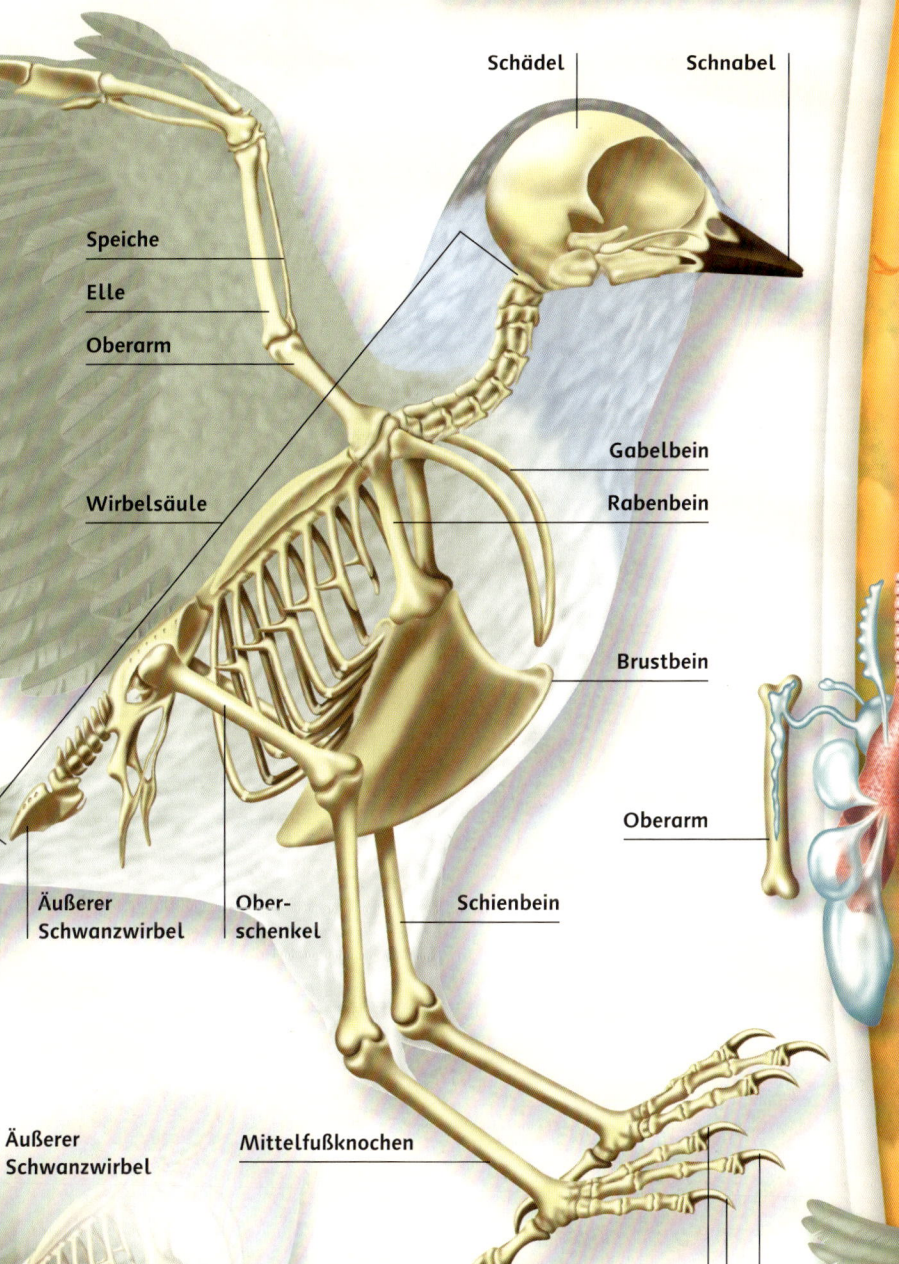

Schädel

Schnabel

Speiche

Elle

Oberarm

Gabelbein

Rabenbein

Wirbelsäule

Brustbein

Oberarm

Äußerer Schwanzwirbel

Oberschenkel

Schienbein

Äußerer Schwanzwirbel

Mittelfußknochen

Zehen

Beugemuskeln

Beugesehne

Alle Vögel, ob sie ans Sitzen, Laufen oder Schwimmen angepasst sind, haben in den Beinen zwei kräftige Muskeln, die die Bewegung steuern. Diese Muskeln befinden sich in den oberen Teilen der Beine, nahe dem Schwerpunkt des Vogels. Lange Sehnen verbinden sie mit den Füßen.

Speiseröhre

Kropf

Leber

Muskelmagen

Darm

Kloakenöffnung

Schwungfeder eines Nymphensittichs

Schwanzfeder eines Fasans

Konturfeder eines Aras

Dune eines Adlers

Das Federkleid

Vögel sind die einzigen Tiere, die Federn haben. Federn bedecken den größten Teil ihres Körpers und schützen sie vor Hitze, Kälte und Wasser. Sie geben ihnen Form und Farbe, sodass sie einen Partner anlocken oder sich vor einem Feind verbergen können. Außerdem spielen sie die Hauptrolle beim Fliegen.

Es gibt drei Arten von Federn. Dem Körper am nächsten sind die Dunen, leichte, flaumige Federn, die den Vogel vor Kälte schützen. Über den Dunen liegen die Konturfedern. Sie sind kurz und abgerundet und widerstandsfähiger als die Dunen. Außerdem machen sie die Oberfläche des Vogels glatt und windschlüpfig.

Am wichtigsten für das Fliegen sind jedoch die Schwungfedern an den Flügeln und die Schwanzfedern. Die Fahnen dieser Federn werden durch winzige Hakenstrahlen so zusammengehalten, dass sie beim Fliegen glatte und luftundurchlässige Flächen bilden. Wenn ein Vogel langsamer fliegen oder landen will, bremst er, indem er diese Federn spreizt. Schwimmvögel wie die Pinguine benutzen die gleichen Federn für die Fortbewegung unter Wasser.

Schulterblattfedern

Haube

Scheitel

Eckflügel

INSIDESTORY
Federdetektivin

Vögel prallen manchmal mit Flugzeugen zusammen. Das kann dazu führen, dass die Triebwerke beschädigt werden oder das Flugzeug sogar abstürzt. Deshalb ist es für die Fluggesellschaften sehr wichtig zu erfahren, welche Vogelart den Schaden verursacht hat, damit künftige Unfälle vermieden werden können. Die Fluggesellschaften beauftragen mit den Nachforschungen Roxy Laybourne von der Smithsonian Institution in Washington D. C., der Hauptstadt der USA. Sie beschäftigt sich seit 40 Jahren mit den Federn der Vögel und hat Tausende von Mustern. Weil die Struktur der Federn von Art zu Art verschieden ist, kann sie fast immer anhand von ein paar Federn feststellen, wer der Missetäter war.

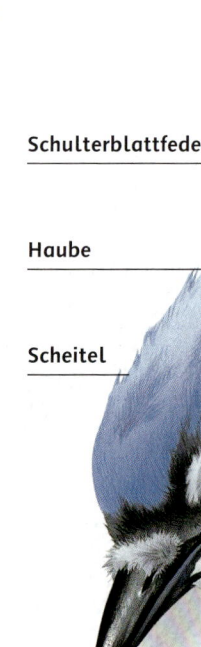

Wie bei allen fliegenden Vögeln sind auch bei diesem Blauhäher die Konturfedern nach hinten gerichtet. Das sorgt für eine Stromlinienform, über die die Luft ungehindert hinwegstreichen kann. Wenn die Federn nach vorn gerichtet wären, würden sie den Wind einfangen, als Bremsen wirken und das Fliegen unmöglich machen. Die unteren Enden der zum Fliegen besonders wichtigen Flügel- und Schwanzfedern werden von sogenannten Decken geschützt, und die Federn, die eine Brücke zwischen Rücken und Flügeln bilden, heißen Schulterblattfedern.

Federn sind für das Überleben eines Vogels unerlässlich und müssen immer in Topform sein. Deshalb putzen sich Vögel täglich; sie haben eine Reihe von Methoden entwickelt, um ihre Federn zu säubern und zu reparieren.

Das Baden ist eine der üblichen Putzmethoden. Dieser Höckerschwan reinigt sein Gefieder, indem er sich im Wasser schüttelt. Auch kann ein überhitzter Vogel sich beim Baden abkühlen.

WÖRTERBUCH

Das Wort **MAUSER** ist aus dem mittelhochdeutschen muze hervorgegangen, das auf das lateinische Wort mutare zurückgeht, das „wechseln" bedeutet.

Die kleinen, zarten Federn, die sich unter den Konturfedern der Vögel befinden, heißen **DUNEN** oder Daunen.

Ornithologen bezeichnen den Federschaft als **RHACHIS**. Das ist ein griechisches Wort, das „Rückgrat" bedeutet.

SCHON GEWUSST?

Lappentaucher fressen gelegentlich ihre Federn. Wissenschaftler vermuten, dass sie damit ihren Magen vor den Gräten der Fische schützen, von denen sie sich ernähren.

Manche Singvögel picken Ameisen auf und reiben sie in ihre Federn ein. Dieses Verhalten wird „Einemsen" genannt. Andere setzen sich auf einen Ameisenhaufen. Man nimmt an, dass das Sekret der Ameisen Milben abtötet.

WEGWEISER

• Wie benutzen Vögel ihre Federn bei der Balz? Das erfährst du auf S. 84–85.
• Manche Vögel sind schon beim Schlüpfen aus dem Ei gefiedert, andere kommen nackt zur Welt. Mehr darüber steht auf S. 90–91.
• Welcher Vogel hat ein Gefieder, das seinen Flug fast unhörbar macht? Die Antwort darauf findest du auf S. 96–97.

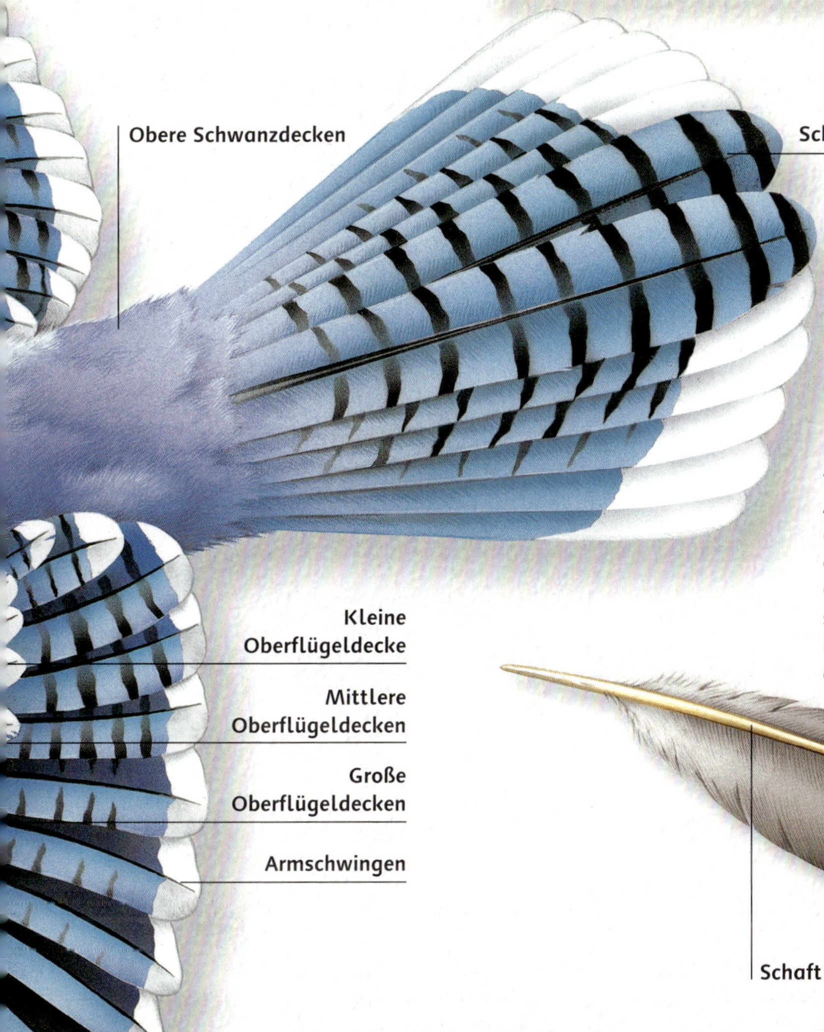

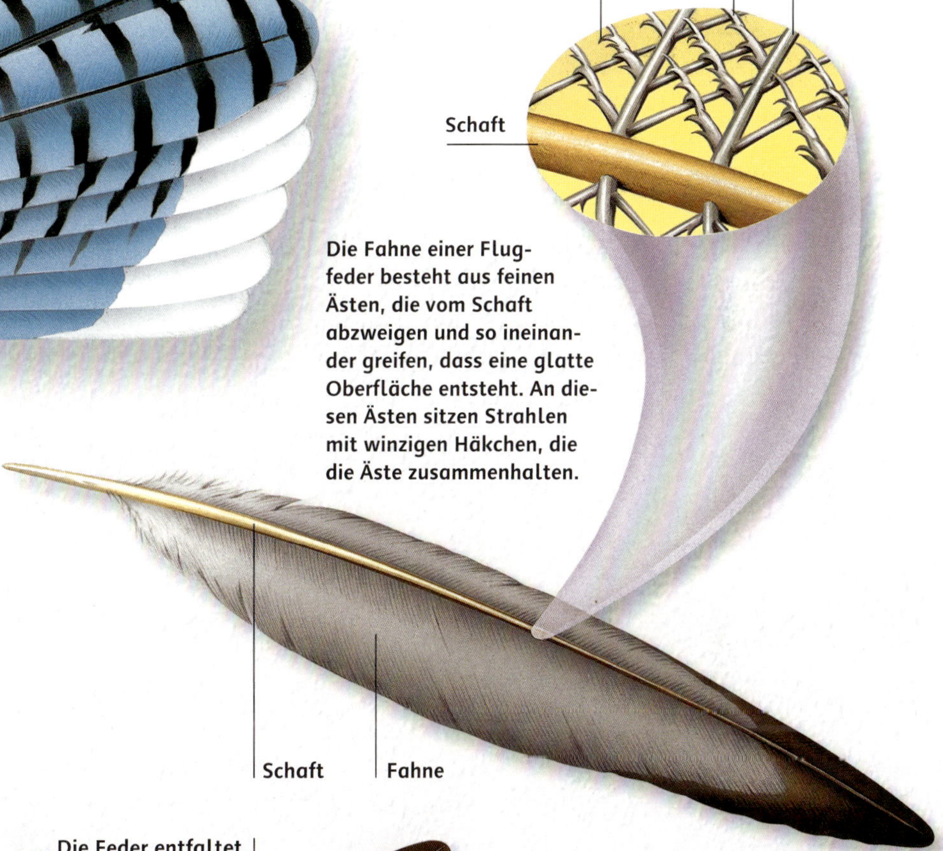

Obere Schwanzdecken

Schwanzfedern

Häkchen

Hakenstrahlen

Federast

Schaft

Die Fahne einer Flugfeder besteht aus feinen Ästen, die vom Schaft abzweigen und so ineinander greifen, dass eine glatte Oberfläche entsteht. An diesen Ästen sitzen Strahlen mit winzigen Häkchen, die die Äste zusammenhalten.

Kleine Oberflügeldecke

Mittlere Oberflügeldecken

Große Oberflügeldecken

Armschwingen

Schaft

Fahne

Abgenutzte Feder

Die Feder entfaltet sich am Schaft

Alte Federn werden durch einen Vorgang, der als Mauser bezeichnet wird, durch neue ersetzt. Die meisten ausgewachsenen Vögel mausern ein- oder zweimal im Jahr. An der Basis einer alten wächst eine neue Feder und drückt die alte heraus. Der alte Schaft vertrocknet und spaltet sich, und allmählich entfalten sich neue Fahnen. Wenn ein nicht mausernder Vogel eine Feder verliert, wird sie gewöhnlich binnen weniger Monate durch eine neue ersetzt.

Die neue Feder drückt die alte heraus

Dieser Mönchssittich zieht eine seiner Schwanzfedern durch den Schnabel, um die Hakenstrahlen neu zu verhaken – wie beim Zusammendrücken von Klettband.

Bankivahühner baden regelmäßig in Staub, um den Fettgehalt ihres Gefieders zu regulieren. Der Staub absorbiert überschüssiges Fett und fällt dann ab.

Indischer Flughund
(Fledertier)

Morphofalter
(Insekt)

Flugdrache
(Echse)

Flughahn
(Fisch)

Beherrscher der Lüfte

Vögel sind unter den flugfähigen Geschöpfen der Erde am
erstaunlichsten. Insekten und Fledertiere können gleichfalls
fliegen, und manche Echsen, Frösche und Hörnchen können
gleiten. Aber so hoch, so weit und so schnell wie ein Vogel
kann kaum ein Tier fliegen. Vögel fliegen, um Nahrung zu
suchen, sich vor Feinden in Sicherheit zu bringen oder auf
ihren Zügen Tausende von Kilometern zurückzulegen.
Die meisten Vögel schlagen mit den Flügeln, um sich in
der Luft zu halten, und benutzen ihren Schwanz zum Steuern.
Auf welche Weise ein Vogel fliegt, bestimmen Form und
Größe seiner Flügel. Vögel mit kleinen, kurzen, abgerundeten
Flügeln sind gewöhnlich Kurzstreckenflieger, aber einige von
ihnen unternehmen lange Züge. Arten mit längeren Flügeln
können sich Luftströmungen zunutze machen.
Albatrosse haben sehr lange, schmale Flügel und können
deshalb von den Luftströmungen profitieren, die beim
Zusammenspiel von Wind und Wellen entstehen. Sie
lassen sich von starken Aufwinden emportragen, und
wenn sie nicht höher steigen können, gleiten sie abwärts.
Wenn sie wieder an Höhe gewinnen wollen, senken sie
einen Flügel und schwenken in einen anderen Aufwind ein.

Die Flügel der Vögel sind an der Unterseite flach
und an der Oberseite gewölbt. Das bedeutet,
dass sich die Luft beim Fliegen an der Oberseite
schneller bewegen muss als an der Unterseite.
Dadurch entsteht über den Flügeln eine Zone
mit geringerem Druck, die für den Auftrieb sorgt,
der den Vogel in der Luft hält.

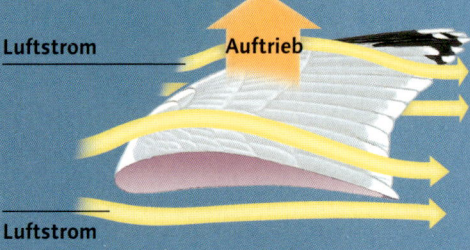

Luftstrom — **Auftrieb**

Luftstrom

Flügelquerschnitt

Von allen Vögeln hat der Wanderalbatros die
größte Flügelspannweite – bis zu 3,20 Meter.
Sein Revier sind die südlichen Ozeane, wo es
häufig starke Winde und Stürme gibt. Auf der
Suche nach Nahrung kann er Hunderte von
Kilometern übers Wasser gleiten, ohne mit
den Flügeln schlagen zu müssen.

 INSIDESTORY
Fliegen können

Menschen wollten schon immer fliegen können.
Sie bewunderten die Vögel und beteten sie gelegentlich sogar an. Der große italienische Künstler und Erfinder Leonardo da Vinci (1452–1519) beobachtete Vögel im Flug
und untersuchte ihren Körperbau. Er skizzierte Flügel, die eine er-
staunliche Ähnlichkeit mit den Tragflächen der heutigen Flugzeuge
haben. Aber Leonardo war seiner Zeit weit voraus, denn damals
gab es noch keine Maschinen, die Antriebskraft liefern konnten.
400 Jahre vergingen, bis die Brüder Orville
und Wilbur Wright schließlich im Jahr 1903
das erste Flugzeug konstruierten, das
tatsächlich fliegen konnte.

Amerikanerkrähe

Vögel schlagen mit den Flügeln, damit sie in der Luft
bleiben und vorankommen. Kraftvolle Muskeln ziehen
die Flügel nach vorn und unten oder nach hinten und
oben. Der Abschlag kostet mehr Energie und gibt dem
Vogel Auftrieb. Der Aufschlag ist weniger anstrengend.

SCHLAGEN ODER ANLEGEN?

Scharlachmennigvogel

Flügel
angelegt

Kleine Vögel sparen Energie, indem sie ihre Flügel kurzzeitig
anlegen. Solange sie mit den Flügeln schlagen, steigen sie,
aber sobald sie sie anlegen, sinken sie. Diese Pausen sind
kurz und kaum wahrnehmbar, aber das Flugmuster ist zu
erkennen. Es ist kein Geradeausflug, sondern ein Auf und Ab.

WÖRTERBUCH

In zoologischen Gärten gibt es große Gehege mit Vögeln. Ein solches Gehege heißt **AVIARIUM**. Der Begriff ist von dem lateinischen Wort avis (Vogel) abgeleitet.

Der Name **ALBATROS** ist eine Variante des portugiesischen Wortes alcatraz, das Seevogel bedeutet. Vielleicht ist die Farbe des Vogels dafür verantwortlich, dass aus dem c ein b geworden ist – das lateinische Wort für weiß ist alba.

SCHON GEWUSST?

Wie schnell ein Vogel fliegen kann, lässt sich nur schwer messen, weil es von den Umständen abhängt, die ihn zum Fliegen veranlassen. Es gibt Vögel, die so schnell sind wie ein Sportflugzeug, wenn sie gejagt werden oder selbst jagen. 1961 stellte ein Pilot fest, dass ein von seiner Maschine aufgeschreckter Mittelsäger mit einer Geschwindigkeit von 130 Stundenkilometern flog. Wanderfalken können im Sturzflug sogar 180 Stundenkilometer erreichen.

WEGWEISER

- Mehr über die Muskeln, die es einem Vogel ermöglichen zu fliegen, steht auf S. 74–75.
- Bei welchem Vogel sind die Flügel so konstruiert, dass seine Beute seinen Anflug nicht hören kann? Lies S. 96–97.
- Wie weit fliegen Vögel auf ihren Zügen? Die Antwort findest du auf S. 98–99.

Wenn Vögel landen wollen, senken sie gewöhnlich den Schwanz und schlagen die Flügel senkrecht nach oben. Auf diese Weise vergrößern sie den Luftwiderstand, werden langsamer und können gefahrlos landen. Die Landeklappen an den Tragflächen von Flugzeugen haben dieselbe Funktion.

Die meisten Vögel scheinen mühelos zu starten. Sie schwingen sich einfach in die Luft. Aber der Pelikan ist ein schwerer Vogel, der sich viel im Wasser aufhält. Ihm fällt der Start weniger leicht. Er benutzt seine Füße, um seinen Körper aus dem Wasser zu heben, und schlägt sehr schnell mit den Flügeln. Aber sobald er in der Luft ist, kann er kraftvoll fliegen und gleiten.

Aufsteigende Warmluft

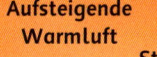

Steinadler

Die energiesparendste Flugmethode ist das Ausnutzen von senkrecht aufsteigenden Warmluftströmungen. Vögel mit langen, breiten Flügeln wie die Adler können sich in einer solchen Luftsäule halten, indem sie auf einer Spiralbahn fliegen. So werden sie in große Höhen emporgetragen und können dann lange Strecken langsam abwärtsgleiten, bevor sie sich eine weitere Luftsäule zunutze machen.

Kleinschnabelkolibri

Manche Vögel können schweben wie Insekten. Das geht nur, wenn sie blitzschnell mit den Flügeln schlagen und in einer Abfolge von verschiedenen Stellungen ihr Schultergelenk verdrehen. Dieses „Schwirren" kostet sehr viel Energie und ist typisch für die Kolibris wie diesen Kleinschnabelkolibri. Sie können auch vorwärts, rückwärts sowie auf und ab fliegen.

Ein erwachsener Mann kann mit einer Geschwindigkeit von 36 km/h laufen

Ein Rennpferd mit 70 km/h

Ein Strauß mit 72 km/h

Ein Gepard mit 100 km/h

Der Erde verhaftet

Dass Vögel fliegen, scheint ganz natürlich zu sein, aber es gibt eine ganze Reihe von Arten, die nicht fliegen können. Viele flugunfähige Vögel haben sich auf abgelegenen Inseln wie Neuseeland oder den Galapagosinseln entwickelt. Inselvögel hatten am Boden nichts zu befürchten, weil es dort weder Menschen noch andere Feinde wie Katzen, Ratten oder Füchse gab. Außerdem fanden sie genügend Nahrung, ohne sich fliegend auf die Suche begeben zu müssen. Deshalb hörten sie allmählich auf zu fliegen, weil das sehr viel Energie kostete.

Als dann Menschen und andere räuberische Lebewesen auftauchten, konnten die flugunfähigen Vögel ihnen nicht entkommen. Etliche Arten, darunter die Moas in Neuseeland, starben aus, als die Neuankömmlinge ihren Lebensraum besetzten.

Andere Vögel verloren zwar ihre Flugfähigkeit, wurden dafür aber groß. Zum Beispiel die Strauße, die bis zu 2,75 Meter hoch werden können. Sie überlebten, weil sie sich lange, kräftige Beine zulegten, auf denen sie schneller laufen können als ein Rennpferd. Sie besitzen noch kleine Flügel, die sie benutzen, um sich auszubalancieren.

INSIDESTORY

Samenverteiler

Kasuare sind große, flugunfähige Vögel, die in Regenwäldern leben. Sie verzehren Mengen von Früchten, deren Samen sie weit entfernt von den Bäumen, von denen sie stammen, wieder ausscheiden. Dr. David Westcott, der für das Tropical Research Center im Norden des australischen Staates Queensland arbeitet, erforscht diese Vögel und versucht herauszufinden, welchen Einfluss sie auf die Regenwälder haben. Er fängt einen Kasuar ein, füttert ihn und stellt fest, wie lange es dauert, bis er seine Nahrung verdaut hat. Dann bringt er einen Sender an ihm an und lässt ihn wieder frei. Auf diese Weise erfährt er eine Menge über das Leben der Kasuare und ihren Einfluss auf die Ökologie des Regenwaldes.

Es gibt 18 Arten von Pinguinen, und keine von ihnen kann fliegen. Der größte ist der Kaiserpinguin, der in der Antarktis lebt und dort auch im Winter bei Temperaturen um – 60 °C existieren kann. Alle Pinguine haben kleine, steife, flossenähnliche Flügel, die sie zu hervorragenden Schwimmern machen. Pinguine tauchen, um Nahrung zu erbeuten, kommen aber häufig zum Atmen an die Oberfläche. Unter Wasser erreichen sie Geschwindigkeiten bis zu 32 km/h.

Im Fjordland National Park in Neuseeland leben fünf Arten von flugunfähigen Vögeln – Zwergpinguin, Kakapo, Takahe, Wekaralle und Streifenkiwi. Der Kiwi ist das Wappentier des Landes. Er ist nachtaktiv und eine der wenigen Vogelarten mit einem guten Geruchssinn.

Der Kakapo ist der größte Papagei der Welt und der einzige, der nicht fliegen kann. Aber er kann auf Bäume klettern und zur Erde herabgleiten. Weil er am Boden lebt und brütet, ist er Feinden schutzlos ausgeliefert. Heute leben noch knapp 50 Exemplare.

WÖRTERBUCH

KAKAPO, **WEKA** und **KIWI** sind Namen, die aus der Maori-Sprache stammen. Die Maori waren die ersten Menschen, die sich auf den Inseln Neuseelands ansiedelten. Kakapo ist aus zwei Maori-Worten zusammengesetzt: kaka (Papagei) und po (Nacht). Weka bedeutet Henne. Kiwi war ursprünglich der Name, den die Maori dem Land gaben. Später wurde dieser Name auf den Vogel übertragen, der zum Wappentier Neuseelands wurde.

SCHON GEWUSST?

Der Kaiserpinguin kann bis zu 530 Meter tief tauchen und fast 20 Minuten unter Wasser bleiben.

Streifenkiwi-Weibchen legen riesige Eier, die fast ein Sechstel ihres eigenen Körpergewichts haben. Die Eier müssen 11 Wochen lang bebrütet werden, länger als die jedes anderen Vogels. Zum Vergleich: Beim Gelbbrust-Waldsänger beträgt die Brütezeit 11 Tage, Hühnereier müssen 21 Tage bebrütet werden.

WEGWEISER

- Der Strauß legt die größten Eier. Welcher Vogel legt die kleinsten? Siehe S. 89.
- Der Streifenkiwi ist ein Nachtvogel. Was bedeutet das? Siehe S. 96–97.
- Viele Vögel sind vom Aussterben bedroht. Mehr über gefährdete Arten steht auf S. 100–101.
- Welcher Vogel wird „Pinguin des Nordens" genannt? Siehe S. 105.

Emu

Strauß

Nandu

Die Nandus, der Emu und der Strauß sind sehr große flugunfähige Vögel. Sie leben in Südamerika, Australien und Afrika. Sie sehen sich so ähnlich, dass man annehmen möchte, dass sie von einem gemeinsamen Vorfahren abstammen, der zu einer Zeit lebte, als die Kontinente sich noch nicht voneinander getrennt hatten. Vermutlich ist der Grund für ihre Ähnlichkeit aber auch, dass sie alle auf offenem Grasland leben und sich von Gräsern und Insekten ernähren.

Die Takahe ist eine große, flugunfähige Ralle. Man hielt sie 50 Jahre lang für ausgestorben, aber 1948 wurden einige Exemplare wiederentdeckt. Heute leben etwa 180 Takahes in einem Schutzgebiet in der Nähe des Sees Te Anau. Sie nisten zwischen Gräsern, verbringen den Winter aber in den Wäldern.

Die Wekaralle kann nicht fliegen, obwohl sie gut entwickelte Flügel hat. Sie benutzt sie nur zum Ausbalancieren beim Laufen. Sie konnte überleben, weil sie sehr kämpferisch ist. Sie tötet Ratten und bodenlebende Vögel.

Schnäbel und Füße

Vögel benutzen ihre Schnäbel und Füße, um festzuhalten, was sie fressen, Gegenstände zu bewegen, nach Nahrung zu kratzen und sich zu verteidigen. Form und Größe des Schnabels und der Füße eines Vogels verraten viel über seine Lebensweise. Der Schnabel besteht aus Keratin, derselben Substanz, aus der auch die Federn bestehen. Der kräftige, gerade Schnabel des Helmspechts ist zum Hämmern in Baumrinde und damit zum Aufstöbern von Insekten bestens geeignet. Der Arakakadu benutzt seinen Schnabel zum Zerquetschen von Samen und Früchten, und der Isabellbrachvogel findet seine Nahrung, indem er mit seinem langen, gebogenen Schnabel in den Schlammbänken von Flüssen herumstochert. Beim Rosen-fußlöffler ist der lange Schnabel am unteren Ende verbreitert. Er zieht den Unterschnabel am Grund eines seichten Gewässers entlang und hält die Nahrung dann zwischen den beiden löffelartigen Schnabelspitzen fest. Der Weißkopf-Seeadler hat einen hakenförmigen Schnabel, der sich gut zum Zerreißen von Beutetieren eignet.

Der obere Teil der Beine eines Vogels ist mit Federn bedeckt, der untere Teil dagegen mit kleinen Schuppen. Das Gelenk auf etwa halber Höhe der Beine ist der Knöchel. Mit ihm verbunden ist ein langer Fuß mit zwei, drei oder vier Zehen.

Vögel haben keine Zähne, aber beim Gänsesäger findet sich sowohl im Ober- als auch im Unterschnabel eine Reihe nach hinten gerichteter Zacken. Der Vogel benutzt die sägeähnlichen Schnabel-kanten und die gekrümmte Schnabelspitze zum Festhalten schlüpfriger Fische.

Nur Schnabel, Kopf und Hals ragen aus dem Wasser, wenn ein Schlangenhalsvogel auf Futtersuche ist. Mit seinem langen, speer-ähnlichen Schnabel spießt er Fische auf.

SEI AKTIV!
Fußabdrücke

Wenn Vögel über feuchten Grund laufen, hinterlassen sie Spuren. Du kannst die Fußabdrücke eines Vogels festhalten, indem du etwa eineinhalb Tassen Gips mit einer Tasse Wasser vermischst und die Masse dann über den Fußabdrücken ausgießt. Wenn der Gips fest geworden ist, hebst du ihn ab und lässt ihn vollständig aushärten. Danach versuchst du, den Vogel zu identifizieren, der die Abdrücke hinterlassen hat.

WÖRTERBUCH

Mehr als die Hälfte aller Vogelarten gehört zur Ordnung der Sperlingsvögel oder **PASSERIFORMES**. Das Wort ist vom lateinischen passer abgeleitet, das „Sperling" bedeutet.

TUKANE heißen auch Pfefferfresser, weil ihr mächtiger Schnabel durch seine leuchtenden Farben Paprikaschoten ähnlich sieht; sie fressen jedoch keinen Pfeffer.

SCHON GEWUSST?

Der Mauerläufer kann an Mauern und Felswänden emporklettern. Er hat drei nach vorn und eine nach hinten gerichtete Zehen und scharfe Krallen, mit denen er festen Halt findet.

Schmutzgeier heben mit ihrem Schnabel, bis zu 1 kg schwere Steine auf, die sie dann auf Straußeneier fallen lassen, damit deren dicke Schale zerbricht und sie den Inhalt fressen können.

WEGWEISER

- Welcher Vogel dreht seinen Kopf, um mit seinem Schnabel Nahrung aus dem Wasser herauszusieben? Du erfährst es auf S. 70–71.
- Vögel haben keine Zähne. Wie zerkleinern sie ihre Nahrung? Lies dazu S. 75.
- Ein Vogel webt mit seinem Schnabel Blätter zu einem Nest zusammen. Wie er das tut, steht auf S. 86–87.

ZEIGT HER EURE FÜSSE

Die Reptilien-Vorfahren der Vögel hatten fünf Zehen und waren damit dem Laufen gut angepasst. Die Füße der heutigen Vögel haben sich im Laufe der Zeit sehr unterschiedlich entwickelt. Sie helfen ihnen beim Schwimmen, Klettern, Sitzen und Laufen ebenso wie beim Starten und Landen.

Wie alle Enten hat auch die Stockente Füße mit Schwimmhäuten. Deshalb kann sie, wenn sie sich im Wasser aufhält, ihre Füße als Paddel benutzen.

Sein großer Schnabel hat den Riesentukan weltberühmt gemacht. Trotz seiner Größe ist der Schnabel erstaunlich leicht, weil er nicht massiv, sondern ähnlich wie die Knochen fliegender Vögel hohl und mit wabenartigen Verstrebungen versteift ist. Der Tukan ergreift seine Nahrung mit der Schnabelspitze und befördert sie dann mit seiner etwa 15 Zentimeter langen, mit borstenähnlichen Vorsprüngen besetzten Zunge in die richtige Position. Sobald sie dort angekommen ist, wirft der Tukan den Kopf hoch und schleudert die Nahrung in den Schlund. Tukane haben zwei nach vorn und zwei nach hinten gerichtete Zehen. Mit ihnen finden sie beim Fressen auf Ästen festen Halt.

Nandus sind sehr große Vögel mit kräftigen Beinen. Weil sie nicht fliegen können, müssen ihre Füße Schwerarbeit leisten. Sie haben Fleischpolster, die beim Laufen als Stoßdämpfer fungieren.

Die Höhlenweihe ist ein Greifvogel mit einzigartigen Beinen. Sie ermöglichen es ihr, sich um 70 Grad nach hinten und um 30 Grad von einer Seite zur anderen zu drehen. Deshalb kann sie sich ihre Nahrung auch in engen Räumen wie Baumlöchern suchen, in denen ihre Beute sich sicher geglaubt hatte.

Der Frauenlori hat je zwei nach vorn und nach hinten gerichtete Zehen. Das ermöglicht es ihm, einen Ast zu umklammern und beim Fressen festen Halt zu finden.

Das Gelbstirn-Jassana watet im Wasser. Es besitzt sehr lange Zehen und Krallen und kann deshalb auf schwimmenden Pflanzen laufen.

Zur Paarung bereit

Vogelmännchen geben sich sehr viel Mühe, um eine Partnerin anzulocken. Eine der häufigsten und augenfälligsten Methoden besteht darin, ihr buntes Gefieder zur Schau zu stellen. Dieses Verhalten wird als Balz bezeichnet.
Manche Vögel verlassen sich bei der Partnersuche jedoch nicht nur auf ihr gutes Aussehen. Es kommt vor, dass sie in ihrem Revier ein Nest bauen. Die Männchen der Laubenvögel schaffen sogar eine Bühne, auf der sie vor den Weibchen tanzen können. Der Säulengärtner errichtet seine Bühne auf einer Plattform rund einen Meter über der Erde.
Jede Vogelart hat ihre eigenen Balzrituale. Manche Männchen geben unverwechselbare Laute von sich oder singen. Andere bringen Geschenke. Reiher, Schlangenhalsvögel und Greifvögel bieten den Weibchen oft Nistmaterial an. Andere Arten vollführen Flugkunststücke oder Tänze, die die Weibchen beeindrucken sollen. Albatrosse knabbern am Hals ihrer Partnerin und bieten damit an, ihr Gefieder zu putzen.
Nach der Paarung bleiben Männchen und Weibchen häufig zusammen, um die Eier zu bebrüten und die Jungen aufzuziehen. Es gibt aber auch Arten, bei denen das die Weibchen allein tun.

Die Männchen der Laubenvögel sind geschickte Architekten. Sie bauen eine Bühne, auf der sie tanzen und möglichen Partnerinnen Geschenke überreichen können. Besonders viel Mühe geben sich die Hüttengärtner. Sie errichten ein großes, hüttenähnliches Gebilde. Alle Laubenvogel-Männchen dekorieren ihre Bühne mit bunten Dingen wie Muscheln, Früchten, Blütenblättern. Sie verwenden viel Mühe darauf, ihre „Laube" so anziehend wie möglich zu machen. Sobald das Männchen ein Weibchen angelockt und sich mit ihm gepaart hat, baut das Weibchen ein Nest für die Eier.

Sobald ein Bindenfregattvogel-Männchen ein Nest gebaut hat, bläht es seinen roten Kehlsack auf, flattert mit den Flügeln und macht in der Luft kreisende Weibchen mit lauten Geräuschen auf sich aufmerksam.

VOGELBALLETT

Albatrosse bleiben zeitlebens zusammen, aber sie erneuern die Bande alljährlich mit Paarungsritualen, die tagelang dauern können. Ein ganz spezielles Ritual vollführen männliche Königsalbatrosse. Sie beginnen damit, dass sie die langen Flügel spreizen und Kopf und Schnabel emporrecken. Danach senken sie den Kopf und marschieren wie Zinnsoldaten um das Nest herum. Schließlich recken sie den Schwanz hoch und schütteln sich wie ein Hund, der ein nasses Fell hat.

📖 WÖRTERBUCH

Das **REVIER** ist der Bezirk, den ein Tier gegen Eindringlinge verteidigt und oft durch Duftmarken kennzeichnet. Revier ist vom französischen riviere (Ufer, Gegend) abgeleitet. Ein anderes Wort für Revier ist **TERRITORIUM**. Darin steckt das lateinische Wort territorium für „Stadtgebiet".

Das Wort **BALZ** war bereits im Mittelalter für die Liebes- und Paarungsspiele großer Wald- und Feldvögel gebräuchlich.

✴ SCHON GEWUSST?

Bei einigen wenigen Vogelarten sind die Weibchen bunter als die Männchen. Die weiblichen Wassertreter benutzen ihr auffälliger gefärbtes Gefieder, um einen Partner anzulocken. Die Männchen kümmern sich um die Jungen. Ihre Färbung tarnt sie vor Räubern.

Albatrosse bilden Paare, die zeitlebens zusammenbleiben. Die meisten Kolibris dagegen sehen ihre Partner nach der Paarung normalerweise nicht wieder.

📐 WEGWEISER

- Gewöhnlich bekommt derjenige Vogel eine Partnerin, der die schönsten Federn zur Schau stellt. Aber wie halten Vögel ihre Federn im Bestzustand? Lies dazu S. 76–77.
- Manche Vögel singen in der Balz. Mehr über Singvögel steht auf S. 106.

INSIDESTORY
Geduld

Filmaufnahmen helfen Vogelbeobachtern, das Verhalten der Tiere in entlegenen Weltgegenden zu studieren. Aber sie erfordern sehr viel Geduld. So versammeln sich zum Beispiel in der Paarungszeit mehrere Schnurrvogel-Männchen auf einem Tanzplatz. Man muss also nicht nur einen solchen Tanzplatz finden, sondern auch dort sein, wenn die Männchen erscheinen. Als die Fotografin Marie Read sich vorgenommen hatte, Langschwanzpipras zu fotografieren, musste sie mehrmals in die dichten Wälder von Costa Rica reisen, bis ihr das gelungen war. Doch dann machte sie eine ganze Reihe von schönen und aufschlussreichen Fotos von den vielfältigen Tanzzeremonien der Schnurrvögel. Später gelang es ihr, auch Gelbhosenpipras und Goldhalspipras auf ihren Tanzplätzen zu fotografieren.

In der Paarungszeit bilden sich auf dem Rücken männlicher Silberreiher lange weiße Schmuckfedern, die sie wie einen Fächer ausbreiten, um die Weibchen zu beeindrucken.

Renntaucher-Paare vollführen gemeinsam herrliche Tänze auf dem Wasser. Zu Beginn der Paarungszeit nehmen sie lange Stränge von Wasserpflanzen in den Schnabel und bieten sie sich gegenseitig an. Auf dem Höhepunkt der Balz richten sie sich in einer anmutigen Pose auf und rennen mit Trippelschritten übers Wasser.

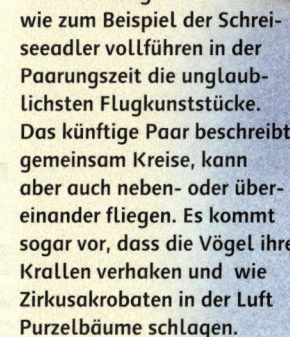

Viele Greifvögel wie zum Beispiel der Schreiseeadler vollführen in der Paarungszeit die unglaublichsten Flugkunststücke. Das künftige Paar beschreibt gemeinsam Kreise, kann aber auch neben- oder übereinander fliegen. Es kommt sogar vor, dass die Vögel ihre Krallen verhaken und wie Zirkusakrobaten in der Luft Purzelbäume schlagen.

Feder   Alufolie   Moos   Bind-   Zweige
                                faden

Der Nistinstinkt

Die Wissenschaftler sind davon überzeugt, dass die Kunst des Nestbaus ein Beispiel für instinktives Verhalten ist, weil sie nicht von anderen Vögeln erlernt wurde. Jeder Vogel weiß einfach, wie er sein Nest bauen muss. Die Nester, die wir heute sehen, sind das Ergebnis einer Evolution, die Millionen von Jahren gedauert hat. Die Vorfahren der heutigen Vögel bedeckten ihre Eier einfach mit Erde oder verrottender Vegetation, um sie warm zu halten. Später gingen die Vögel dazu über, zum Bebrüten der Eier ihre Körperwärme einzusetzen, und entwickelten ganz allmählich die für den Bau komplizierterer Nester erforderlichen Fähigkeiten.

Es gibt Hunderte von Nestarten in allen möglichen Formen und aus einer Vielzahl von Materialien. Viele sind becherförmig und aus Zweigen oder Gras gebaut. Manche sind bloße Mulden im Sand oder Haufen aus Ästchen. Manche sind winzig und wiegen nur ein paar Gramm. Wieder andere sind riesig. Viele enthalten Fundsachen wie Haare, Papier, Alufolie, Bindfaden oder Federn.

Fahlstirnschwalben stellen becherförmige Nester aus Schlamm her, die sie an Felsklippen oder Gebäuden befestigen. Alken und Eisvögel graben Tunnel und bauen darin ihre Nester. Buschmeisen stellen aus Zweigen, Wurzeln und Moos, die sie mit Spinnweben verkleben, lange Beutel her. Alle Nester erfüllen den gleichen Zweck: Sie helfen den Vögeln, ihre Eier warm zu halten, und die meisten Nester bieten den Eiern und den Nestlingen auch Schutz vor Feinden.

SEI AKTIV!

Ein Nest bauen

Um die erstaunlichen Fähigkeiten der Vögel im Nestbau richtig zu würdigen, versuche selbst ein Nest zu bauen.

1. Du brauchst einen Stock, der sich zwei- oder dreimal gabelt, viele dünne Zweige und Gras, Blätter, Binsen und alle möglichen anderen Dinge, die Vögel verwenden – Schlamm, Bindfaden, trockenes Moos und vielleicht sogar ein paar von deinen Haaren.

2. Benutze den gegabelten Stock als Fundament und verteile dünne Zweige darauf. Du kannst mit einem flachen Teller beginnen, wie manche Vögel es tun, oder versuchen, die Zweige so um die Äste zu biegen, dass ein Körbchen entsteht.

3. Verstärke die Seiten, bis du einen kleinen Korb mit kräftigen Wänden hast. Polstere ihn mit Moos oder Gras aus.

Es ist durchaus möglich, dass eine Menge Nester zerfallen, bevor es dir gelingt, eines zu bauen, das stabil und dauerhaft ist.

Das Männchen des Textors oder Dorfwebers verflicht Streifen von Pflanzenmaterial zu einem Deckelkorb. Dann macht es das Nest mit verknoteten Gräsern sicher und balzt vor dem Nest, um eine Partnerin anzulocken. In der Regel paart sich ein Männchen mit vielen Weibchen. Dieses Verhalten wird Polygynie genannt. Diese Webervögel nisten in Kolonien. Die Weibchen ziehen die Jungen allein auf und halten Ausschau nach Feinden. Die Samen, die der Textor frisst, sind reichlich vorhanden; deshalb brauchen die Männchen kein Revier und keine Nahrungsquelle zu verteidigen.

📖 WÖRTERBUCH

Es gibt Vögel, die keine Nester bauen, sondern ihre Eier in Löchern in Mauern oder Klippen oder in Nistkästen ablegen. Sie werden **HÖHLENBRÜTER** genannt.

Bei manchen Vogelarten paart sich ein Männchen mit vielen Weibchen. Diese Männchen praktizieren Vielweiberei oder **POLYGYNIE**. Poly bedeutet „viel, häufig", und gyne bedeutet „Frau".

✴ SCHON GEWUSST?

Manche tropische Vögel, darunter Tyrannen und Zaunkönige, nisten in der Nähe von Bienen- oder Wespennestern. Diese Insekten halten vermutlich Fliegen und Feinde fern.

Einige Greifvögel gestatten anderen Vögeln wie etwa Sperlingen, in ihren großen Horsten zu nisten. Die kleinen Vögel warnen die größeren durch lautes Zirpen vor Gefahren.

🔖 WEGWEISER

- Welcher Vogel errichtet ein nestähnliches Bauwerk, das nie Eier oder Junge beherbergt? Lies S. 84–85.
- Wie verhindern an Klippen nistende Vögel, dass ihre Eier ins Meer rollen? Die Antwort steht auf S. 88.
- Welcher Vogel nistet auf den Simsen von Wolkenkratzern? Das erfährst du auf S. 102–103.

GENERATIONENNEST

Manche Greifvögel wie der Kaffern-adler bauen große Nester in Felsnischen. Die Horste ge-nannten Nester werden oft jahr-hundertelang benutzt. Jedes Jahr wird neues Material hinzugefügt.

Die nordamerikanische Scharlachtangare baut ihr Nest gern in Eichen, und zwar zwischen zwei und zwanzig Meter über der Erde. Das Nest ist wie das der meisten auf Bäumen nistenden Vögel becherförmig, damit die Eier nicht herausrollen können.

Eisvögel, Halb-gänse und Ufer-schwalben nisten in Uferbö-schungen von Flüssen. Sie graben Tunnel, die so hoch über dem Wasser liegen, dass sie nicht überflutet werden können. Andere Arten wie etwa der Schwarzschnabel-Sturmtaucher benutzen verlassene Kaninchenbaue.

Der Rosttöpfer lebt in Südamerika. Er baut sein Nest auf einem Baum oder an der Spitze eines Telefonmastes. Das Nest ähnelt einem altmodischen Back-ofen. Es besteht aus mit Gras und Tier-haaren vermischtem Lehm. Die Eier werden in einer mit Gras ausgepolsterten Kammer im Innern des „Backofens" abgelegt.

Der Teichrohrsänger baut sein Nest dicht über dem Wasser in hohem Schilf, wo die Jungen vor Feinden sicher sind. Der Teichrohrsänger schafft es, das Nest so sicher zu bauen und zu verankern, dass die Jungen auch an stürmischen Tagen nicht ins Wasser fallen.

Der Stelzenläufer kratzt eine Mulde in niedriger Vegetation, baut aber manchmal auch ein becherförmiges Nest auf einer Schlammbank, das erhöht werden kann, wenn der Wasserspiegel steigt.

Vor dem Schlüpfen

In jedem Ei wächst ein Embryo heran und entwickelt sich zu einem Küken. Der Embryo findet alles vor, um wachsen zu können, bis er die Schale völlig ausfüllt und zum Schlüpfen bereit ist. Aber ein Küken kann sich nur entwickeln, wenn das Ei bebrütet, also warm gehalten wird. In der Regel legt ein Weibchen die befruchteten Eier in einem Nest ab. Danach werden sie von einem der Elternvögel, manchmal auch von beiden abwechselnd warm gehalten.

Bei den meisten Vögeln fallen vor Beginn der Brutzeit Federn auf dem Bauch aus. Diese nackte Hautstelle wird Brutfleck genannt. Wenn ein Vogel seinen Brutfleck auf die Eier drückt, sorgt seine Körperwärme für die genau richtige Temperatur. Die Eier werden regelmäßig umgedreht, damit sie überall gewärmt werden. Manche Arten begraben ihre Eier auch einfach unter Laubhaufen und überlassen sie sich dann selbst. Die Brutdauer ist sehr unterschiedlich – von einer Woche bei den Eiern kleiner Vögel bis zu 12 Wochen bei einem großen. Gewöhnlich beginnt ein Küken schon mehrere Tage vor dem Schlüpfen zu piepen. Dann muss es die Schale von innen aufpicken und aufbrechen.

1. Ein Ei enthält den heranwachsenden Vogel (Embryo und Fetus) sowie Eidotter und Eiklar (Eiweiß), die dem Jungvogel vor dem Schlüpfen als Nahrung dienen.
2. Während sich das Küken von Eigelb und Eiklar ernährt, werden Abfallstoffe produziert und in einem speziellen Sack gespeichert.
3. Kurz vor dem Schlüpfen füllt das Küken fast die gesamte Schale aus.
4. Ein sogenannter Eizahn hilft beim Aufpicken der Schale. Nach dem Schlüpfen fällt er ab.

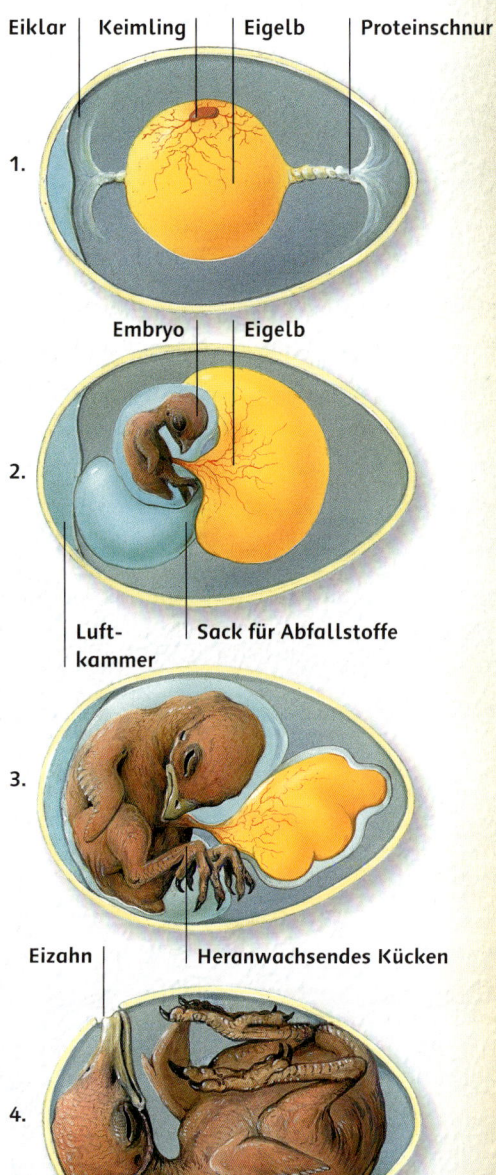

Eiklar | Keimling | Eigelb | Proteinschnur

1.

Embryo | Eigelb

2.

Luft-kammer | Sack für Abfallstoffe

3.

Eizahn | Heranwachsendes Kücken

4.

SEI AKTIV!

Eier verstecken

Die meisten Vogeleier sind unauffällig ge-färbt, denn sie müssen mit ihrer Umgebung verschmelzen, damit sie von Feinden nicht so leicht entdeckt werden. Versuche, Eier so zu bemalen, dass sie in ihrer natürlichen Umgebung kaum zu sehen sind. Dazu brauchst du Hühnereier, einen Pinsel und Wasserfarben. Suche Nistmaterial, zum Beispiel trockene Blätter unter einem Baum. Bemale deine Eier so, dass sie farblich und in der Musterung dazu passen. Beginne mit einer neutralen Grund-farbe wie Braun oder Grau und male dann mit Grün, dunklen Brauntönen oder Schwarz Punkte, Streifen oder Flecke darauf. Zum Schluss legst du deine Eier an der ausgewählten Stelle ab und beobachtest, ob ein Freund sie findet.

Vogeleier gibt es in vielen verschiedenen Formen, Farben und Größen. Diese Unterschiede sind für das Überleben der einzelnen Arten sehr wichtig. Sie tragen dazu bei, dass die Eier in ihrer Umge-bung von Feinden nur schwer zu entdecken sind.

Die Eier der Trottellumme laufen an einem Ende spitz zu. Diese Form verhindert, dass sie von den Klippensimsen herabfallen, auf die sie gelegt wurden. Wenn ein solches Ei ins Rollen gerät, bewegt es sich nicht geradeaus, sondern im Kreis.

WÖRTERBUCH

Der Keimling, der in einem Ei heranwächst, wird nach dem griechischen Wort embryon **EMBRYO** genannt. Wenn er sich weiterentwickelt, nennt man ihn Fetus. Dieses Wort kommt aus dem Lateinischen, wo es „Leibesfrucht" heißt.

Das deutsche Wort **BRÜTEN** hat auch in andere Sprachen Eingang gefunden. Im Englischen heißt „brüten" brood.

SCHON GEWUSST?

Die größten Eier, die je gefunden wurden, stammten von dem ausgestorbenen Madagaskarstrauß, der wegen seiner Größe auch „Elefantenvogel" genannt wird. Sie hatten ein Fassungsvermögen von acht Litern!

Von den noch heute lebenden Vögeln legt der Strauß die größten Eier. In ein Straußenei würde der Inhalt von 12 bis 18 Hühnereiern hineinpassen.

WEGWEISER

- Manche Vögel bauen kunstvolle Nester. Lies nach auf S. 86–87.
- Welcher Vogel vergräbt seine Eier in Laubhaufen, um sie warm zu halten? Die Antwort steht auf S. 101.
- Welches Vogelmännchen bebrütet ein einzelnes Ei auf den Füßen? Lies nach auf S. 114.

Es kann mehrere Tage dauern, bis sich ein Küken wie dieser Dunenspecht durch die zähe Schale eines Eies hindurchgearbeitet hat. Zuerst muss es sich zum stumpfen Ende des Eies hin drehen. Dann durchbricht es die Wand der Luftkammer, die es umgibt, und kann zum ersten Mal atmen. Danach pickt es mithilfe seines Eizahns und seiner kräftigen Halsmuskeln die Schale an. Es benutzt seine Füße, um sich im Kreis zu drehen, damit die Öffnung, die es gepickt hat, zu einem um die ganze Schale herumreichenden Riss wird. Erst dann kann es sich aus dem Ei herausstemmen, in der Regel mit dem Kopf voran.

Manche Kuckucksarten legen ihre Eier in die Nester anderer Vögel. Die Nestbesitzer bemerken es meist nicht, auch wenn die Kuckuckseier größer sind als ihre eigenen, und ziehen den jungen Kuckuck mit auf.

Flussseeschwalben legen ihre Eier direkt auf den Boden, wo sie zwischen Geröll kaum zu sehen sind. Die Tüpfelung der Eier verschmilzt mit der der Steine. Dadurch sind die Eier perfekt getarnt.

Gimpel, schlüpfend

Sechs Tage alt

28 Tage alt

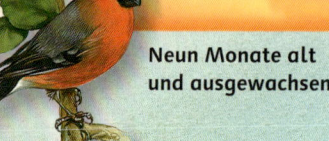
Neun Monate alt und ausgewachsen

Heranwachsen

Manche Vögel wie etwa die Enten kommen mit offenen Augen zur Welt und können sofort laufen und schwimmen. Sie werden als Nestflüchter bezeichnet. Wenn Nestflüchter aus dem Ei schlüpfen, ist ihr Körper mit Dunen bedeckt, die später durch richtige Federn ersetzt werden.

Bei anderen Arten, zum Beispiel den Singvögeln, sind die Augen der Jungen beim Schlüpfen geschlossen, und sie sind noch sehr schwach. Solche Jungvögel werden Nesthocker genannt. Die meisten Nesthocker, darunter der Gimpel, schlüpfen nackt oder mit einem sehr spärlichen Dunenkleid. Die Federn der Nesthocker wachsen auf Federfluren am Rumpf und an den Flügeln. Jungvögel sind darauf angewiesen, dass die Altvögel sie füttern und beschützen, bis sie für sich selbst sorgen können. Bei den meisten Arten teilen sich Männchen und Weibchen diese Arbeit, aber bei den Enten und einigen anderen Arten ziehen die Weibchen die Jungen allein auf, und bei den Wassertretern tun es die Männchen. Pelikane nisten in großen Kolonien. Wenn ihre Jungen das Nest verlassen haben, werden sie von den Eltern in einer Art Kindergarten versammelt. Das hat den Vorteil, dass die erwachsenen Vögel nach Feinden Ausschau halten können. Trotzdem füttert jeder Pelikan nach wie vor die eigenen Jungen.

Der Schuhschnabel wirkt zwar unbeholfen, kann sich aber überaus geschickt und gezielt bewegen. Junge Schuhschnäbel sind oft der heißen Sonne Afrikas ausgesetzt. Deshalb nimmt der Altvogel mit seinem riesigen, in Haken auslaufenden Schnabel kühles, erfrischendes Wasser auf und lässt es auf die Jungen herabregnen. Auch bietet er den Jungen mit seinem Körper und den langen, breiten Flügeln Schatten.

Die Altvögel müssen schwer arbeiten, wenn sie ihre Jungen vor Schaden bewahren wollen. Ein junger Eistaucher kann zwar schon kurz nach dem Schlüpfen schwimmen, ist aber Feinden hilflos ausgeliefert. Wenn der Altvogel Gefahr wittert, nimmt er das Junge auf den Rücken und bringt es in Sicherheit.

Manche Jungvögel können keine feste Nahrung verdauen. Deshalb ernähren Pelikaneltern ihre Jungen mit vorverdauten Fischen, die die Jungen aus dem Kehlsack der Altvögel herausholen.

Der Keilschwanzregenpfeifer hat eine Methode entwickelt, um Feinde zu täuschen, die es auf seine Jungen abgesehen haben. Er tut so, als hätte er einen Flügel gebrochen und wäre deshalb eine leichte Beute. Sobald er den Feind weit genug von seinem Nest weggelockt hat, beendet er das Täuschungsmanöver und fliegt davon.

WÖRTERBUCH

Die Wissenschaftler bezeichnen die Nestflüchter als **AUTOPHAGEN**. Der Begriff ist aus zwei griechischen Wörtern zusammengesetzt, nämlich auto (selbst) und phagein (fressen).

Der wissenschaftliche Name für Nesthocker ist **INSESSOREN**. Er ist von dem lateinischen Wort insessor abgeleitet, das „Besetzer" bedeutet.

SCHON GEWUSST?

In Grönland legen Nonnengänse ihre Eier auf Klippen ab, damit sie vor Füchsen sicher sind. Wenn die Küken das Nest verlassen, machen sie sich halb springend und halb fliegend auf den Weg in die tief unter ihnen liegende See. Dabei stoßen sie oft gegen Felsen, aber ihr Körperfett und ihr weiches Gefieder mildern den Aufprall.

Frei lebende junge männliche Singvögel imitieren oft den Gesang der männlichen Altvögel.

WEGWEISER

- Ein Jungvogel im Regenwald liefert einen Hinweis auf die Evolution der Vögel. Lies S. 73.
- Der Fluginstinkt der Vögel ist sehr stark, aber wie schaffen sie das, was nur sehr wenigen anderen Wirbeltieren gelingt? Die Antwort steht auf S. 78–79.
- Naht der Winter, ziehen viele Vögel gen Süden. Wie sie den Weg finden, steht auf S. 98–99.

SCHULSTUNDEN

Zum Überleben brauchen junge Vögel viele Fähigkeiten. Manche sind instinktiv, andere müssen erlernt werden.

Wasservögel begeben sich schon kurz nach dem Schlüpfen ins Wasser, weil sie sonst für Feinde eine leichte Beute wären. Schwimmen ist wie der Nestbau ein instinktives Verhalten. Aber ein Entenküken muss von seinen Eltern lernen, wo es Nahrung und Schutz findet und wie es sich vor Feinden in Sicherheit bringen kann.

Wenn flügge gewordene Brustband-Honigfresser das Nest verlassen, kehren sie nie mehr dorthin zurück. Die Fähigkeit zum Fliegen ist ihnen angeboren. Diese Vögel müssen gut fliegen können, weil sie auf der Suche nach den Blüten, aus denen sie sich ihre Nahrung holen, lange Strecken zurücklegen.

INSIDESTORY

Gänsemutter

Weiß ein Junges, wenn es aus dem Ei schlüpft, welcher Art es angehört? Weiß ein Gänseküken, dass seine Mutter eine Gans ist? Diese Frage versuchte der österreichische Verhaltensforscher Konrad Lorenz (1903–1989) zu beantworten. Er legte einige Gänseeier in einen Brutapparat. Als die Jungen geschlüpft waren, war er ständig anwesend, fütterte sie, hielt sie warm und beschützte sie. Er imitierte sogar die Bewegungen und Laute einer ausgewachsenen Gans. Die Gänseküken akzeptierten ihn schon bald als Elterntier und folgten ihm überall hin. Mit seinem Experiment bewies Lorenz, dass Jungvögel durch einen Prozess lernen, der als Prägung bezeichnet wird. Das heißt, sie binden sich an jemanden, der für sie sorgt – in der Regel ein Elternteil – und glauben, die gleiche Art von Geschöpf zu sein. Für dieses bahnbrechende Experiment und weitere Verhaltensstudien erhielt Lorenz 1973 den Nobelpreis.

Junge Vögel lernen, indem sie ihre Eltern beobachten und nachahmen. So haben in Florida Mangrovenreiher zufällig gelernt, dass sie Fische anlocken können, wenn sie Brot in einen Teich fallen lassen, und die Jungen machten es ihnen nach.

Das fressen Vögel

Die Vögel fressen im Verhältnis zu ihrer Körpergröße viel mehr als Menschen. Das müssen sie, weil sie zum Fliegen, zum Nestbau und Warmhalten sehr viel Energie benötigen. Vögel fressen ganz unterschiedliche Dinge – Samenkörner, Früchte und Pflanzen, aber auch wirbellose Tiere wie Würmer, Muscheln, Garnelen und Insekten.

Form und Größe von Schnabel und Füßen eines Vogels sind ihrer Nahrung angepasst. Die Indianermeise besitzt kräftige Füße, mit denen sie sich an Zweigen festklammern kann, während sie von ihnen herabhängt und sich in alle Richtungen verbiegt, um Insekten auf Blättern zu erbeuten. Grasmücken haben einen schmalen Schnabel, der sich bestens für die Jagd auf Raupen zwischen belaubten Ästen eignet. Vögel, die sich wie Fliegenschnäpper, Segler, Schwalben und Nachtschwalben fast ausschließlich von Insekten ernähren, haben einen breiten Schnabel, den sie zum Insektenfang im Flug weit öffnen können.

Manche Vögel haben einige Mühe, Nahrung zu finden. Rallenkraniche und Schneckenweihe sind besonders wählerisch – sie fressen fast nur Schnecken. Körner- und Früchtefressern fällt es oft schwer, im Winter Nahrung zu finden. Seidenschwänze und Kreuzschnäbel sind Nomaden. Sobald sie alle Zapfen oder Früchte in ihrem Brutrevier verzehrt haben, suchen sie an anderen Orten nach Nahrung.

SEI AKTIV!
Futterplatz

Für ein einfaches Futterhäuschen brauchst du eine große Plastikflasche, einen Stock oder ein Dübelholz, eine Schere und etwas Bindfaden.

1. Schneide gut 2 cm über dem Flaschenboden ein quadratisches Stück mit etwa 8 cm Seitenlänge heraus und ein ebenso großes Stück an der gegenüberliegenden Seite der Flasche.

2. Bohre unter diesen beiden Öffnungen ein Loch in die Flasche, in das dein Stock oder Dübelholz passt. Schiebe das Holz als Sitzstange für die Vögel durch diese Löcher.

3. Fülle den Boden des Behälters bis zur Höhe der Öffnungen mit Samen, Körnern, Obst oder Mehlwürmern. Befestige ein Ende des Bindfadens am Flaschenhals und hänge das Futterhäuschen an einen Baum.

Der in Malaysia und Thailand lebende Rhinozerosvogel streift auf der Suche nach Früchten und Nüssen durch die Wälder. Mit seinem gewaltigen Schnabel kann er auch große Früchte mühelos abpflücken und die harten Schalen von Nüssen knacken.

EINE SACHE DER METHODE

Manchmal muss ein Vogel sich anstrengen, um einen besonders schmackhaften Leckerbissen zu erbeuten. Der Austernfischer ernährt sich von Muscheln, die er am Strand und auf Schlammbänken findet. Er öffnet die Schalen von Muscheln und Austern mit seinem kräftigen, meißelähnlichen Schnabel, indem er auf den Muskel einsticht, der die Schalenhälften zusammenhält.

Der Feuerkopf-Saftlecker bohrt reihenweise kleine Löcher in die Rinde von safthaltigen Bäumen. Alle Löcher werden schräg gebohrt, damit der Saft heraustropfen kann. Der Vogel frisst den Saft und mit ihm alle an ihm klebenden Insekten, indem er ihn mit seiner borstenbesetzten Zunge aufleckt.

WÖRTERBUCH

Die Nachsilbe „vore" kommt vom Lateinischen vorare (verschlingen). Zoologen nennen Insektenfresser **INSEKTIVOREN** und Fruchtfresser **FRUKTIVOREN** (von lat. fructus = Frucht). **INVERTEBRATEN** oder Wirbellose heißen Tiere, die keine Wirbelsäule haben. In diesem Wort stecken zwei lateinische Wörter, nämlich in (nicht) und vertebra (Wirbel).

SCHON GEWUSST?

Zwischen manchen Tieren und Pflanzen besteht eine so enge Verbindung, dass sie sich gegenseitig beim Überleben helfen. So ist zum Beispiel der Kiefernhäher im Winter auf die Früchte der Zirbelkiefer angewiesen, die er im Spätsommer zu Tausenden vergraben hat. Die Früchte, die er nicht verzehrt, können im Frühjahr keimen. So entstehen neue Bäume, die künftige Generationen von Kiefernhähern mit Nahrung versorgen.

WEGWEISER

- Vögel haben keine Zähne. Wie verdauen sie Nahrung? Lies S. 75.
- Die Schnäbel der Vögel haben sich ihrer jeweiligen Nahrung angepasst. Mehr darüber steht auf S. 82–83.
- Manche Vögel sind Fleischfresser. Wie sie ihre Nahrung erbeuten, erfährst du auf S. 94–97.

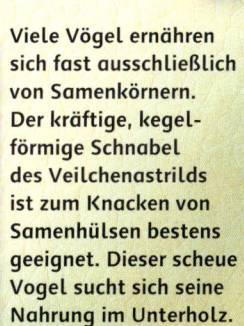

Viele Vögel ernähren sich fast ausschließlich von Samenkörnern. Der kräftige, kegelförmige Schnabel des Veilchenastrilds ist zum Knacken von Samenhülsen bestens geeignet. Dieser scheue Vogel sucht sich seine Nahrung im Unterholz.

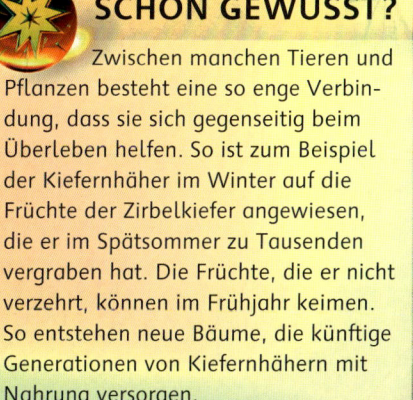

Viele Vögel fressen Insekten, aber das Erbeuten einer Biene kann mit einem schmerzhaften Stich verbunden sein. Der Bienenfresser hat eine Methode zur Lösung dieses Problems entwickelt. Er ergreift die Biene mit der Spitze seines langen Schnabels und entfernt den Stachel, indem er sie gegen einen Ast reibt. Bevor er die Biene frisst, quetscht er das Gift aus ihrem Körper heraus.

Kolibris wie etwa der Breitschnabelkolibri sind überaus aktiv. Um bei Kräften zu bleiben, müssen sie Tag für Tag fast so viel Nektar – süßen Blütensaft – zu sich nehmen, wie sie selbst wiegen. Kolibris können auf der Stelle schwirren und deshalb ihre langen Schnäbel ins Innere der trompetenförmigen Blüten hineinschieben, die ihnen ihre Nahrung liefern. Da sie auch rückwärts fliegen können, ist es ihnen möglich, den Schnabel auch wieder herauszuziehen.

Der auf den Galapagosinseln lebende Spechtfink ernährt sich von Maden, die er aus Holz herausholt. Aber im Gegensatz zu den Spechten hat er weder eine lange Zunge noch einen geeigneten Schnabel. Deshalb benutzt er einen Kaktusdorn oder einen Zweig, um seine Beute herauszustochern.

Der mit den Staren verwandte Gelbschnabel-Madenhacker verschafft sich seine Nahrung, indem er anderen Tieren hilft. Er ernährt sich von Ungeziefer, das auf der Haut und im Fell von Giraffen, Büffeln, Antilopen und Nashörnern lebt.

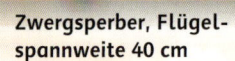

Zwergsperber, Flügel-
spannweite 40 cm

Sekretär 2 m

Andenkondor
3 m

Kraftvolle Jäger

Die Vögel, die Jagd auf lebende Beute machen, sind
fliegende Krieger. Sie sind stark und furchtlos und ihrer
Ernährungsweise hervorragend angepasst. Die besten
Jäger sind die Greifvögel, zu denen Adler, Habichte und
Bussarde gehören. Ihr Sehvermögen ist bis dreimal so gut
wie das der Menschen; deshalb können sie ein Beutetier
aus großer Höhe entdecken. Sie ergreifen und töten ihre
Beute mit ihren nadelscharfen Krallen oder töten sie mit
ihrem kräftigen, gekrümmten Schnabel und zerreißen sie
dann in handliche Bisse.

Auch Eisvögel, Reiher und Störche ernähren sich von
lebenden Tieren, und obwohl ihre Vorgehensweise weniger
dramatisch ist, sind auch sie geschickte Jäger. Sie machen
Jagd auf Fische, Frösche und andere Wassertiere. Dabei
helfen ihnen ein gutes Sehvermögen und blitzschnelle
Reflexe. Das trifft besonders bei Störchen zu. Sie ertasten
ihre Beute in schlammigem Wasser und reagieren mit einer
Geschwindigkeit von einigen Tausendstel Sekunden.
Seevögel wie die Skua machen Jagd auf andere Seevögel und fressen auch die Eier und die Jungen anderer
Arten. Skuas, Riesensturmvogel und Albatrosse fressen
nicht nur lebende, sondern auch tote Tiere. Genauso
wie die Geier, die sich gleichfalls von Aas ernähren.

INSIDESTORY

Jagd mit Falken

Die Falknerei ist ein Sport, der eine viele jahrhundertelange
Tradition hat. Ein Falkner richtet einen Falken oder einen
Habicht darauf ab, ein Beutetier zu fangen und es seinem
Herrn zurückzubringen. Dafür wird er mit Futter belohnt.
Vor der Erfindung zielsicherer Gewehre war die Falknerei
ein weitverbreiteter Sport, und die Falkner gehörten zu
den Ersten, die sich eingehend mit den
Gewohnheiten und Fähigkeiten der Vögel
beschäftigten. Heute gibt es nur noch sehr
wenige Falkner, und die Vögel sind
durch strenge Vorschriften
geschützt.

Der Azurfischer ist ein
geschickter Fischfänger.
Wenn er einen Fisch ent-
deckt hat, stürzt er sich mit
dem Schnabel voran ins
Wasser und ergreift ihn.

TÖDLICHE WAFFEN
Viele Greifvögel jagen bei Tag. Sie sind überaus
geschickte Jäger und ernähren sich von lebender
Beute, die sie mit ihren Füßen packen.

**Der Halsband-Zwergfalke verlässt sich beim Beutefang auf seine
Schnelligkeit. Er benutzt tote Bäume als Ansitz und stößt ganz
plötzlich auf sein Opfer herab. Der Halsband-Zwergfalke ist nur
knapp 20 Zentimeter lang. Er lebt auf der afrikanischen Savanne,
und zwar überall dort, wo Starweber oder Siedelweber heimisch
sind, in deren aufgegebenen Nestern er brütet.**

**Der Fischadler macht nur Jagd auf
Fische. Er lässt sich mit den Füßen
voran ins Wasser fallen, ergreift einen
sich windenden Fisch mit den Krallen,
die eine stachlige Unterseite haben,
und trägt ihn zum Fressen davon.**

WÖRTERBUCH

Das Wort **BEUTE** ist aus dem mittelhochdeutschen biute hervorgegangen. Als Beute wird nicht nur ein Tier bezeichnet, das von einem anderen Tier getötet wird, sondern auch der Gegenstand, den ein siegreicher Krieger in Feindesland „erbeutet".

Der **HAMMERKOPF** erhielt seinen Namen nach der Form, die sein Kopf hat, wenn man ihn im Profil betrachtet. Der gebogene Schnabel und der nach hinten gerichtete Schopf ähneln einem Hammer.

SCHON GEWUSST?

Die beiden nordamerikanischen Geierarten jagen auf unterschiedliche Weise. Der Truthahngeier versucht, den Geruch von Aas zu erschnüffeln. Der Rabengeier verlässt sich auf sein gutes Sehvermögen. Manchmal wartet der Rabengeier, bis der Truthahngeier etwas gerochen hat, und folgt zum Aas.

Das Revier des Mäusebussards erstreckt sich bis 240 Meter über der Erde. Er verjagt jeden Vogel, der in diese Zone eindringt.

WEGWEISER

- Wie schaffen es große Greifvögel, die in Gebirgsregionen leben, so hoch zu steigen und so lange in der Luft zu bleiben? Das steht auf S. 79.
- Vögel, die nachts auf die Jagd gehen, haben spezielle Techniken zum Aufspüren ihrer Beute entwickelt. Einzelheiten findest du auf S. 96–97.
- Einige Vogelarten wie etwa der Wanderfalke haben sich einem Leben in Innenstädten angepasst. Mehr darüber steht auf S. 102–103.

Im Jahre 1782 wurde der Weißkopf-Seeadler in den USA zum Vogel der Nation gewählt. Wegen seiner Verwegenheit gab man ihm den Vorzug vor dem Truthahn, seinem Rivalen um diese Ehre. Der Weißkopf-Seeadler ernährt sich überwiegend von Fischen, frisst aber gelegentlich auch Enten oder Aas. Wenn es sich gerade so ergibt, raubt er auch anderen Vögeln ihr Futter.

Wie alle Raubmöwen ist auch die Skua bei der Beschaffung von Nahrung nicht zimperlich. Sie überfällt Pinguinkolonien und erbeutet Eier und Jungtiere. Die meisten Skuas greifen auch andere Vögel an und versuchen, ihnen das Futter zu entreißen, das sie erbeutet haben.

Hammerköpfe sind kleine, storchenähnliche Vögel, die auf der afrikanischen Savanne leben. Sie ernähren sich in erster Linie von Fröschen, fressen aber auch Fische, Schalentiere und große Insekten. In Astgabeln in der Nähe ihrer Futterplätze bauen sie riesige Nester aus Schlamm und Pflanzenmaterial.

Der auf der afrikanischen Savanne lebende Sekretär macht Jagd auf Schlangen und andere Reptilien. Er ist gut 1 m hoch und schreitet, nach jedem Anzeichen von Bewegung Ausschau haltend, durch das Gras. Seine Krallen sind schwach und stumpf, aber sein Fußtritt ist so kräftig, dass er auf sein Opfer stampfen und ihm das Genick brechen kann.

Der Andenkondor legt auf der Suche nach toten Tieren wie Schafen oder Lamas lange Strecken in großer Höhe zurück. Sobald er einen Kadaver entdeckt hat, setzt er zum Sturzflug an. Im Gegensatz zu vielen anderen Arten sind Kondore zum Teilen bereit und streiten beim Fressen nur selten um ihren Anteil.

Fettschwalm   Käuzchenschwalm   Kagu   Höhlensittich

Nächtliche Beutezüge

Das Nachtsichtvermögen einer Eule ist so gut, dass sie eine Maus entdeckt, die tief unter ihr über den Waldboden rennt. Und wenn die Maus dabei im Laub raschelt, hört die Eule auch das. Einige Nachtvögel wie der in Höhlen lebende Fettschwalm orientieren sich im Dunkeln mithilfe einer Art Radar – sie geben Laute von sich, die von Gegenständen zurückgeworfen werden.

Vögel, die auf die Jagd gehen, wenn es dunkel wird, werden als dämmerungsaktiv oder nachtaktiv bezeichnet. Eulen, Käuzchenschwalme und Eulenschwalme haben ein graubraunes Gefieder, durch das sie am Tag mit ihrer Umgebung verschmelzen. Der in Australien lebende grüne Höhlensittich verbirgt sich im dichten Laub der Melde, die dort weite Flächen bedeckt. Wie der auf Neukaledonien heimische Kagu geben die meisten Nachtvögel unheimliche Laute von sich, die weit hörbar sind.

Vögel, die nachts auf die Jagd gehen, haben mehrere Vorteile. Ihre Beutetiere sind gleichfalls in der Nacht aktiver als am Tag. Fast alle ihre Feinde schlafen ebenso wie die meisten anderen Vögel, sodass sie nicht um Beute konkurrieren.

Wie viele Nachtvögel ist auch der Eulenschwalm am Tag kaum zu entdecken. Man kann ihn leicht für einen Teil des Astes halten, auf dem er sitzt – bis er seinen großen Schnabel öffnet.

Auch der Urutáu sieht am Tag wie ein Stück Holz aus. Er hat einen breiten, abgeflachten Schnabel, an dem ein paar Borsten sitzen, die ihm helfen, seine Beute in seinen Schnabel zu befördern. Urutáus stoßen oft von einem Ansitz auf Insekten herab.

höhere und äußere Ohröffnung | Nasenlöcher | Augenhöhle | innere Ohröffnung

Bei vielen Eulen sitzt das eine Ohr höher und ist größer als das andere. Aus der zeitlichen Differenz des auf beide Ohröffnungen auftreffenden Schalls wird die Richtung der Beute mit verblüffender Genauigkeit ermittelt.

Bei Eulen sind die Augen nach vorn gerichtet. Ihr beidäugiges Sehen hilft ihnen, Entfernungen abzuschätzen, aber da die Augen unbeweglich sind, müssen die Vögel den Kopf drehen.

beidäugiges Sehfeld von 70°

Gesamtsehfeld von 110°

WÖRTERBUCH

Das Sehen mit beiden Augen wird als binokulares Sehen bezeichnet. Das Wort **BINOKULAR** ist aus der lateinischen Vorsilbe bini (je zwei) und dem gleichfalls lateinischen Wort ocularis (die Augen betreffend) zusammengesetzt. Auch optische Geräte wie zum Beispiel Ferngläser und Mikroskope, durch die man mit beiden Augen hindurchsieht, werden Binokulare genannt.

SCHON GEWUSST?

Schleiereulen schlucken ihre Beute ganz hinunter. Die nicht verdaubaren Teile, Fett, Schädel und Knochen, würgen sie wieder aus. Wenn man ein solches „Gewölle" untersucht, kann man feststellen, was eine Eule gefressen hat.

Bei der Balz stößt die Falkennachtschwalbe aus großer Höhe herab und stoppt erst kurz vor dem Boden ab. Der durch ihre Federn rauschende Wind erzeugt ein dröhnendes Geräusch.

WEGWEISER

• Der Wappenvogel von Neuseeland ist nachtaktiv. Weißt du, wie er heißt? Es steht auf S. 80.
• Welcher nachtaktive Vogel hält Winterschlaf? Du erfährst es auf S. 115.

Ist das ein Gespenst am Nachthimmel? Nein, es ist nur eine Schleiereule, deren weiße Körperteile sich von der Dunkelheit abheben. Dennoch sind Schleiereulen unheimliche Tiere. Du hast dich kaum vom dem Schrecken erholt, eine zu sehen, da stößt sie vielleicht einen Schrei aus, der bewirkt, dass dir die Haare zu Berge stehen. Schleiereulen leben in offenem Gelände und sind über die ganze Welt verbreitet.

Obwohl der Nachtreiher auch am Tag aktiv ist, wartet er gewöhnlich den Sonnenuntergang ab, bevor er seinen Schlafplatz verlässt und auf Nahrungssuche geht. Das hat den Vorteil, dass er weniger mit anderen Reiherarten konkurrieren muss.

Eulen können lautlos auf ihre Beute herabstoßen, weil ihre äußeren Schwungfedern einen Fransensaum haben, der die Fluggeräusche fast vollständig verschluckt. Bei den meisten fliegenden Vögeln sind die Ränder der Schwungfedern glatt.

Eulen fressen mit Vorliebe Nagetiere. Sobald sie ein Beutetier entdeckt haben, gleiten sie lautlos herab. Sie strecken die scharfen, spitzen Krallen aus. Sie ergreifen das Tier und töten es, indem sie ihm den gekrümmten Schnabel ins Genick schlagen.

Weltreisende

Im Herbst verlassen viele Vögel ihre Brutplätze und ziehen in wärmere Gegenden, wo sie mehr Nahrung finden. Wenn dort das Wetter umschlägt, machen sie sich auf den Rückflug. Viele Vögel gehen alljährlich zur gleichen Zeit auf die Reise. Sobald die Tage in ihrem Brutgebiet kürzer werden, wissen sie, dass die Zeit für den Flug in wärmere Gegenden gekommen ist.

Es gibt Vögel, die in großen, aus einer oder mehreren Arten bestehenden Schwärmen ziehen, denen sowohl Neulinge als auch erfahrene Zugvögel angehören. Andere wie etwa der Kuckuck fliegen allein. Wenn sie anderen Alleinreisenden begegnen, tauschen sie Rufe aus. Kleine Vögel fliegen überwiegend nachts, weil dann die meisten ihrer Feinde schlafen und es außerdem kühler ist und sie deshalb weniger leicht ermüden.

Vögel können hervorragend navigieren. Manche Arten orientieren sich an der Sonne, dem Mond und den Sternen. Andere halten Ausschau nach auffälligen Landmarken wie Gebirgen oder Küstenlinien. Felsentauben und einige andere Arten verfügen über einen winzigen magnetischen Kristall in ihrem Kopf, der möglicherweise wie ein Kompass auf das Magnetfeld der Erde reagiert und ihnen die Richtung weist. Nicht alle Vögel sind Zugvögel. Ungefähr die Hälfte aller Arten sind Standvögel, die sich zeitlebens nie weit von ihrem Heimatrevier entfernen.

INSIDESTORY

Reiserouten

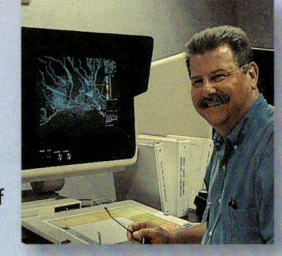

Als Junge beobachtete Sidney Gauthreaux den Zug von Tausenden von Vögeln, darunter Vireos, Waldsänger, Tyrannen und Kuckucke, die nach ihrem Flug über den Golf von Mexiko hungrig und erschöpft auf dem nordamerikanischen Kontinent eintrafen. Damals nahm er sich vor, den Vogelzug gründlicher zu untersuchen. In den 1950er-Jahren wurden Radarstationen zur Wetterbeobachtung eingesetzt. Das bot Gauthreaux die Chance, die Reisewege der Vögel zu verfolgen, denn selbst der kleinste Vogel war auf dem Bildschirm zu erkennen. Heute arbeitet Gauthreaux mit einem noch leistungsfähigeren System, das NEXRAD (Next Generation Radar) genannt wird. Seine Beobachtungen haben ergeben, dass heute weniger Vögel den Golf von Mexiko überfliegen als um 1960. Das deutet darauf hin, dass bei manchen Arten die Bestände schrumpfen und die Vögel geschützt werden müssen.

WÖRTERBUCH

Das Wort **NAVIGIEREN** ist vom lateinischen navigare abgeleitet, das „mit einem Schiff fahren" bedeutet.

RADAR kann Objekte orten, indem es Radiowellen aussendet und die Zeit misst, die vergeht, bis ein Echo dieser Wellen eintrifft. Das Wort Radar ist die Abkürzung von (Ra)dio (D)etecting (a)nd (R)anging (Ortung und Entfernungsmessung mit Funkwellen).

SCHON GEWUSST?

Alpenstrandläufer, Knutte und andere kleine Zugvögel wurden in Höhen von fast 6500 Metern beobachtet. Ein Pilot, der in einer Höhe von 7300 Metern über die Äußeren Hebriden flog, stellte fest, dass er den Luftraum mit einem Schwarm Singschwäne teilte.

Als ein Schwarzschnabel-Sturmtaucher von England in die USA gebracht und dort freigelassen wurde, legte er den Heimweg – gut 5000 km über den Atlantik – in nur 12 Tagen zurück.

WEGWEISER

- Auftrieb, Luftwiderstand und Aufwinde sind Begriffe aus der Welt des Fliegens. Was sie bedeuten, erfährst du auf S. 78–79.
- Werden Vögel als Flieger geboren? Die Antwort steht auf S. 90–91.
- Manche Vögel legen täglich lange Strecken zurück, besonders Seevögel auf Nahrungssuche. Wie leben sie über den Ozeanen? Lies dazu S. 104–105.

ORIENTIERUNGSHILFEN

Experimente mit Arten, die wie Ammern und Grasmücken nachts ziehen, haben ergeben, dass Vögel, die im Frühling auf ihrem Zug nach Norden eingefangen und dann in ein Planetarium gebracht wurden, in die Richtung des Polarsterns zu fliegen versuchten – ganz gleich, wo der Stern an der Kuppel stand.

Kreisch-bekassine

Zimtkolibri

Isabell-brachvogel

Rauchschwalbe

Reisstärling

Kuckuck

Die meisten Zugvogelschwärme benutzen bestimmte Routen, die an Küstenlinien entlang und über Landmassen führen. Lange Flüge über Wasser werden ebenso vermieden wie das Überqueren hoher Gebirge. Die Hauptzugstrecken verlaufen zwischen Nord- und Südamerika, Eurasien und Afrika sowie zwischen Ostasien und Australien. Nur einige wenige Arten fliegen auf schwierigeren Routen.

Um die Theorie zu testen, dass manche Arten nach dem Magnetfeld der Erde navigieren, wurde am Kopf einer Taube ein kleiner Magnet angebracht. Als Folge kam der Vogel von der Route ab. Ein nicht magnetisiertes Stück Messing dagegen beeinträchtigte das Orientierungsvermögen der Taube nicht.

Manche Zugvögel lernen die Zugrouten von ihren Eltern oder anderen Altvögeln. Kanadakraniche und Raubseeschwalben folgen ihren Eltern von Kanada bis in den Süden der Vereinigten Staaten und verständigen sich dabei durch Rufe.

Es gibt Aspekte des Vogelverhaltens, die wir uns bis heute nicht erklären können. So fliegen zum Beispiel Nonnengänse auf ihrem Zug von Grönland nach Europa und zurück in einer V-Formation. Die Ornithologen wissen nicht, warum sie und andere Vogelarten das tun. Einige glauben, dass die Flügel des Leitvogels Luftstrudel und damit Aufwinde erzeugen, die den nachfolgenden Vögeln das Fliegen erleichtern. Andere Wissenschaftler sind der Ansicht, dass die Vögel in einer V-Formation fliegen, um deutlicher sehen zu können, was vor ihnen ist.

Flüsse, Berge und Küstenlinien scheinen den tagsüber ziehenden Vögeln bei der Orientierung zu helfen. Viele dieser Landmarken verlaufen von Norden nach Süden.

Fotoapparat   Teleobjektiv   Fernglas   Kassettenrekorder   Notizbuch

Vogelbeobachtung

Viele Leute, die sich intensiv mit Vögeln beschäftigen, sind Amateure. Sie leisten wertvolle Arbeit und helfen mit, Vögel zu identifizieren und zu schützen. Es gibt auch Musiker, die sich vom Gesang der Vögel inspirieren lassen, und die herrlichen Gefiederfarben faszinieren Maler und Fotografen. Das Beobachten von Vögeln ist ein interessantes Hobby, dem man sich so nebenbei oder so intensiv widmen kann, wie man will.

Es gibt Leute, die ihr Wochenende in einem Naturschutzgebiet verbringen. Aber sie begnügen sich nicht damit, die Vögel nur zu beobachten. Sie nehmen ihren Gesang auf und versuchen, die verschiedenen Arten zu identifizieren, was nicht immer einfach ist. Was diese Amateure herausgefunden haben, kann Ornithologen helfen, Vögel besser zu verstehen, und auch den Leuten, die sich für den Schutz und die Habitate der Vögel einsetzen.

Vergiss nie, dass Vögel scheu sind und du dich deshalb ganz still verhalten musst, wenn du sie beobachtest.

DIE WICHTIGSTEN REGELN

Vögel beobachten macht Spaß und ist spannend, aber es gibt ein paar feste Regeln, die man beachten sollte.

1. Immer den gesunden Menschenverstand benutzen und nichts tun, was Vögeln, anderen Tieren und Pflanzen oder Menschen schaden könnte.
2. Vögel nie aufscheuchen. Von Nestern und Brutkolonien fern bleiben. Man kann Vögel beobachten und fotografieren, ohne sie zu stören.
3. Wer Vögel mit Bandaufnahmen anlockt, sollte sie nicht zu oft abspielen.
4. Vögel und ihre Eier dürfen niemals angefasst werden, es sei denn, man arbeitet mit Experten an einem Forschungsprojekt.
5. Warm anziehen, weil die besten Zeiten zum Beobachten der frühe Morgen und die Abenddämmerung sind, wo es kühl sein kann.

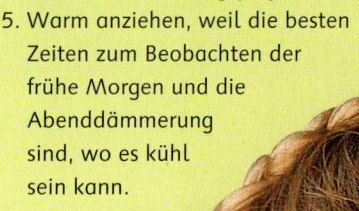

INSIDESTORY
Eine Welt ohne Gesang

1962 veröffentlichte die amerikanische Biologin Rachel Carson ein Buch mit dem Titel „Der stumme Frühling". Darin wies sie darauf hin, dass viele Vogelarten von Insektiziden vergiftet worden waren. Carson schrieb: „Frühmorgens, wo früher Drosseln, Tauben, Häher, Zaunkönige und Dutzende weiterer Vögel sangen, gurrten oder

kreischten, war jetzt kein Laut mehr zu hören; es herrschte Totenstille." Wenn Vögel von Pflanzenschutzmitteln vergiftete Insekten fressen, werden sie krank oder können sich nicht mehr fortpflanzen. Carson wies darauf hin, dass derartige Gifte in die Nahrungskette gelangen und viele Lebewesen schädigen können. Ihr Buch bewirkte, dass einige Insektizide verboten wurden und sich mehr Menschen für den Schutz der Umwelt einsetzten.

Viele Vögel sind vom Aussterben bedroht. Einige Arten konnten nur überleben, weil Wissenschaftler und Amateure ihre Bestände und ihre Habitate sorgfältig überwachten.

1986 wurde in Thailand ein Paar Goldkehlpittas entdeckt. Diese Art war seit 1952 nicht mehr gesehen worden. Dann wurden 30 weitere Paare entdeckt. Heute schützen Farmer und Naturschützer die Habitate gemeinsam.

WÖRTERBUCH

Für den **NATURSCHUTZ** haben sich seit ein paar Jahrzehnten immer mehr Menschen eingesetzt. Regierungen, nationale und internationale Organisationen haben dafür gesorgt, dass bestimmte Gebiete unter Schutz gestellt wurden. Inzwischen gibt es auch spezielle Vogelschutzgebiete.

SCHON GEWUSST?

Einst gab es so viele Wandertauben, dass ihre Schwärme den Himmel über dem Osten von Nordamerika verdunkelten. Der berühmte Vogelkundler John James Audubon (1785–1851) beobachtete einmal einen Schwarm, der drei Tage brauchte, um über ihn hinwegzufliegen. Aber um 1900 war die Wandertaube ausgestorben, weil Milliarden als Fleischlieferanten abgeschossen worden waren.

WEGWEISER

- Möchtest du mehr über Vogelschutz wissen? Dann lies S. 102.
- In Neuseeland gibt es viele seltene Vögel, die zumeist Bodenbewohner sind. Einzelheiten stehen auf S. 80–81.
- Die Schnabelform eines Vogels ist ein Hinweis darauf, wo und wie er lebt. Welche Wasservögel haben eigentümlich geformte Schnäbel? Schlag nach auf S. 82–83 und S. 104–105.

Goldstirntrupial, lebt in Nord- und Mittelamerika

Scheitel und Augenumrandung schwarz mit orangefarbenem Streifen

Flügeldecke weiß

Unterseite orange

äußere Schwanzfedern orange

Es gibt Vögel, die sich sehr ähnlich sehen, aber nicht nahe miteinander verwandt sind. So gehören zum Beispiel der Mangrovepirol und der Pirol zur Familie der Pirole, die in Europa, Asien, Afrika und Australien leben. Die ganz ähnlich gefärbten und gezeichneten Trupiale, darunter der Orangekopftrupial und der Goldstirntrupial, sind in Nord- und Südamerika beheimatet und gehören zur Familie der Stärlinge. Um herauszufinden, welchen Vogel du entdeckt hast, mache dir Notizen über den Ort, an dem du ihn gesehen hast, und über seine besonderen Kennzeichen, zum Beispiel Flügelzeichnung, Länge und Form des Schwanzes, Farbe des Gefieders und Größe und Körperbau. Später kannst du in einem Bestimmungsbuch nachschlagen und feststellen, welcher Art der Vogel angehört, den du beobachtet hast.

Schnabel rotbraun

Augenstrich schwarz

Körper leuchtend gelb

Flügel schwarz mit gelben Säumen

Pirol, lebt in Europa und Afrika

Scheitel orange

Flügel schwarz mit gelbem Fleck

Orangekopftrupial, lebt im Norden von Südamerika

Körper dunkelgelb

Auge rot

Mangrovepirol, ist von Neuguinea bis Nordaustralien verbreitet

Körpergefieder olivgrün mit feinen schwarzen Streifen an Kopf und Brust

Schwanz schwarz mit olivgrünen Rändern und weißen Spitzen

Das Thermometerhuhn bebrütet seine Eier, indem es sie unter Laubhaufen vergräbt. Sein Bestand ging zurück, als Farmer das Land rodeten und das Laub verbrannten. Heute gibt es Schutzgebiete.

In den 1970er-Jahren war der Kalifornische Kondor fast ausgestorben. Um die Art zu erhalten, fingen Wissenschaftler Paare ein und versorgten sie, während sie ihre Jungen aufzogen. Die Jungvögel wurden freigelassen.

Rauchschwalbe   Schwarzmilan   Elster   Haussperling

Stadtbewohner

Die Vögel haben Millionen von Jahren gebraucht, um sich ihrer natürlichen Umwelt anzupassen. Was passiert, wenn sich die natürliche Umwelt plötzlich verändert? Verkehrsreiche Städte mit zahllosen Gebäuden und Menschen gibt es erst seit rund 150 Jahren. Die Vögel hatten nur wenig Zeit, sich an sie zu gewöhnen.

Manche Arten konnten sich dem Stadtleben nicht anpassen. Sie wanderten in andere Regionen ab oder starben aus. Aber viele andere fühlten sich in ihrer neuen Umgebung wie zu Hause. Haussperlinge sind in Städten auf der ganzen Welt anzutreffen. In Parks und Gärten versammeln sich Sprelinge und Elstern, weil sie im aufgelockerten Boden leicht Würmer finden. Andere picken die Krumen vom Frühstück von Büroangestellten auf oder fressen den Leuten sogar aus der Hand. Schwarzmilane durchwühlen Abfälle nach Fressbarem.

Großstädter versuchen oft, ihre Stadt so vogelfreundlich wie möglich zu machen. Sie schaffen Vogelbäder und hängen Futterhäuschen und Nistkästen auf. Vielerorts gibt es auch Flächen, die nicht besiedelt werden dürfen, damit die Vögel dort ungestört leben und nisten können. In solchen Vogelschutzgebieten siedelt sich oft eine Vielzahl von Arten an.

Im Central Park, der mitten in New York liegt, wurden fast 300 Vogelarten gezählt. Einige von ihnen leben das ganze Jahr über dort, aber die meisten sind Zugvögel. Zu den Arten, die im Central Park beobachtet wurden, gehören Felsentauben, Wanderdrosseln, Spottdrosseln und Virginia-Uhus. Man konnte sogar Wanderfalken entdecken, die auf den Simsen der Hochhäuser nisteten. Diese Vögel wurden in den 1960er-Jahren in die Stadt umgesiedelt. Man brachte ihnen bei, die Simse zu benutzen, weil sie in ihren natürlichen Lebensräumen wegen des Einsatzes von Pestiziden vom Aussterben bedroht waren.

Spottdrossel

INSIDESTORY

Zählappell

In vielen Städten überall auf der Welt gibt es Organisationen, die sich um die Vogelbestände kümmern. Mithilfe deiner Eltern kannst du vielleicht eine solche Organisation ausfindig machen. In Nordamerika gibt es ein Programm, das sich „Projekt Futterhäuschen" nennt und an dem sich Tausende von Menschen beteiligen, indem sie melden, welche Arten die Futterhäuschen in ihren Gärten aufsuchen. Solche Programme ermöglichen es den Ornithologen, den Gesundheitszustand der verschiedenen Arten zu überwachen und außerdem die Ausbreitung zu verfolgen. Aber das Zählen von Vögeln ist nicht so einfach, wie du vielleicht glaubst. Wenn du in einer Stunde 15 Meisen siehst, bedeutet das nicht automatisch, dass dir 15 Vögel dieser Art einen Besuch abgestattet haben, denn einige von ihnen können im Verlauf dieser Stunde zwei- oder dreimal gekommen sein.

Wanderfalke

Stockenten

WÖRTERBUCH

Das Wort **FALKE** ist auf das althochdeutsche falco zurückzuführen, was „fahl" bedeutet und sich auf das graubraune Gefieder dieser Vögel bezieht.

In der Vogelkunde spielen Amateure eine wichtige Rolle. Das Wort **AMATEUR** kommt von amator, dem lateinischen Wort für „Liebhaber" und bezeichnet jemanden, der etwas aus Liebhaberei, als Hobby tut.

SCHON GEWUSST?

Einer Sage zufolge wurde das Kapitol in Rom durch eine Schar Gänse gerettet, als die Goten im 4. Jahrhundert n. Chr. in die Stadt eingedrungen waren. Die Gänse hörten die feindlichen Soldaten und schnatterten so laut, dass die Römer aufwachten.

Die Spottdrossel kann den Gesang jedes anderen Vogels so exakt nachahmen, dass niemand sagen kann, welcher Vogel in Wirklichkeit singt.

WEGWEISER

• Du willst ein einfaches Futterhäuschen bauen? Lies S. 92.
• Welche Ausrüstung braucht man zur Vogelbeobachtung? Du erfährst es auf S. 100–101.
• Möwen sind Seevögel, die sich einem Leben in der Stadt gut angepasst haben. Wenn du mehr über Seevögel erfahren willst, lies S. 104–105.

Felsentauben

Wanderdrossel

Virginia-Uhu

Hausgimpel

MENSCHEN ALS HELFER

Das Stadtleben ist für Vögel nicht einfach, aber häufig helfen Menschen, ihnen das Leben leichter zu machen.

Viele Waldvögel, die in die Stadt ausgewandert sind, profitieren von der harten Arbeit der Gartenbesitzer. Dieses Rotkehlchen sucht in frisch aufgegrabener Gartenerde nach Würmern.

Vögel sind in der Stadt vielen Gefahren ausgesetzt. Sie können mit Autos oder Stromleitungen kollidieren oder von Katzen angegriffen werden. In vielen Städten gibt es Rettungsdienste, die sich um verletzte Vögel kümmern. Dieser Adler wird auf eine Operation vorbereitet.

Die Witwenpfeifgans ist normalerweise ein scheuer Vogel, aber in den Parks der südafrikanischen Stadt Durban hat sie sich an Menschen gewöhnt und frisst ihnen sogar aus der Hand.

An den Meeresküsten

Ozeane und Meere umgeben das Land, und überall, wo es Salzwasser gibt, finden sich Orte, wo Vögel leben: steile Klippen,
tropische Riffe, Inseln, Mangrovensümpfe und Marschen. Die
Vögel suchen diese Orte auf, weil sie dort reichlich Nahrung
und günstige Wetterbedingungen vorfinden.
Zur Nahrungsbeschaffung haben die Vögel sehr unterschiedliche
Methoden entwickelt. Regenpfeifer und Strandläufer suchen
an der Küste im Sand versteckte Schalentiere. Möwen
stoßen herab, um ihre Nahrung an der Wasseroberfläche
zu erbeuten. Seeschwalben tauchen in seichtem Wasser
nach Fischen. Auch Blaufußtölpel und Basstölpel sind
gute Taucher. Manche Tölpel stoßen aus 30 m Höhe
herab, um sich einen Fisch aus dem Wasser zu holen.
Kormorane tauchen von der Wasseroberfläche aus und
suchen mit dem Schnabel den Grund der Küstengewässer
nach Nahrung ab.
Die Hudsonschnepfe hat einen langen, nach oben
gebogenen Schnabel, der sich bestens zum Herumstochern
im Schlamm eignet. Wie sein Name besagt, dreht der
Steinwälzer mit dem Schnabel Steine um, damit er an
die darunter liegende Nahrung gelangt. Der Stelzenläufer
watet auf seinen extrem langen Beinen in ruhigen
Gewässern auf Nahrungssuche umher.

An den Küsten des Mittelmeers zwischen
dem Süden Europas und Nordafrika gibt es
eine dichte Vegetation aus kleinen immer-
grünen Sträuchern und Heidekrautgewächsen.
Diese Pflanzen bieten vielen Vögeln sichere
Nistplätze. Zwergseeschwalben legen ihre Eier
auf dem Geröll an der Küste ab, wo sie gut getarnt sind. Auch Klippen sind beliebte Nistplätze.
Auf manchen Inseln gibt es riesige Kolonien
von Gelbschnabel-Sturmtauchern. Sie nisten in
Löchern und Spalten in den Felsen.

Basstölpel

Zwergseeschwalb

INSIDESTORY
Dauergäste

Ilsa Craig ist eine Insel vor der Küste von
Schottland und gleichzeitig der älteste
bekannte Nistplatz der Basstölpel. Unter
Anleitung des Ornithologen Dr. Bernard
Zonfrillo von der Universität Glasgow
haben Forscher seit vielen Jahren Tölpel
auf Ilsa Craig mit nummerierten Leichtmetall-Fußringen versehen. Einige dieser beringten Vögel wurden fast 2000 Kilometer
entfernt im Mittelmeerraum gesichtet. Aber Dr. Zonfrillo fand
heraus, dass seine Tölpel jedes Jahr auf die Insel
zurückkehren und oft an derselben Stelle
nisten wie in den Vorjahren.

DER RUF DER MEERE

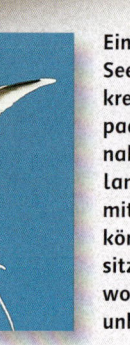

Einige Vögel leben fast nur auf
See. Rotschnabel-Tropikvögel
kreisen, entweder allein oder
paarweise, über den äquator-
nahen Meeren. Sie haben
lange, spitz zulaufende Flügel,
mit denen sie schnell fliegen
können, aber ihre kurzen Beine
sitzen weit hinten am Körper,
wodurch sie an Land sehr
unbeholfen sind.

Papageitaucher leben
in großen Kolonien in
der Nähe der Küsten des
Nordatlantiks. Ihre Nah-
rung finden sie im Meer,
wo sie dicht unter der
Oberfläche schwimmende
Fische erbeuten. Einen
Teil ihrer Beute tragen sie
in ihren gezähnten Schnä-
beln zu ihren Nistplätzen
und füttern damit ihre
Jungen.

WÖRTERBUCH

Als **TÖLPEL** bezeichnet man einen dummen, ungeschickten Menschen. Die zur Familie der Tölpel gehörenden Vögel erhielten ihren Namen von Seeleuten, die sich über die Balztänze amüsierten, bei denen die Tiere mit dem Schnabel zu fechten scheinen.

Viele Vögel und ihre Eier weisen eine **TARNFÄRBUNG** auf. Sie sind so gefärbt und/oder gezeichnet, dass sie in ihrer Umgebung kaum zu entdecken sind.

SCHON GEWUSST?

Die am Nordatlantik lebenden Tordalken ähneln Pinguinen, aber sie können fliegen – jedenfalls meistens. Bei der Mauser verliert ein Tordalk all seine Flugfedern gleichzeitig. Deshalb kann er, bis neue Federn nachgewachsen sind, 45 Tage lang nicht fliegen.

Pelikane und Kormorane haben Luftsäcke unter der Haut und können sich deshalb auf dem Wasser treiben lassen.

WEGWEISER

- Welcher Vogel hat die größte Flügelspannweite aller Vögel? Die Antwort steht auf S. 78–79.
- Welcher Seevogel kann nicht fliegen, dafür aber hervorragend schwimmen? Schlag nach auf S. 80–81.

Gelbschnabel-Sturmtaucher

Kiebitz-regenpfeifer

Kormorane

Säbelschnäbler

Großer Brachvogel

Sandregen-pfeiffer

Weißkopfmöwe

Auf der Nordhalbkugel gibt es keine Pinguine, aber die in der Arktis lebenden Krabbentaucher sehen ihnen sehr ähnlich. Im Gegensatz zu den Pinguinen können die Krabbentaucher fliegen.

Der Südliche Riesensturmvogel ernährt sich von toten Fischen und anderen toten Tieren. Aasfressende Seevögel folgen oft Fischerbooten in der Hoffnung, etwas von ihrem Fang oder Abfälle, die Besatzungsmitglieder über Bord werfen, zu erbeuten.

Halsband-
Feinsänger

Schwanzmeise

Blauschwanzpitta

Kragenhuhn

Im Waldesinnern

Waldgebiete sind vielfältig und voller Leben. Sie machen einen friedlichen Eindruck, und man könnte glauben, ein Wald wäre wie der andere. Aber wenn man genauer hinschaut, erkennt man, dass jeder Wald eine Welt für sich ist. Sogar auf relativ kleinem Raum gibt es viele verschiedene Bäume und damit Lebensräume für viele verschiedene Vogelarten. Einige von ihnen leben in den unteren Stockwerken der Bäume und auf dem Waldboden, andere bevorzugen die Kronen.

Rot-
kehlchen

In den Wäldern Europas und Nordamerikas sind Eichen, Buchen und Ahorn die am häufigsten vorkommenden Laubbäume. Sie werfen im Herbst ihre Blätter ab. Wenn im Frühjahr die neuen Blätter erscheinen, kehren die Zugvögel zurück, weil sie dann ein reiches Nahrungsangebot vorfinden. Auch die Greifvögel kommen in die Wälder zurück, weil jetzt viele Vögel dort leben, die sie erbeuten können. Im Frühjahr und Sommer nisten die Waldvögel und ziehen ihre Jungen auf.

Bevor im Herbst die Blätter zu fallen beginnen, fressen die Vögel so viel sie können. Sie legen sich Fettpolster zu, von denen sie auf ihrem langen Zug in wärmere Gegenden zehren können. Nicht alle Waldvögel ziehen in ferne Länder. Diejenigen, die bleiben, haben Mühe, im Winter genügend Nahrung zu finden, und manchmal sieht man kleine Gruppen aus verschiedenen Arten, die sich zusammengetan und auf der Nahrungssuche einen Baum unter sich aufgeteilt haben.

SEI AKTIV!

Ein Waldspaziergang

Vögel können sich auf Bäumen verstecken, nach Nahrung suchen und nisten. Ihr Gefieder ist zumeist so gefärbt, dass sie mit ihrer Umgebung verschmelzen und deshalb schwer zu entdecken sind. Diese Tarnfärbung schützt sie vor Feinden. Der erste Hinweis auf die Anwesenheit eines Vogels ist oft sein Ruf. Wenn du einiges über seine Gestalt, seine Farbe und seine Gewohnheiten weißt, wirst du ihn vielleicht entdecken. Viele Naturschutz-Organisationen veranstalten Vogelwanderungen, auf denen du von Fachleuten eine Menge lernen kannst. Du kannst natürlich auch allein losziehen, ausgerüstet mit einem Bestimmungsbuch, einem Fernglas, einem Notizbuch und einem Stift. In einem Bestimmungs-buch sind Gewohnheiten, Aussehen und Lebens-räume von Vögeln genau beschrieben. Bevor du aufbrichst, solltest du eine Liste der Vögel auf-stellen, die du beobachten willst. Wenn du einen Vogel entdeckst, mach schnell eine Zeichnung oder halte seine Kennzeichen in deinem Notizbuch fest. Vielleicht ist dieser erste Ausflug der Beginn einer Karriere als Vogelbiologe!

Waldschnepfe

📖 WÖRTERBUCH

KLEIBER heißt der kleine Klettervogel vermutlich nach dem altdeutschen Wort kleiber (jemand, der eine Lehmwand herstellt), weil der Vogel den Eingang zu seiner Bruthöhle mit Lehm enger macht.

Bäume, die im Herbst ihre Blätter verlieren und im Frühjahr neu austreiben, werden **LAUBWERFENDE** Bäume genannt.

✴ SCHON GEWUSST?

Das Kragenhuhn hat eine einzigartige Methode, sein Revier zu markieren. Es setzt sich auf einen hohlen Baumstamm und schlägt sich die Flügel gegen die Brust. Das Geräusch, das dabei entsteht, hört sich an wie eine Trommel. Wenn dieses dumpfe Trommeln durch den Wald schallt, wissen die Artgenossen, dass dieses Revier besetzt ist.

🎺 WEGWEISER

- Der Sperber ist ein Greifvogel. Mehr über Greifvögel steht auf S. 94–95.
- Spottdrossel und Wanderdrossel sind Waldvögel, die auch in einer großen Stadt leben können. Wie haben sie sich angepasst? Lies dazu S. 102–103.

LEBENSWICHTIGER GESANG

Der Gesang und die Rufe von Vögeln sind Botschaften, genau wie die Laute und Worte von Menschen. Vögel geben Töne von sich, um auf Gefahr aufmerksam zu machen, ihr Revier zu verteidigen oder einen Partner anzulocken.

In den flussnahen Wäldern im Süden der USA erschallt der melodische Gesang des Zitronenwaldsängers.

Männliche Einsiedlerdrosseln beginnen ihren Gesang mit einem klaren Ton. Dann gehen sie zu auf- und absteigenden Tönen über, die sich anhören, als spielte jemand auf einer Flöte.

Wenn die Nacht hereinbricht, singen männliche Nachtigallen, um ihr Revier zu markieren und eine Partnerin zu bezaubern.

Zaunkönig

Misteldrossel

Sperber

Blaumeise

Ein Wald scheint ein friedvoller Ort zu sein, aber der Anschein trügt. Einer seiner Bewohner, der Sperber, greift kleine Vögel ohne jede Vorwarnung an. Er hat kurze, abgerundete Flügel, die es ihm ermöglichen, zwischen den Bäumen umherzufliegen. Die Vögel im Wald besetzen alle Stockwerke. Es kann sein, dass du Drosseln oder Waldschnepfen siehst, die auf dem Boden nach Nahrung suchen, oder Zaunkönige, die ein, zwei Meter über ihnen im ersten Stock auf Insektenfang sind. Blaumeisen leben in den oberen Stockwerken und Rotkehlchen in den mittleren.

Wenn du im Wald viele „twit-twit-twit"-Laute hörst, könnte es sich um eine Schar von Kleibern handeln. Diese behänden Vögel flattern an den Baumstämmen auf und nieder und warnen sich gegenseitig vor drohenden Gefahren.

Großtinamu Sonnen- Hoatzin Cayenneklippenvogel
ralle

Im Dschungel

Es gibt Orte auf der Erde, an denen möglicherweise Vögel leben, die bisher noch kein Mensch gesehen hat. Das sind die dichten tropischen Regenwälder in Mittel- und Südamerika, Südasien, Nordaustralien und Zentral- und Westafrika. Sie sind die Heimat von fast der Hälfte aller Lebewesen auf der Erde. Aber die Regenwälder schrumpfen in einem beängstigenden Tempo, weil immer mehr Bäume gefällt werden.

In den tropischen Regenwäldern gibt es keine Jahreszeiten. Es herrscht entweder Regen- oder Trockenzeit. Deshalb gibt es dort üppig wuchernde Bäume, die bis zu 60 Meter hoch werden können und die oft leuchtend bunte Blüten tragen. Schlingpflanzen winden sich um ihre Stämme, und über dem Blätterdach der Kronen, ziehen Greifvögel ihre Kreise. Je mehr man sich dem Boden nähert, desto dunkler wird es. Schatten liebende Bäume bilden das Obergeschoss, in dessen dichtem Laub und gesprenkeltem Sonnenlicht bunt gefärbte Vögel wie die südamerikanischen Trogons nach Blüten und Insekten suchen. Die Sträucher und das tote Laub, das den Waldboden bedeckt, erreicht kein Sonnenlicht. Hier wimmelt es von Insekten, die Vögeln wie den Großtinamu reiche Nahrung bieten. Wo es Wasserläufe gibt, gehen Sonnen-rallen auf Froschfang.

Im Dachgeschoss der mittel- und südamerikanischen Regenwälder leben zahlreiche Vögel wie zum Beispiel die Harpyie. Hier gibt es Sonne, Wärme und Nahrung im Überfluss. Auch Arten wie der Braunkappen-Arassari, der Langzehen-Faulvogel, der Adlerschnabel-Kolibri und der Blauscheiteltrogon leben auf Bäumen. Einige von ihnen haben ein buntes Gefieder, sind aber zwischen dem grünen Laub und dem einfallenden Sonnen-licht nur schwer zu entdecken. Die bekanntesten Vögel der tropischen Regenwälder sind vermutlich Papageien.

Hyazinthara

INSIDESTORY

Von Stimmen umgeben

Ted Parker (1953–1993) arbeitete für den internationalen Naturschutz. Er zeichnete Vogelstimmen überall auf der Welt auf und hatte schließlich eine Sammlung der Rufe und Gesänge von über 4000 Arten. Sein Hauptarbeitsgebiet waren die Regenwälder und Gebirgsregionen Südamerikas. Hier lebt mehr als ein Drittel aller Vogelarten. In diesen schwer zugänglichen Regionen entdeckte Parker viele Arten, von deren Existenz niemand etwas gewusst hatte. Seine Untersuchungen lieferten Anhaltspunkte dafür, welche Gebiete und welche Vogelarten unbedingt unter Schutz gestellt werden müssten.

ALARMSIRENEN AUS DER WILDNIS

Jeden Tag werden rund 87 000 Hektar Regenwald vernichtet. Das entspricht ungefähr der Fläche der amerikanischen Stadt New York. Tiere werden ihres Lebensraums beraubt und sind vom Aussterben bedroht. Da die tropischen Regenwälder so dicht sind, können sogar Arten aussterben, bevor die Wissenschaftler Gelegenheit hatten, sie zu Gesicht zu bekommen. Damit sich die Lage nicht noch weiter verschlimmert, haben manche Länder bestimmte Regionen unter Schutz gestellt. Das könnte einige Arten von tropischen Vögeln und andere Tiere vor dem Aussterben bewahren.

Der scheue Riesen-turako lebt in West- und Zentralafrika. Die Regenwälder in diesem Gebiet werden abgeholzt und in Ackerland umgewandelt, auf dem Nahrung für die fast eine Milliarde Menschen in Afrika angebaut werden kann.

WÖRTERBUCH

Bei dem Wort **DSCHUNGEL** denkt man an dichte und üppige tropische Regenwälder. Es ist jedoch von altindisch jangala abgeleitet, das Wüste bedeutet.

HOATZIN ist ein Wort aus der Nakuatl-Sprache, die einst von den Azteken in Mexiko und Mittelamerika gesprochen wurde. Aus dieser Sprache stammen auch Wörter wie Kojote und Schokolade.

SCHON GEWUSST?

Ein balzender Cayenneklippenvogel ist ein erstaunlicher Anblick. Er klappt seine Federkrone so weit nach vorn, dass sie seinen Schnabel bedeckt.

Wegen seines abwärts gekrümmten Schnabels kann der Adlerschnabelkolibri weniger gut auf der Stelle verharren als andere Kolibris. Um sich Nektar zu holen, muss er auf den Blüten herumklettern.

WEGWEISER

• Weißt du, wie junge Hoatzins aussehen? Sieh es dir auf S. 73 an.
• Welcher im südamerikanischen Regenwald lebende Vogel hat einen sehr großen Schnabel, der ihn weltberühmt gemacht hat? Lies S. 82–83.

Braunohr-
Arassari

Braunkappen-
Faulvogel

Harpyie

Adler-
schnabel-
Kolibri

Blau-
scheitel-
trogon

Fast die Hälfte aller Vogelarten auf Madagaskar ist vom Aussterben bedroht. Zu den wenigen Arten, die sich nach dem Abholzen der Regenwälder einem Leben in Neuanpflanzungen angepasst haben, gehört der Trugnektarvogel.

Das Blaukrönchen lebt auf Sumatra, Borneo und der Halbinsel Malakka. Die Wälder in dieser Region existieren schon seit 70–100 Millionen Jahren. Wenn diese Ökosysteme zerstört werden, sind sie unwiederbringlich verloren.

Der Helmkasuar ist ein flugunfähiger Vogel, der in Neuguinea und Nordaustralien lebt. Sein Habitat in Australien wurde zum Naturpark erklärt. Das gibt dem Vogel eine Chance zum Überleben.

Auf weiten Ebenen

Mit Gras bewachsene Ebenen heißen, je nachdem, in welchem Weltteil sie liegen, Savannen, Prärien, Pampas oder Steppen. Dort, wo keine Bäume wachsen, weil das Klima zu trocken oder der Boden zu nährstoffarm ist, können sie ein unwirtlicher Lebensraum sein.

Auf den riesigen afrikanischen Savannen ernähren sich Strauße und Gackeltrappen von Pflanzen und Insekten. Am Himmel kreisen hungrige Geier und warten auf die Reste einer Löwenmahlzeit. Viele andere Vögel, darunter Flughühner und zahlreiche bunt gefärbte Finken, ernähren sich von dem, was am reichlichsten vorhanden ist – Grassamen.

In Südamerika gibt es die großen Pampas. Dort bauen die Töpfervögel ihre eigenartigen Schlammnester. In Nordamerika und Europa gibt es kaum noch große Grasflächen. Der größte Teil wurde in Ackerland umgewandelt, und Landwirtschaft und Besiedelung haben viele Vögel ihrer Nistplätze und Nahrungsquellen beraubt und einige Arten aussterben lassen. Zu denen, die überlebt haben, gehört das Präriehuhn. Es hat gelernt, das Korn auf den Feldern zu fressen.

Die russische Steppe, die sich bis nach Nordasien erstreckt, ist kälter als die anderen Grasländer, weil sie weiter vom Äquator entfernt liegt. Hier können die Nächte bitterkalt sein. Der Rosenstar frisst fast alles, was er finden kann. In der baumlosen Landschaft verkeilt er sein Nest in Felsspalten.

Alle Tiere müssen erfinderisch sein, um auf der afrikanischen Savanne zu überleben. Der Schwarzkehl-Honiganzeiger frisst Insekten wie viele andere Vögel, aber er kann außerdem Bienenwachs verdauen. Um an das Wachs zu gelangen, führt er einen Honigdachs oder sogar einen Menschen zu einem Bienenstock, indem er mit lauten Rufen und kurzen Flugetappen seine Aufmerksamkeit erregt. Der Honiganzeiger wartet, bis der Honigfreund den Stock geöffnet hat, und nutzt dann seine Chance, das Wachs zu fressen.

Dreifarbenglanzstar

Graukronenkraniche

Ein Versteck bauen

Vögel kommen nur in deine Nähe, wenn sie dich nicht bemerken. Du musst dich ganz still verhalten und in Deckung gehen, vielleicht hinter Sträuchern oder einem Zaun. Auf offenem Gelände ist ein Sichtschutz der ideale Ort zum Beobachten von Vögeln.

1. Du brauchst vier kräftige, ungefähr 2 m lange Stangen, ein oder zwei Stücke dunklen Stoff, die mindestens so groß sein müssen wie ein Laken für ein Doppelbett, und ein paar Wäscheklammern.
2. Stelle die Stangen auf. Manche Leute tun das in Form eines Indianerzelts und binden die oberen Enden zusammen. Andere ziehen eine Kastenform vor und rammen die Stangen senkrecht in die Erde.
3. Wickle den Stoff um die Stangen und befestige ihn mit Wäscheklammern.
4. Bringe den Stoff so an, dass ein Eingang offen bleibt. An der gegenüberliegenden Seite schneidest du auf Augenhöhe ein kleines Beobachtungsfenster hinein. Danach brauchst du nur noch geduldig auf das Erscheinen der Vögel zu warten.

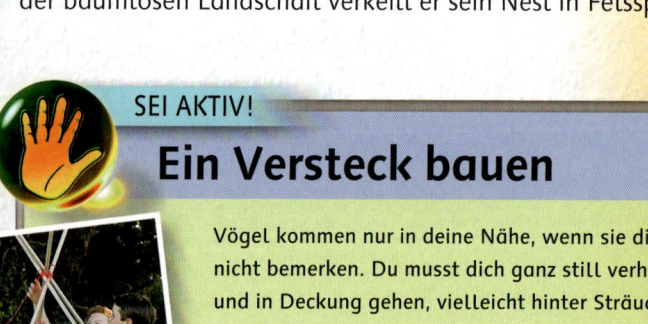

WÖRTERBUCH

Das Wort **SAVANNE** kommt aus der Taino-Sprache, die früher von den Arawak gesprochen wurde, einem indianischen Volk, das auf den karibi-schen" Inseln lebte. Ihr Wort für Gras-land war zabana.

Auch **PAMPA** ist ein Wort aus einer Indianersprache. Es bedeutet Feld oder Ebene. Eine Pampa ist eine weite, baumlose Ebene in Südamerika.

SCHON GEWUSST?

Der Blutschnabelweber lebt auf der afrikanischen Savanne. Millionen dieser Vögel bilden gewaltige Schwärme und Brutkolonien. Sie ernähren sich von Getreide und können an einem Tag die Ernte einer großen Farm vernichten.

Die in Nord- und Südamerika lebende Kanincheneule sucht in der Erde Schutz für sich und ihre Brut. Tagsüber versteckt sie sich in verlassenen Präriehund-Bauten und geht nur nachts auf Futtersuche.

WEGWEISER

- Wenn du mehr über flug-unfähige, auf Grasland lebende Vögel wissen willst, lies S. 80–81.
- Das eigenartige Schlammnest des Rosttöpfers und viele andere Nester findest du auf S. 86–87.
- Welcher Savannenvogel hüpft auf den Rücken von Antilopen, Giraffen, Büf-feln und Nashörnern, wenn er Appetit auf Leckerbissen hat? Lies dazu S. 93.

DER PASSENDE SCHNABEL

Die meisten Vögel, die sich von Samen ernähren, haben einen kurzen und kräf-tigen Schnabel, der wie ein Kegel ge-formt ist. Mit einem solchen Schnabel können sie Druck ausüben und die har-ten Schalen von Samen knacken. Auf den südamerikanischen Pampas leben zahlreiche Samen fressende Vögel.

Schmalschwanz-Paradieswitwe

Schwarzkehl-Honiganzeiger

Strauße

Helmperlhuhn

Der Schnabel des Schmuckpfäffchens ist an der Oberkante gekrümmt und deshalb zum Aufbrechen der Samen vieler Gräser und anderer Pflanzen hervorragend geeignet.

Die Pampaammer hat einen kräfti-gen Hakenschna-bel. Er dient zum Aufbrechen der großen Samen der hohen Gräser, die auf den argenti-nischen Pampas wachsen.

Der auffallend gefärbte Grau-kardinal kann viele unter-schiedliche Samen knacken. Er frisst gewöhnlich mit seinem Partner oder in kleinen Gruppen.

Felsenspringer   Gambelmeise   Schneefink   Alpenbraunelle

Auf Bergeshöhen

Auf fast allen Kontinenten gibt es hohe Bergketten – in Nordamerika die Rocky Mountains und die Appalachen, in Südamerika die Anden, in Europa die Alpen, die Pyrenäen und den Ural und in Asien den Himalaja. Je höher man hinaufsteigt, desto kälter wird es. Dadurch entstehen sehr unterschiedliche Lebensräume, in denen Vögel Nahrung und Nistplätze finden.

In den tieferen Lagen wachsen zumeist dichte Wälder. In Nordamerika und Europa versorgen Nadelbäume wie Fichten, Tannen und Kiefern die Vögel mit Nahrung. Einige Arten, darunter die Gambelmeise und die Alpenbraunelle, verbringen den Winter in diesen Wäldern und den Sommer auf Almen oberhalb der Baumgrenze. Die in dieser Höhe vereinzelt wachsenden Sträucher bieten Arten wie dem Schneefink das ganze Jahr über Schutz.

An die Almen schließt sich nackter Fels und steile Klippen an. Auf den windgepeitschten Gipfeln leben nur wenige Vögel. Sie brauchen ein großes Revier, weil die Nahrung knapp ist. Andenkondore müssen oft stundenlang riesige Gebiete überfliegen, bevor sie etwas finden, das sie fressen können.

Fleckenscherenschwanz

INSIDESTORY

Entdeckungsreise

Im Jahr 1803 wollte der amerikanische Präsident Thomas Jefferson wissen, ob es einen Landweg vom Mississippi zum Pazifischen Ozean gab. Er organisierte eine Expedition, die von Merriwether Lewis und William Clark geführt wurde und im Frühjahr 1804 aufbrach. Eine Indianerin vom Stamm der Schoschonen namens Sacagawea führte sie. Zwei Jahre später kehrte die Expedition mit Berichten über Abenteuer und Vögel und andere Tiere, die im Osten völlig unbekannt gewesen waren, an den Mississippi zurück. Lewis hatte zahlreiche Skizzen von den neu entdeckten Vögeln angefertigt. Zwei Arten wurden später nach den Entdeckungsreisenden benannt: Clark's Nutcracker (Kiefernhäher) und Lewis' Woodpecker (Blutgesichtsspecht).

SOMMERQUARTIERE

In den gemäßigten Breiten sind die unteren Hänge der Gebirge oft mit dichten Nadelwäldern bedeckt. Der Blutseidenschwanz sucht sich in diesen Wäldern seine Nahrung.

Der Schwarzkopfhäher lebt in den Rocky Mountains. Er ist ein sehr lauter Vogel. Manchmal kreischt er wie ein Habicht, zu anderen Zeiten lässt er einen melodischen Gesang hören.

WÖRTERBUCH

KONDOR kommt von dem Ketschua-Wort kuntur. Ketschua ist eine Sprache von Indianern, die in den südamerikanischen Anden leben.

Die **MAINAS** gehören zur Familie der Stare und leben in Südostasien. Das Wort Maina stammt aus der Hindi-Sprache. Nahe mit den Mainas verwandt sind die Beos, die überaus stimmbegabt sind und die menschliche Sprache noch besser nachahmen können als Papageien.

SCHON GEWUSST?

Manche Vögel wie etwa die kleine Gambelmeise überleben Temperaturstürze in großen Höhen, indem sie die eigene Körpertemperatur um bis zu 10 °C senken und ihren Stoffwechsel sowie Atmung und Herzschlag verlangsamen. Dadurch verfallen sie in einen Zustand der Reglosigkeit, der als Torpor oder Kältestarre bezeichnet wird.

WEGWEISER

• Welcher Greifvogel kreist über den Gipfeln des Himalaja? Du erfährst es auf S. 71.
• Welche Art von Nestern bauen Vögel an steilen Klippen? Lies S. 87.
• Nadelwälder wachsen in den nördlichen Breiten der Nordhalbkugel. Wie sehen die Wälder in der Nähe des Äquators aus? Die Antwort steht auf S. 108–109.

Beo

Rot-
schnabel-
Kitta

Purpur-
pfeifdrossel

Mauerläufer

Gelbschwanz-
Glanzfasane

Der Himalaja ist das höchste Gebirge der Erde. An seinen Hängen leben viele Vögel, darunter die Purpurpfeifdrossel, der Mauerläufer, die Rotschnabelkitta, der Beo und der Fleckenscherenschwanz. In den Wäldern und auf den Wiesen in mittlerer Höhe sind die Gelbschwanz-Glanzfasane zu Hause. Mit ihrem gekrümmten Schnabel graben sie Würmer und Insekten oft aus mit Schnee bedecktem Boden. Wenn sie sich bedroht fühlen, rennen sie flügelschlagend talwärts. Ist die Gefahr vorüber, watscheln sie gemächlich wieder hinauf und setzen ihre Nahrungssuche fort.

Waldbaumläufer klettern in Spiralen an Baumstämmen hoch und stochern in der Rinde nach Maden und Insekten. Wenn sie oben angekommen sind, fliegen sie zum nächsten Baum und fangen von vorn an.

Beim Fichtenkreuzschnabel überkreuzen sich die Schnabelspitzen. Dies ermöglicht es ihm, frische Fichtenzapfen aufzuknacken und die Samen herauszuholen. Andere Vögel müssen warten, bis die Zapfen von allein aufbrechen.

Wellenflughuhn

Kragentrappe

Wüstenbussard

Wüstentrug-
schmälzer

Hitze und Kälte

Die unwirtlichsten Regionen der Welt sind die glutheißen Wüsten
sowie die mit ewigem Eis bedeckten Polargebiete in der Arktis
und der Antarktis. Der Boden ist entweder ausgedörrt oder stein-
hart gefroren. Unter so harten Bedingungen können nur wenige
Pflanzen und Tiere existieren. Deshalb müssen Vögel und andere
Tiere nach Wegen zum Überleben suchen.

In den afrikanischen Wüsten benutzt das Wellenflughuhn seine
Bauchfedern als Schwamm. Es legt sich auf jede verfügbare
Wasserstelle, durchweicht seine Federn und bringt das Wasser
seinen Jungen. Die Kragentrappe lebt in dem breiten Trocken-
gürtel zwischen Algerien und Zentralasien. Sie holt sich die
notwendige Feuchtigkeit aus wasserhaltigen Pflanzen und
Insekten. Wüstenbussarde nisten zwischen Kaktusdornen. Der
Wüstentrugschmälzer ist ein Bewohner der steinigen Wüsten
Australiens. Wenn die Bedingungen zu ungünstig sind, zieht
er keine Jungen auf.

Die Polargebiete sind die kältesten Regionen der Erde. Die
meisten Vögel halten sich hier nur im Sommer auf, weil dann
das Wetter milder und mehr Nahrung vorhanden ist. Aber
Adelie- und Kaiserpinguine sind so widerstandsfähig, dass
sie das ganze Jahr über in der Antarktis leben können.
Wüstenvögel sparen Energie, indem sie sich am Tag kaum
bewegen. Man sieht sie fast nur bei Sonnenauf- und -unter-
gang, wenn es etwas kühler ist.

Kakteen sind dornige oder stachelige Pflanzen.
In den Wüsten im Südwesten Nordamerikas
benutzen Vögel diese Pflanzen als Hilfe zum
Überleben. Das Goldköpfchen hängt kopfunter
an Kaktustrieben und sucht nach Insekten. Der
Gilaspecht hackt zwei Arten von Löchern in die
Stämme des Saguarokaktus. Die eine dient der
Insektenjagd, die andere als Nisthöhle. Elfen-
käuze benutzen verlassene Höhlen des Gila-
spechts als Unterschlupf und auch zum Nisten.
Die Helmwachtel lebt zwischen den Kakteen
und ernährt sich überwiegend von Samen, frisst
aber auch Insekten.

Kaktuszaunkönig

INSIDESTORY

Antarktis-Expedition

Weil Kaiserpinguine in der
Antarktis leben, wusste man bis
Anfang des 19. Jahrhunderts
kaum etwas über sie. Aber im
Winter 1911 bahnten sich drei
Forscher – Edward Wilson,
Apsley Cherry-Garrard und
Henry Bowers – einen Weg am
Rande des Ross-Eisschelfs ent-
lang. Sie kletterten einen steilen, vereisten Abhang hinunter und
entdeckten zu ihrer großen Verblüffung einen Nistplatz von Pinguinen. In dieser kalten Einöde hatten sich Hunderte von Kaiserpin-
guinen versammelt, und auf den Füßen jedes Pinguins lag ein
großes Ei. Es war mit einem Hautlappen bedeckt, der dafür
sorgte, dass es nicht auskühlte, auch wenn die Temperatur
auf – 60 °C sank. Später fand man heraus, dass weibliche Kaiserpinguine nach der Eiablage den Winter im
Wasser verbringen und das Bebrüten der Eier den
Männchen überlassen. Danach kehren sie zurück
und helfen bei der Aufzucht der Jungen.

📖 WÖRTERBUCH

TUNDRA ist von einem russischen Wort abgeleitet, das „sumpfige Ebene" bedeutet. Diese Landschaftsform ist typisch für den Norden von Eurasien sowie die antarktischen Inseln.

Die **ARKTIS** erhielt ihren Namen nach dem griechischen Wort arktos, das Bär bedeutet. Die Sternbilder des Großen und des Kleinen Bären sind über der Arktis zu sehen.

✴ SCHON GEWUSST?

Der Poorwill lebt in den Wüsten im Westen der USA. Er ist der einzige Vogel, der Winterschlaf hält. Er verfällt in eine Starre, aus der er nicht einmal aufwacht, wenn ihn jemand aufhebt.

Das Alpenschneehuhn fliegt zum Schlafen in weiche Schneewehen. Dort kann es, vom Schnee isoliert, sicher schlafen, weil es keine Spuren hinterlassen hat, die ein Feind entdecken könnte.

🔳 WEGWEISER

- Der Persische Golf im Nahen Osten ist von glutheißem Sand umgeben. Ein Vogel hat eine Methode gefunden, seine Eier kühl zu halten. Lies S. 71.
- Welcher Vogel überfällt Kolonien von Pinguinen und raubt ihre Eier? Die Antwort steht auf S. 95.

Elfenkauz

Goldköpfchen

Gilaspecht

Wegekuckuck

Helmwachtel

SOMMERQUARTIERE

Auf den großen baumlosen Ebenen im hohen Norden – der Tundra – leben einige Vögel das ganze Jahr über, aber die meisten verbringen dort nur den Sommer.

Das Alpenschneehuhn ist ein ganzjähriger Bewohner der Tundra. Im Sommer verschmilzt sein bräunliches Gefieder mit den Steinen und Flechten seiner Umgebung. Im Herbst legt es sich ein weißes Winterkleid zu.

Das Odinshühnchen verbringt die milden Sommermonate in der Arktis. Das Weibchen ist leuchtender gefärbt als das Männchen und spielt bei der Balz die Hauptrolle. Das Männchen brütet die Eier und kümmert sich um die Jungen.

Wenn es reichlich Nahrung gibt, ziehen die Schneeeulen viele Junge auf. In Notzeiten brüten sie nicht.

Spornammern suchen die Tundra nur zum Nisten auf. Weil es dort keine Bäume gibt, müssen die Männchen zum Balzen oder zum Verteidigen ihres Reviers auf Felsbrocken hüpfen.

Worterklärungen

Aasfresser Vögel oder andere Tiere, die das Fleisch toter Tiere fressen. Viele Geier und Krähen sind Aasfresser.

Anpassung Eine Veränderung im Körperbau eines Vogels oder eines anderen Tieres, die ihm hilft, in einer speziellen Umwelt zu leben und sich fortzupflanzen.

Art Eine Gruppe von Vögeln, anderen Tieren oder Pflanzen, die gemeinsame Merkmale aufweisen, die sie von anderen Gruppen unterscheiden.

Balg Bezeichnung für das ausgestopfte Gefieder eines Vogels.

Balz Die Verhaltensrituale, die männliche und weibliche Vögel zeigen, wenn sie versuchen, einen Partner auf sich aufmerksam zu machen.

Beute Ein Tier, das von einem anderen Tier erlegt wurde und ihm als Nahrung dient.

Brut Die Gesamtheit der Jungvögel, die in einem Gelege oder einer Kolonie geschlüpft sind.

dämmerungsaktiv Vögel und andere Tiere, die kurz vor Sonnenauf- oder -untergang, also bei sehr schwachem Licht, auf Nahrungssuche gehen.

Dotter Eigelb des Vogeleis, von dem sich der Embryo ernährt.

Einzelgänger Ein Vogel, der den größten Teil des Jahres allein lebt.

Eizahn Eine scharfe, zahnförmige Ablagerung von Kalzium, die auf dem Schnabel eines Vogelfetus wächst. Der Jungvogel benutzt seinen Eizahn, um die Schale aufzupicken, wenn die Zeit zum Schlüpfen gekommen ist.

Feder Einer der Bestandteile der Körperbedeckung (des Gefieders) eines Vogels. Eine Feder besteht aus einer hornartigen Substanz, die Keratin genannt wird. Von einem langen Schaft zweigen zwei Fahnen ab, die aus vielen dicht beieinander liegenden Hakenstrahlen bestehen und der Feder ihre Form und ihre Farbe verleihen. Federn erfüllen einen doppelten Zweck: Sie halten die Vögel warm und ermöglichen ihnen das Fliegen.

flügge Die Fähigkeit eines Jungvogels, das Nest zu verlassen, in dem er aus dem Ei geschlüpft ist. Vögel, die noch nicht flügge sind, werden Nestlinge genannt.

Gesang Ein Ton oder eine Tonfolge, mit der ein Vogel sein Revier absteckt oder einen Partner sucht. Vogelgesang kann sehr melodisch sein.

Habitat
Der Standort einer bestimmten Tier- oder Pflanzenart. Auch Lebensraum.

Instinkt Eine Verhaltensweise, die einem Vogel oder einem anderen Tier angeboren ist und die es nicht erst zu erlernen braucht. Entenküken schwimmen instinktiv.

irisierend Eine Veränderung der Farbe, die vom Lichteinfall abhängig ist; zu beobachten an einer Seifenblase oder Öl auf einer Pfütze. Manche Vögel haben ein irisierendes Gefieder.

Kältestarre Eine Art Schlaf, bei der Atmung, Herzschlag und Körpertemperatur eines Vogels oder eines anderen Tieres stark gesenkt sind, sodass es Energie spart, vor allem in der Nacht oder im Winter. Auch Torpor genannt.

Klasse Eine der Hauptgruppen, in die Zoologen die Tiere unterteilen. Die Vögel bilden eine eigene Klasse, die Aves genannt wird.

laubwerfend Bezeichnung für Bäume, die im Herbst ihre Blätter verlieren und im Frühjahr neu austreiben. Eichen, Buchen, Platanen und Birken sind laubwerfende Bäume.

Lebensraum Das Gebiet, in dem Tiere das ganze Jahr über oder nur zu bestimmten Zeiten anzutreffen sind.

Mauser Der Vorgang, bei dem bei einem Vogel die alten, abgenutzten Federn ausfallen und durch neue ersetzt werden. Bei den meisten Vögeln dauert die Mauser ein bis zwei Monate.

nachtaktiv Ein Vogel oder ein anderes Tier, das tagsüber schläft und nur in der Nacht auf Nahrungssuche geht.

Nestflüchter Jungvögel, die schon kurz nach dem Schlüpfen das Nest verlassen und sich ihre Nahrung weitgehend selbst suchen können.

Nesthocker Vögel, die nach dem Schlüpfen völlig hilflos und auf Versorgung durch die Eltern angewiesen sind.

Nestling Junger Vogel, der noch nicht flügge und darauf angewiesen ist, dass seine Eltern ihn füttern und beschützen.

Ornithologe Ein Wissenschaftler, der sich mit Vögeln beschäftigt.

Pigment Jeder Stoff, der der Haut, den Federn oder dem Gewebe eines Tieres oder einer Pflanze Farbe verleiht.

Prägung Der Prozess, durch den sich ein Jungtier an eine Elternfigur bindet.

Räuber Ein Tier, das andere Tiere jagt. Die meisten räuberisch lebenden Vögel sind Greifvögel.

tagaktiv Ein Vogel oder ein anderes Tier, das am Tag auf Nahrungssuche geht.

Thermik Eine Säule aus aufsteigender Warmluft, die manche Vögel ausnutzen, um an Höhe zu gewinnen.

Insekten und Spinnen

Inhalt

Was ist ein Insekt?   **118**

Nahaufnahme   **120**

Sinnvolle Sinne   **122**

Ei, Larve, Imago   **124**

Verwandlung   **126**

Die Käferwelt   **128**

Schillernde Schönheiten   **130**

Tier-Staaten   **132**

Stachelträger   **134**

Zweiflügler   **136**

Insekten und Pflanzen   **138**

Auf dem Marsch   **140**

Überlebenstricks   **142**

Nestbau   **144**

Spinnen   **146**

Von nah gesehen   **148**

Ein Spinnenleben   **150**

Netzexperten   **152**

Worterklärungen   **154**

Spinne

Zecke

Tausendfüßer

Was ist ein Insekt?

Insekten sind die erfolgreichsten Tiere auf Erden. Wissenschaftler haben bereits über eine Million verschiedene Insektenarten bestimmt, aber insgesamt könnten es gar 30 Millionen sein. Und einige dieser Arten gibt es schon seit Jahrmillionen.

Insekten gehören zur Gruppe der Gliederfüßer oder Arthropoden. Zu ihnen zählen auch Spinnen, Skorpione, Krebse und Tausendfüßer. Allen gemeinsam ist ein starres Außenskelett anstelle eines inneren Skeletts. Das Außenskelett besteht aus Chitin. Dieser hornähnliche Stoff ist leicht und dennoch fest, strapazierfähig und äußerst formbar. Das Ergebnis ist eine schützende Außenhülle, deren Gewicht ihren Träger nicht niederdrückt.

Jede Untergruppe der Gliederfüßer hat ihre ganz bestimmten Merkmale. So ist der Körper der Insekten meist in drei Teile gegliedert. Der erste ist der Kopf, der die Augen, zwei Fühler, die Mundwerkzeuge und das Gehirn enthält. Der zweite ist der Thorax (Brustabschnitt), an dem die Flügel und drei Beinpaare sitzen. Er enthält auch alle Muskeln, die die Beine und Flügel betätigen. Als Letztes kommt der Abdomen (Hinterleib), in dem sich die übrigen inneren Organe des Insekts befinden. Die meisten Insekten – vom Schmetterling bis zur Schabe – haben diese Merkmale.

Skorpion

Krebse, Spinnen, Skorpione, Tausendfüßer, Hundertfüßer, Zecken und Milben sind Gliederfüßer oder Arthropoden. Jede Gruppe unterscheidet sich in mehrfacher Hinsicht von den Insekten. So haben manche acht Beine, wie Skorpione und Spinnen. Andere, wie Tausendfüßer, haben Körper, die aus viel mehr als nur drei Teilen bestehen.

Fühler
Mit diesen beiden Sinnesorganen kann ein Insekt chemische Stoffe, Wärme und Erschütterungen wahrnehmen.

Kopf
Der Kopf ist einer der stärksten Körperteile – ein guter Schutz für das Gehirn.

Torax
Die Beine und Flügel sind an der Brust befestigt.

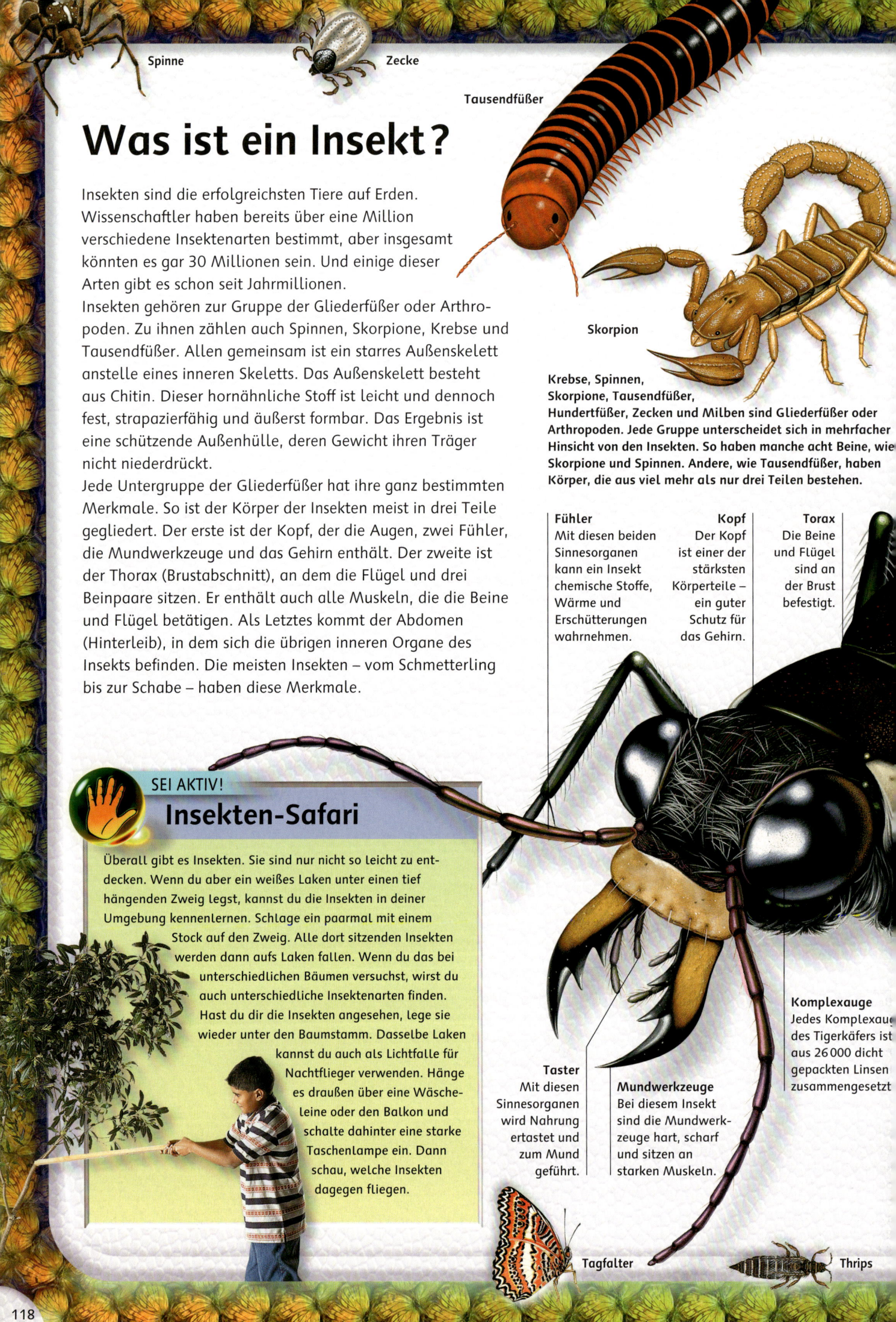

SEI AKTIV!
Insekten-Safari

Überall gibt es Insekten. Sie sind nur nicht so leicht zu entdecken. Wenn du aber ein weißes Laken unter einen tief hängenden Zweig legst, kannst du die Insekten in deiner Umgebung kennenlernen. Schlage ein paarmal mit einem Stock auf den Zweig. Alle dort sitzenden Insekten werden dann aufs Laken fallen. Wenn du das bei unterschiedlichen Bäumen versuchst, wirst du auch unterschiedliche Insektenarten finden. Hast du dir die Insekten angesehen, lege sie wieder unter den Baumstamm. Dasselbe Laken kannst du auch als Lichtfalle für Nachtflieger verwenden. Hänge es draußen über eine Wäscheleine oder den Balkon und schalte dahinter eine starke Taschenlampe ein. Dann schau, welche Insekten dagegen fliegen.

Taster
Mit diesen Sinnesorganen wird Nahrung ertastet und zum Mund geführt.

Mundwerkzeuge
Bei diesem Insekt sind die Mundwerkzeuge hart, scharf und sitzen an starken Muskeln.

Komplexauge
Jedes Komplexauge des Tigerkäfers ist aus 26 000 dicht gepackten Linsen zusammengesetzt

Tagfalter

Thrips

ARTHROPODEN ist der Fachausdruck für Gliederfüßer. Er setzt sich aus griechisch arthro für „Gelenk" und podos für „Fuß" zusammen.

INSEKT kommt von lateinisch insectus für „eingeschnitten, gegliedert, gekerbt". Der Ausdruck bezieht sich auf den für Insekten typischen Einschnitt zwischen Brust und Hinterleib. Im Deutschen leitet sich davon das Wort Kerbtier für Insekt ab.

Manche Insekten leben in einer unwirtlichen Umwelt. Die Petroleumfliege lebt in Erdölsümpfen. Sie saugt die in das Öl gefallenen Insekten aus.

Schneeflöhe leben bei Minustemperaturen. Wenn man sie anfasst, bringt die Hautwärme sie in Sekundenschnelle um.

Die Larven mancher Milben kann man in kochendes Wasser werfen, und sie überleben das!

• Willst du mehr über Käfer wissen, blättere weiter zu S. 128–129.
• Über die Unterschiede zwischen Spinnen und Insekten kannst du auf S. 146–147 lesen.

DIE ERFOLGSSTORY

Insekten kommen beinahe überall vor: in Ozeanen, Polargebieten oder auf Berggipfeln. Die Tiere unten sind alles Grillen, doch jede hat sich an ihren besonderen Lebensraum angepasst.

Mit seinen großen Augen, messerscharfen Kiefern und starken Laufbeinen hat dieser hübsche Tigerkäfer seinen Namen verdient. Er ist ein wahres Raubtier. Seine Augen nehmen auch die kleinste Bewegung eines möglichen Opfers wahr. Er läuft schneller als die meisten anderen Insekten – um sie zu fangen oder um vor ihnen zu fliehen.

Deckflügel und Flügel
Ein Käfer hat Deckflügel (Elytren). Sie sind als Schutz über die dünnhäutigen Hinterflügel gelegt.

Abdomen
Der gewöhnlich größte Teil eines Insektenkörpers enthält die meisten lebenswichtigen Organe.

Bein
Die meisten Insekten haben sechs Beine. Die Beine sind unterschiedlich lang und meist in fünf Glieder unterteilt.

Fuß
Der Fuß eines Insekts kann Haken, Polster oder Saugnäpfchen tragen, mit denen es sich an Flächen oder Beute festhalten kann.

Es gibt bis zu 400 Millionen Jahre alte Insektenfossilien. Insektenüberreste sind zerbrechlich, sodass nicht viele als Fossilien erhalten geblieben sind. Manchmal aber wurden Geschöpfe wie diese 40 Millionen Jahre alte Heuschrecke im klebrigen Harz der Bäume eingeschlossen. Als sich der Harz zu Bernstein verfestigte, blieb die Heuschrecke perfekt erhalten.

Silberfischchen   Florfliege

Die in Wäldern und Grasländern lebende grüne Laubheuschrecke braucht eine gute Tarnung. Große Augen achten auf Gefahr, während lange Beine und Flügel eine schnelle Flucht ermöglichen.

Die Feldgrille hat kräftige Mundwerkzeuge, um ihre vielseitige Nahrung zu bewältigen. Auf ihren langen und kräftigen Hinterbeinen springt sie durch die Gräser der Wiesen, wo sie lebt.

Die Jerusalemgrille verbringt fast ihr ganzes Leben unter der Erde. Sie hat starke, kräftige Beine zum Graben. Da Flügel nur stören würden, hat sie keine.

Nahaufnahme

Insekten essen, atmen, bewegen und vermehren sich.
Das Insektenblut befördert Nährstoffe zu den Körperteilen
und entsorgt Abfallstoffe genauso wie menschliches Blut,
aber es wird von einem langen, dünnen Herzen gepumpt,
das sich durch den ganzen Hinterleib erstreckt. Insektenblut
ist gelb oder grün, weil es bestimmte Proteine enthält.
Insekten besitzen keine Lungen. Sie nehmen Sauerstoff durch
Atemöffnungen (Stigmen) an den Körperseiten auf. Die Stigmen
sind mit Tracheen verbunden, die sich in noch kleinere Röhrchen
verzweigen, durch die Sauerstoff in alle Körperteile des
Insekts gelangt. Funktionen wie diese werden von dem großen
Gehirn gesteuert, das mit allen Nerven durch einen langen
Nervenstrang verbunden ist.
Damit all diese Systeme funktionieren, braucht das Insekt
Energie aus Nahrung. Bei der Wespe (rechts) wird die
Nahrung im Mund mit Speichel vermischt. Durch die Kehle
rutscht sie in den Kropf, wo sie durch weiteren Speichel und
Verdauungssäfte zerlegt wird. Dann wandert sie in den
Magen, wo besondere Enzyme die Nahrung weiter
auflösen, bis sie für das Insekt verdaulich ist.

Viele Insekten haben winzige Haken,
die ihre Vorder- und Hinterflügel zusammenhalten. So schlagen die beiden
Flügelarten beim Fliegen gleichzeitig.

Bei dieser Wespe ist das Außenskelett weg-
geschnitten, und ihre Organe sind in einem
Farbcode dargestellt. Das Atemsystem ist
hellblau. Das Verdauungssystem ist grün.
Das Kreislaufsystem ist rot und das Zentral-
nervensystem dunkelblau.

INSIDESTORY

Insekten-Fotos

Befestige eine Makrolinse auf der Kamera! Damit kann
man das Insekt mehrfach vergrößern. Wenn du ein Mikroskop auf der Kamera befestigst, kannst du ein Insekt
hundertfach vergrößern. Doch die stärkste Vergrößerung
von Insekten lässt sich mit einem Rasterelektronen-
mikroskop erzielen. Das elektronenmikroskopische Bild
ist eigentlich kein richtiges Foto. Es ist ein computer-
erzeugtes Bild, das dadurch entsteht, dass Elektronen
von einem Gegenstand abprallen
und auf einen Sensor treffen.
Dieser Apparat ermöglicht die
20 000-fache Vergrößerung
eines Insekts – wie diese
Aufnahme von einer Fliege.

Herz
Ein Insekt hat keine
Arterien oder Venen.
Das schlauchförmige
Herz pumpt das Blut
durch den Insektenkörper.

Luftsack
In diesem beutelartigen
Säcken kann das Insekt
Sauerstoff speichern.

Bauchnervenstrang
Dieser verbindet eine
Kette von Nervenknoten
oder Ganglien, mit deren
Hilfe viele Organe
gesteuert werden.

Magen
Die Nahrung durchläuft
im Magen die letzte
Verdauungsstufe.

Hier ist der mit Widerhaken versehene
Stachel der Honigbiene gezeigt. Beim
Stich bleiben die Widerhaken des
Stachels in der Haut hängen, und
die Biene verletzt sich tödlich, wenn
sie versucht, ihn herauszuziehen.

Stigma
Insekten haben meist
2 bis 11 Atemloch-
paare (Stigmen).

Ameise   Marienkäfer

TRACHEE kommt von lateinisch trachia für „Luftröhre". Tracheen sind dünne Röhrchen, die Sauerstoff zu den Organen des Insektenkörpers leiten und Abfallstoffe wie Kohlendioxid abführen.

GANGLIEN sind Ansammlungen von Nervenzellen, die als Kontrollzentren fungieren. Ein Insekt hat Ganglien entlang seines Nervenstrangs, und sein Gehirn besteht aus drei Ganglien, die Tausende von Nervenzellen enthalten.

Die Zwergwespe, eines der kleinsten Insekten der Welt, hat eine Flügelspannweite von kaum 0,25 mm. Sie ist so klein, dass sie durch ein Nadelöhr fliegen könnte. Fliegen ist bei dieser Größe wegen des Luftdrucks mehr wie Schwimmen, darum schlägt diese winzige Wespe auch nicht mit ihren Flügeln, sondern bewegt sie wie Ruder vor und zurück.

- Manche Wespen legen ihre Eier in andere Tiere. Mehr darüber auf S. 126.
- Insekten sind Fressmaschinen. Auf S. 138–139 steht, welche Nahrung die Maschinen antreibt.
- Welche Insekten haben den schmerzhaftesten Stich? Lies nach auf S. 143.

Ersthirn
Dem Ersthirn sind die Komplexaugen zugeordnet. Es steuert die meisten Muskeln und Verhaltensweisen des Insekts.

Zweit- und Dritthirn
Die beiden kleineren Gehirne empfangen Botschaften der Fühler und Mundwerkzeuge.

LUFTATMUNG

Die meisten Insekten nehmen Sauerstoff durch Stigmen an beiden Seiten von Brust und Hinterleib auf. Diese Atemlöcher sind oft schwer zu erkennen, doch bei der Raupe des Tabakschwärmers sind sie gut zu sehen.

Insekten, die im Wasser leben, brauchen dennoch Luft zum Atmen. Einige Stechmückenlarven strecken ein schnorchelähnliches Atemrohr, das an ihrer Hinterleibsspitze sitzt, aus dem Wasser.

Um beim Schwimmen unter Wasser einen Luftvorrat zu haben, nimmt der Schwimmkäfer beim Abtauchen eine Luftblase unter seinen Flügeldecken mit.

Körperhaare
Feinste Haare nehmen Bewegung, Wärme und chemische Reize wahr.

Dieses vergrößerte Stigma ist weit geöffnet, um so viel Sauerstoff wie möglich aufzunehmen und Kohlendioxid abzugeben. Es kann sich öffnen und schließen, je nachdem, wie viel Luft benötigt wird.

Die 460-fach vergrößerte Oberfläche eines Bienenfühlers weist Stacheln auf. Es sind feine Haare, die auf Berührung reagieren.

Die Schlankjungfernymphe lebt unter Wasser und holt sich Sauerstoff über fächerartige Kiemen an ihrer Hinterleibsspitze. Die Kiemen haben eine große Oberfläche und entnehmen dem Wasser genug Sauerstoff, damit die Larve atmen kann, bis sie erwachsen ist.

Floh

Heuschrecke

Sinnvolle Sinne

Wie Menschen nutzen auch Insekten ihre Sinne – Riechen,
Tasten, Schmecken, Sehen und Hören – um sich ein Bild von
ihrer Umwelt zu verschaffen. Ein Großteil dieser Informationen
wird durch ihre emsigen Fühler gefiltert, mit denen Insekten
riechen, tasten und hören können.

Die Augen der Insekten sind aus 56 000 Einzelaugen zusammengesetzt. Viele Insekten haben außerdem auf der Stirn noch eine
kleine Gruppe von Punktaugen, die ihnen beim Balancehalten,
beim Fliegen und bei der Lichtwahrnehmung helfen.
Insekten testen Futter mit Sinnesorganen, die um ihren Mund
angeordnet sind. Die wichtigsten sind die Taster. Fliegen und
Schmetterlinge haben Sinnesorgane an ihren Füßen! So wissen
sie, ob das, worauf sie gelandet sind, essbar ist. Die meisten
Insekten hören mit ihren Fühlern und den feinen Härchen
auf ihrem Körper. Aber Insekten wie Heuschrecken besitzen
etwas Ähnliches wie das menschliche Ohr – Trommelfelle!

Insektensicht

Menschensicht

Viele Insekten
haben Augen, die
auf ultraviolettes
Licht reagieren,
sodass sie Dinge
sehen, die für uns
unsichtbar sind.
Wir sehen z. B.
eine Blume, sonst
nichts. Aber Nektar-
trinker wie Bienen,
Schmetterlinge und
Wespen erkennen
Landemuster, die
ihnen anzeigen:
„Hier gibt's Futter."

Insekten haben Hörorgane an ihrer Brust, am Hinterleib oder an den Vorderbeinen. Die jungen Riesen-
heuschrecken (unten) haben Trommelfelle an ihrem
Hinterleib. Eine dünne Haut spannt sich zwischen
den Sinnesrezeptoren. Treffen Schallwellen auf die
Haut, leiten die Rezeptoren die Schwingungen an
das Gehirn weiter, das sie in Töne umwandelt.

 SEI AKTIV!

Der Nase nach!

Ameisen spüren eine Nahrungsquelle mit ihren Fühlern auf.
Wenn du Ameisen dabei beobachten willst, mach dies:

1. Lege ein rundes Blatt Papier auf flachen Boden bei
   einem Ameisenhaufen. Kleckse etwas Marmelade
   daneben und gegenüber vom Ameisenhaufen. Warte, bis
   die Ameisen kommen. Die ersten werden eine Duftspur
   hinterlassen, damit die anderen ihnen folgen können.
2. Während einige Ameisen schon futtern, drehst du das
   Papier um 90°. Die Ameisen
   auf dem Papier werden dem
   von den anderen hinterlasse-
   nen Duft folgen, aber wenn sie
   am Rand ankommen, ist da
   keine Marmelade. Beobachte
   durch ein Vergrößerungsglas,
   wie sie ihre Mahlzeit mit ihren
   Fühlern ausfindig zu machen.

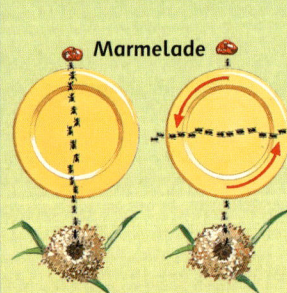

Marmelade

Ameisenhügel

Dieser Rüsselkäfer hat dünne,
keulenartige Fühler auf seinem
Rüssel sitzen. Wenn er Löcher in
Nüsse oder Körner bohrt, merkt
er mithilfe der Fühler, ob er
Futter oder einen Eiablage-
platz gefunden hat.

Ausgewachsene
Flöhe sind wärme-
empfindlich. Mit
ihren Fühlern spüren
sie die Körperwärme
eines vorbeilaufenden
Säugetiers oder das
Kohlendioxid, das
von Säugetieren aus-
geatmet wird. Dann
springen sie drauf!

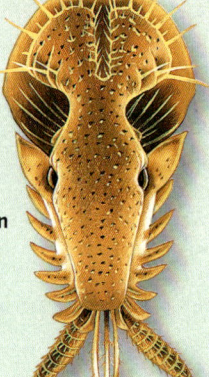

FÜHLER ZUM FÜHLEN
Die wichtigsten
Sinnesorgane eines
Insekts sind die Fühler
auf seinem Kopf.
Mit diesen Vielzweck-
Supersensoren können
Insekten ihre Umwelt
riechen, ertasten und
hören.

WÖRTERBUCH

LIBELLEN heißen wegen ihres langen, dünnen „Schwanzes" im Volksmund auch „Satansnadeln". Das könnte den Verdacht nahe legen, dass Libellen stechen. Libellen besitzen keinen Stachel. Da sie sich aber von Mücken und Fliegen ernähren, sind sie gern in der Nähe von Menschen, die durchs Gras gehen und dabei Insekten aufscheuchen.

SCHON GEWUSST?

Der Prachtkäfer hat einen extrem empfindlichen Rezeptor an der Unterseite der Brust. Damit kann er die von brennendem Holz abgegebene Infrarotstrahlung über eine Entfernung von 5 km wahrnehmen. Der Käfer legt seine Eier in verkohltes Holz, denn dort sind alle Räuber und Parasiten vom Feuer vernichtet.

WEGWEISER

• Wie ist ein Ameisenstaat organisiert? Lies nach auf S. 132–133.
• Interessante Superflieger lernst du auf S. 136–137 kennen.

Komplexaugen bestehen aus vielen kleinen, dicht nebeneinander liegenden Einzelaugen. Das Auge der Königslibelle ist aus 28 000 Einzelaugen zusammengesetzt, von denen jedes in eine andere Richtung weist. So kann sie selbst im Dämmerlicht herumsausende Mücken jagen. Ihre Taster werden dabei eingezogen, damit ihr Körper stromlinienförmig bleibt.

Komplexauge
Jedes der 28 000 Einzelaugen in jedem Komplexauge sieht Gegenstände getrennt.

Punktaugen
Diese Libelle hat drei Punktaugen, mit deren Hilfe sie die Lage des Horizonts misst und beim Flug ihr Gleichgewicht hält.

Fühler
Die Fühler einer Libelle sind klein, weil sie von ihnen kaum Gebrauch macht. Wichtiger sind ihre Augen.

Haare
Um den Mund herum sitzen Haare, die beim Schmecken und bei der Nahrungszufuhr eingesetzt werden.

Die meisten Schaben leben an dunklen Orten oder kommen nur nachts hervor. Augen sind für sie wenig sinnvoll, aber sie haben lange Fühler entwickelt, die auf Bewegungen reagieren. Bevor ihnen ein Räuber zu nahe kommt, spüren sie ihn und flitzen weg.

Das Männchen des Kleinen Nachtpfauenauges hat große, gefiederte Fühler, mit denen es besonders gut die Sexuallockstoffe des Weibchens aufnehmen kann. Schon wenige Moleküle davon erkennt es noch über 11 km Entfernung.

Holunderwanze und ihre Nymphe

Ohrwurm und seine Nymphe

Ei, Nymphe, Imago

Viele Insekten-Weibchen legen nach der Paarung ihre Eier nahe einer Futterquelle ab. So haben die Larven nach dem Schlüpfen reichlich zu fressen. Wenn Insektenkinder wachsen, müssen sie ihr Außenskelett wechseln, weil es nicht mitwächst. Das Insekt häutet sich. Unter dem alten Skelett hat sich schon ein neues, größeres gebildet. Bei jeder Häutung verändert das Insekt Gestalt und Größe, bis es ein erwachsenes Tier – ein Imago – ist. Diese Verwandlung heißt Metamorphose.

Nach dem Schlüpfen sehen manche Insekten ihren Eltern schon recht ähnlich. Diese Nymphen genannten Larven machen eine unvollkommene Metamorphose durch: Sie verändern sich schrittweise bis zum Erwachsenenstadium. Die Larven mancher Arten – wie Silberfischchen, Bettwanzen und Blattläuse – sehen beinahe wie ihre Eltern aus. Die Larven von Libellen leben unter Wasser und kriechen erst für die letzte Häutung vor dem Erwachsenenstadium an Land. Bei den Nymphen einiger geflügelter Insekten sind bereits Flügelstummel sichtbar, kommen aber erst zum Einsatz, wenn das Insekt geschlechtsreif ist.

Die Fleckige Brutwanze schützt ihre Larven. Kommt ein Räuber zu nahe, versucht sie ihn zu vertreiben. Dieses Verhalten ist bei Insekten ungewöhnlich. Die meisten verlassen ihre Eier gleich nach der Ablage.

Eine weichhäutige, ausgewachsene Zikade zwängt sich aus ihrem alten Außenskelett.

Der Größenunterschied zwischen Männchen und Weibchen ist bei diesen Fangschrecken deutlich zu sehen. Das Männchen (hinten) ist meist kleiner und leichter, damit er auf Partnersuche umherfliegen kann. Das Weibchen muss größer sein, damit es Platz für die Eier hat.

Ein Stechmückeneigelege treibt wie ein Floß auf dem Wasser.

EIFORMEN

Insekteneier gibt es in vielen Größen, Formen und Farben. Auch die Anzahl der Eier ist bei den verschiedenen Insekten unterschiedlich. Das Weibchen der Wegwespe legt in seinem Leben nur 20 bis 40 Eier, während eine Termitenkönigin mehr als 10 Millionen schafft.

Die Weibchen vieler Schabenarten bilden zum Schutz für ihre Eier Kapseln.

METAMORPHOSE kommt aus dem Altgriechischen und bedeutet Verwandlung oder Umgestaltung. Meta heißt „Wechsel" und morphe „Gestalt" oder „Form".

Die **HÄUTUNG**, das periodische Abstreifen der äußeren Haut und die Neubildung, ist für Insekten eine Zeit voller Gefahren. Die meisten verstecken sich dann und sind nach einer Stunde oder mehrern Tagen fertig.

Wenn eine australische, an Eukalyptus lebende Baumwanze schlüpft, sieht sie wie eine Bulldogameise aus. Wenn sie wächst und sich häutet, ähnelt sie allmählich der Eukalyptusrinde. Ist sie schließlich ausgewachsen, gleicht sie einem welken Eukalyptusblatt.

• Ein Insekt kann auf zwei Arten erwachsen werden. Die unvollständige Metamorphose ist eine. Welches ist die andere? Lies darüber auf S. 126–127.
• Nur eine bestimmte Insektengruppe wird als „Käfer" bezeichnet. Lies S. 129–130.
• Vergleiche den Lebenszyklus eines Insekts und einer Spinne auf S. 150–151.

Ausgewachsene Zikade mit gehärtetem Außenskelett

SEI AKTIV!

Zikadensuche

Wenn du in einem warmen Teil der Welt lebst, kannst du im Hochsommer nach Zikaden suchen. Dann nämlich kommen die meisten Zikadennymphen aus der Erde, klettern auf den nächsten Baum, häuten sich zum letzten Mal und beginnen dann zu singen, um einen Partner anzulocken. Mit ihrem Zirpen verraten sie ihre Gegenwart. Als Nächstes halte nach den alten Häuten der Nymphen (rechts) Ausschau, die unter Bäumen und Büschen liegen. In ihrer Nähe wirst du vielleicht ein paar erwachsene Zikaden entdecken. Nachdem du die Zikade angesehen hast, lass sie wieder laufen – in Gefangenschaft würde sie nicht lange überleben.

Die Nymphe der Zikade beginnt mit ihrer letzten Häutung.

Eine Zikadennymphe sucht sich ein Versteck für ihre letzte Häutung. Durch Aufblähen und Zusammenziehen ihres Hinterleibs pumpt sie Luft in ihren Körper und sprengt das alte Außenskelett weg. Dann zwängt sich die ausgewachsene rot-grüne Zikade heraus und streckt mit Luft ihr neues, weiches Außenskelett glatt. Durch Einpressen von Blut in die Flügeladern streckt sie die noch weichen Flügel und ruht, bis die Flügel fest geworden sind.

Die Eier der Florfliege, die auf Stielen sitzen, sind für kleine Räuber nicht erreichbar.

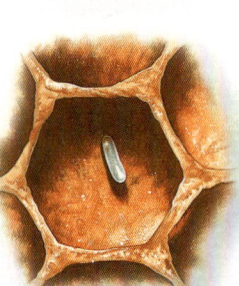

Nur ein Bienenei wird in jede Zelle der Honigwabe gelegt.

Ein Marienkäfer legt hellgelbe Eier auf einem Blatt ab.

Verwandlung

Manche Insektenjungen ähneln ihren Eltern nicht.
Anders als Insekten, die als Nymphen beginnen, verändern
sich diese Insekten nicht periodisch. Sie durchleben eine einzige
Umwandlung, die vollkommene Metamorphose genannt wird.
Sie kriechen als weiche Larven aus Eiern – ungeflügelt und oft
auch beinlos.

Die heranwachsenden Larven fressen ständig und häuten sich dabei
mehrfach. Sind sie ausgewachsen, hören sie mit dem Fressen auf. Sie
beginnen sich zu verpuppen – sie verwandeln sich in ein fertiges Insekt.
Viele bilden harte Puppenhüllen und einige spinnen sich einen Kokon,
während sich andere nur ein sicheres Versteck suchen. Das Puppenstadium dauert bei einigen Insekten den ganzen Winter lang. In
dieser Zeit lösen sich die Jugendformen auf, und die Merkmale des
erwachsenen Tieres bilden sich heraus. Schließlich steigt das mit Flügeln
und Geschlechtsorganen versehene Insekt heraus. Die Erwachsenen
(Imagos) sehen ganz anders als die Larven aus, ernähren sich oft ganz
anders und leben auch in anderen Lebensräumen.

Eine kleine
Raupe frisst an
den Blättern.

Ein weiblicher Indischer
Mondspinner legt seine
Eier auf einem Blatt ab.

Diese Raupe hat
sich viermal
gehäutet.

Eine Schlupfwespe hat ihre Eier auf
dieser lebendigen Raupe abgelegt.
Wenn die Larven schlüpfen, graben
sie sich in den Wirt und fressen sich
satt. Dann werden zu sie Puppen,
die seinen Körper bedecken.

Der Indische Mondspinner
sucht nach einem Weibchen.

Der weibliche
Indische Mondspinner
beginnt den Lebenszyklus
mit der Eiablage auf Blättern. Die
Raupen fressen erst ihre Eischalen
und dann die Blätter. Wenn die
Raupen ausgewachsen sind, hören sie
auf zu fressen und suchen einen Ort zum
Verpuppen. Ein paar Monate später kriechen
fertige Falter hervor. In ein, zwei Stunden
können sie fliegen, warten aber die Dunkelheit
ab, bevor sie sich erstmals in die Luft erheben.

Ein frisch geschlüpfter
Falter hängt an der Puppenhülle und streckt seine Flügel.

Hirschkäfer
Ei

WÖRTERBUCH

LARVE kommt von einem lateinischen Wort, das „Gespenst" bedeutet. Es bezeichnet das Jugendstadium von vielen Insekten. Meist sehen diese Larven auch tatsächlich sehr blass aus und erinnern ein wenig an Gespenster.

KOKON kommt von dem französischen Wort cocque für „Gehäuse". Ein Kokon ist eine Gespinsthülle, mit der sich viele Insektenlarven beim Verpuppen umgeben.

SCHON GEWUSST?

Larven beginnen gleich nach der Geburt mit dem Fressen, und zwar so viel sie können. Manche Raupen wachsen in kurzer Zeit unglaublich viel. Die Raupe des Eichenspinners streckt sich beispielsweise von 5 mm Länge auf knapp 13 cm Länge. Das ist etwa 12 000-mal die ursprüngliche Größe – und das in nur drei Wochen!

WEGWEISER

• Woher kommt Seide?
Lies darüber auf S. 131.
• Alles über die komplette Umwandlung einer Biene erfährst du auf S. 134–135.

WIE LARVEN FRESSEN

Die Larve des Schwimmkäfers ist so lang und dünn, dass sie auf Beutefang durchs Wasser schießen kann. Mit ihren langen, spitzen Mundwerkzeugen kann sie selbst kleine Fische aufspießen.

Dieser junge Prachtkäfer hat sich 7 Jahre als Larve durch den Stamm einer Eiche gebohrt. In einer kleinen Kammer hat er sich dann verpuppt und ist nun als erwachsener Käfer mit noch weichem Außenskelett herausgekommen.

Die Larve des Siebenpunkt-Marienkäfers braucht kräftige Beine, um ihrer Nahrung, den Blattläusen, nachzuklettern.

Nach dem Schlüpfen muss eine Schwärmerraupe ihre Eischale auffressen oder sie stirbt. Die Schale enthält chemische Stoffe, die die Raupe zum Fressen anregen.

Schmeißfliegenlarven brauchen keine Beine. Sie schlüpfen auf ihrer Nahrung – verwesenden Tieren –, und Beine würden dort nur stören. Ihr spindelförmiger Körper gräbt sich schnell in das faulende Fleisch.

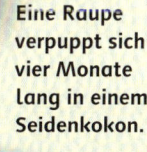

Eine Raupe verpuppt sich vier Monate lang in einem Seidenkokon.

SEI AKTIV!

Insektenhaltung

Die Haltung eines Insekts zur näheren Beobachtung ist einfach. Beachte nur folgende Tipps, damit es sich wohlfühlt:

1. Nimm ein Glas- oder Plastikgefäß. Stich Löcher in den Deckel, damit das Insekt atmen kann.
2. Stelle eine kleine Schüssel mit Wasser hinein, damit das Insekt nicht austrocknet.
3. Bestimme das Insekt und finde heraus, was es frisst. Was braucht es sonst noch?
4. Wenn du fertig bist, lass das Insekt dort frei, wo du es gefunden hast.

Die große Raupe des Herkulesspinners muss sich gut festhalten, wenn sie hoch oben in den Bäumen frisst. An ihren Stummelbeinchen sitzen darum Häkchen, die ihr Halt geben.

 Larve    Puppe   Imago

Die Käferwelt

Insekten sind die erfolgreichsten Geschöpfe der Tierwelt und Käfer die erfolgreichste Gruppe aller Insekten. Ihre Ordnung trägt den wissenschaftlichen Namen Coleoptera. Es gibt mehr als 350 000 Arten, und nach Ansicht der Entomologen warten noch Hunderttausende auf Entdeckung.

Käfer unterscheiden sich sehr in Form und Größe. Sie haben besonders dicke Außenskelette und harte Flügeldecken – Elytren genannt –, die die zarthäutigen Hinterflügel schützen. Durch die zähe Außenhaut sind Käfer vielleicht ein wenig langsamer, dafür aber vor Räubern gut geschützt.

Käfer haben kräftige Mundwerkzeuge, mit denen sie fast jede Nahrung zerbeißen und zerkauen können. Die Pflanzenfresser unter ihnen sind oft sehr wählerisch, was Blätter, Blüten, Pollen oder Rinden angeht, die ihnen als Nahrung dienen. Einige Käfer sind Räuber und jagen kleine Tiere, darunter Fische und andere Insekten. Wieder andere ernähren sich von toten Tieren oder von Ausscheidungen anderer Tiere. Sie sind sozusagen die Gesundheitspolizei.

Diese Marienkäfer haben sich an einem geschützten Platz zum Überwintern zusammengefunden. Dieses Verhalten heißt Aggregation. Manchmal zählen solche Massenansammlungen von Marienkäfern mehrere Tausend Individuen.

Dieser 3,2 cm lange Schwimmkäfer hat einen kleinen Fisch fest im Griff. Die an Land unbeholfenen Schwimmkäfer tauchen und schwimmen sehr gut. Durchs Wasser bewegen sie sich schnell, indem sie ihren stromlinienförmigen Körper mit den kräftigen Hinterbeinen vorwärtsstoßen.

Prachtkäfer

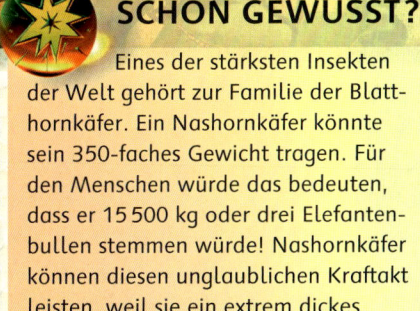

WÖRTERBUCH

Das Wort **KÄFER** stammt vom mittelhochdeutschen kevere und bedeutet „Kiefer" – die bei Käfern sehr stark sind.

Im Mittelalter wurden viele Ernten von Blattläusen vernichtet. Häufig tauchten Schwärme von **MARIENKÄFERN** auf und fraßen die Blattläuse. Zum Dank benannten die Menschen sie nach Maria, der Mutter Jesu.

SCHON GEWUSST?

Eines der stärksten Insekten der Welt gehört zur Familie der Blatthornkäfer. Ein Nashornkäfer könnte sein 350-faches Gewicht tragen. Für den Menschen würde das bedeuten, dass er 15 500 kg oder drei Elefantenbullen stemmen würde! Nashornkäfer können diesen unglaublichen Kraftakt leisten, weil sie ein extrem dickes Außenskelett sowie sehr leistungsfähige Muskeln haben.

WEGWEISER

● Wespen und Rüsselkäfer sind nützliche Insekten. Was machen sie? Lies nach auf S. 134 und 138.

KÄFER-GALERIE

Käfer kommen in vielen Farben, Formen und Größen vor – abhängig von ihren Lebensweisen und Bedürfnissen.

SEI AKTIV!

Bau eine Falle

Kleine Krabbelinsekten sind meist schwer zu entdecken, insbesondere, wenn sie nachts aktiv sind, wie viele Käfer. Eine Möglichkeit, die Krabbeltiere in deiner Umgebung kennenzulernen, ist der Bau einer Falle.

1. Lege feuchtes Küchenpapier, ein paar Blätter und Zweige in eine leere Dose ohne Deckel.
2. Grabe ein Loch in den Boden und stelle die Dose so hinein, dass sie mit dem Erdboden abschließt.
3. Lege vier Steine um die Dose und darauf ein Brett. So können Insekten hinein, Regen und größere Tiere aber bleiben draußen.
4. Sieh häufig in die Falle. Die Insekten, die du nachts fängst, sind andere als die, welche am Tage in die Falle gehen. Auch wird der Fang je nach Jahreszeit unterschiedlich sein.
5. Lass die Insekten frei, wenn du sie dir gründlich genug angesehen hast.

Dieser Kurzflügler ist klein und schlank, sodass er sich behände durch Zweige und Blätter zwängen kann, wenn er im Laub, wo er lebt, nach Beute sucht.

Eine auffällige Färbung ist in der Tierwelt oft eine Warnung an Insektenfresser, dass die Beute übel schmeckt oder sticht. Von diesem Buntkäfer halten sich Feinde fern – obwohl er eigentlich harmlos ist.

Diese Pillendreher haben Tierdung zu einer Kugel geformt und rollen sie nun zu ihrer Brutkammer. Das Weibchen legt dort ein oder mehr Eier in die Kugel, und wenn die Larven schlüpfen, fressen sie den Dung. Diese Käfer erledigen eine sehr wichtige Aufgabe in der Natur. Australien musste Pillendreher aus Afrika einführen, weil die einheimischen Dungkäfer mit dem Dung der riesigen Rinder- und Schafherden nicht fertig wurden.

Manche Käfer wie dieser afrikanische Prachtkäfer haben Haarbüschel auf ihrem Rücken. Diese Haare sind eine Art Tarnung, durch die der Käfer schwerer zu entdecken ist.

Die Fühler dieses südamerikanischen Bockkäfers sind 7,5 cm lang. Mit diesen Fühlern kann er ein Weibchen oder Nahrung über eine Entfernung von über 3 km ausmachen.

Goliathkäfer

Raupe des
Gabelschwanzes

Raupe des
Bürstenbinder-
spinners

Raupe des
Monarchfalters

Die Bürstenbinderspinnerraupe hat Brennhaare
und schmeckt schlecht. Die mit chemischen Gift-
stoffen vollgepackte, auffällige Raupe des Monarchfalters kann ihre Feinde töten. Wird die Gabelschwanzraupe beunruhigt,
so streckt sie ihr rot umrandetes Scheingesicht hoch und wedelt mit zwei
keulenartigen Geißeln am Hinterteil. Außerdem versprüht sie Ameisensäure.

Jeden Herbst ziehen Millionen von
Monarchfaltern vom Norden der USA
und Kanadas nach Kalifornien und
Mexiko, um dort zu überwintern. Sie
legen dabei Tausende von Kilometern zurück.

Schillernde Schönheiten

Unter den Schmetterlingen erregen die bunt geflügelten Tagfalter
am meisten Aufmerksamkeit, die aber nur einen geringen Teil der
über 150 000 Arten zählenden Insektenordnung Schuppenflügler
(Lepidoptera) ausmachen. Die Nachtfalter sind meist klein und
unauffällig gefärbt und passen sich der Rinde oder den Blättern
an, auf denen sie sitzen. Die meisten sind nachts aktiv und haben
einen ausgeprägten Geruchs- und Hörsinn entwickelt. Manche
Nachtfalter fliegen aber auch tagsüber und sind lebhaft gefärbt.
Und manche Tagfalter haben unscheinbare, braune Hinterflügel,
mit denen sie sich als tote Blätter tarnen, wenn sie ruhen.
Schmetterlinge und ihre Raupen ernähren sich sehr unterschiedlich.
Tag- und Nachtfalter beginnen beide als weichhäutige Raupen mit
kräftigen Kauwerkzeugen. Da die Raupen sich nur langsam fortbewegen, sind sie eine leichte Beute für Räuber, und manche
haben darum zur Abwehr Tricks entwickelt (siehe oben). Während
einer vollständigen Metamorphose bilden sich die Mundwerkzeuge der Raupe in einen langen, dünnen Saugrüssel um. Damit
kann der Schmetterling nur flüssige Nahrung aufnehmen.

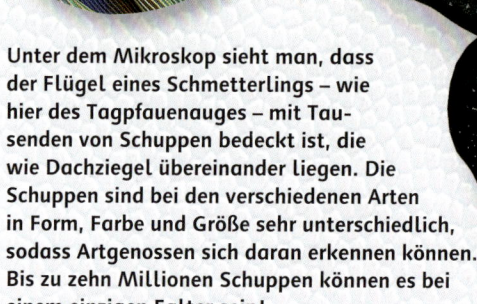

Unter dem Mikroskop sieht man, dass
der Flügel eines Schmetterlings – wie
hier des Tagpfauenauges – mit Tausenden von Schuppen bedeckt ist, die
wie Dachziegel übereinander liegen. Die
Schuppen sind bei den verschiedenen Arten
in Form, Farbe und Größe sehr unterschiedlich,
sodass Artgenossen sich daran erkennen können.
Bis zu zehn Millionen Schuppen können es bei
einem einzigen Falter sein!

WER IST WAS?

Willst du einen Tag- von
einem Nachtschmetterling
unterscheiden, sieh dir erst
einmal die Fühler an. Alle
Tagschmetterlinge haben
dünne, fadenähnliche Fühler,
die an den Spitzen verdickt
sind, wie bei diesem Bläuling.
Auch haben alle einen Saugrüssel, den sie zum Nektar-
saugen ausrollen.

Die Fühler von Nachtschmetterlingen sind glatt
oder, wie bei diesem Bärenspinner, gefiedert. Die
meisten Arten haben aufgerollte Saugrüssel. Einige
haben kurze, stechende Mundwerkzeuge. Wieder
andere haben nichts von beidem, können nicht essen
und leben nur, bis sie sich fortgepflanzt haben.

WÖRTERBUCH

SCHMETTERLING kommt wohl von Schmetten, was „Sahne" heißt. Man erzählt, dass Hexen als Schmetterlinge umherflogen, um Sahne zu stehlen.

MIMIKRY nennt man die Fähigkeit wehrloser Tiere, gefährliche Arten nachzuahmen, um so von Fressfeinden verschont zu bleiben. Der harmlose Hornissenglasflügler imitiert darum die Warntracht der Hornisse.

SCHON GEWUSST?

Nicht alle Schmetterlinge sind Pflanzenfresser. Mehrere Schwalbenschwänze saugen das verwesende Fleisch toter Tiere auf. Südamerikanische Heliconiden (Mimikryfalter) schlürfen gern Urin. Und der asiatische Vampirfalter ernährt sich vom Blut schlafender Säugetiere, auch des Menschen.

WEGWEISER

- Wie wird aus einer Raupe ein Falter? Das steht auf S. 126–127.
- Warum ahmt ein Schmetterling das Aussehen eines anderen nach? Lies darüber auf S. 143.
- Wofür Menschen Spinnenseide brauchen, steht auf S. 146.

Ein farbenprächtiger Mimikryfalter (Heliconiide) nimmt mit ausgebreiteten Flügeln ein Sonnenbad. Seine Flügelunterseiten sind erstaunlich düster, und in Ruhestellung – mit über dem Rücken zusammengeklappten Flügeln – fällt er Fressfeinden kaum auf. Dieser südamerikanische Schmetterling ernährt sich von Nektar, den er durch seinen entrollten Saugrüssel aufsaugt.

INSIDESTORY

Seidenspinner-Raupen

Seide wird aus dem Material gemacht, aus dem die Raupe des Seidenspinners ihren Kokon spinnt. Wenn die Raupen verpuppungsreif sind, produzieren sie einen Speichel, der an der Luft zu einem Faden erhärtet. Dieser Faden kann fester sein als die gleiche Fadenlänge bestimmter Stahlarten. Zum Spinnen der Kokons brauchen die Raupen etwa drei Tage. Wenn die Kokons fertig sind, werden sie von den Seidenherstellern im Ofen erhitzt, damit die Insekten in ihrem Innern absterben. Danach werden die Kokons in kochendes Wasser getaucht. Dadurch lösen sich Anfang und Ende der Fäden, die dann vorsichtig abgewickelt und auf eine Spule gerollt werden. Mehrere Kokonfäden werden zu einem Seidenfaden versponnen.

Nicht alle Nachtfalter sind unscheinbar. Dieses bunt gemusterte Exemplar sieht zwar wie ein Tagfalter aus, ist aber ein tagsüber fliegender Nachtfalter aus Madagaskar. Wie fast alle Nachtfalter streckt er die Flügel in Ruhestellung seitwärts aus. Auch hat er glatte Fühler.

Nur wenige Nachtfalter falten ihre Flügel so, wie die „88". Tagschmetterlinge falten die Flügel senkrecht zum Körper. Anders als bei den meisten sind aber bei der „88" die Flügelunterseiten bunt und die Oberseiten düster.

Soldat –
Großköpfige Ameise

Arbeiterin –
Großköpfige Ameise

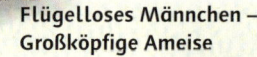

Flügelloses Männchen –
Großköpfige Ameise

Geflügelte Königin –
Großköpfige Ameise

Tier-Staaten

Ameisen gehören wie Bienen und Wespen zur Ordnung der Hautflügler (Hymenoptera) und sind soziale Insekten – sie arbeiten zusammen zum Wohle der ganzen Kolonie. Die Rotgelbe Knotenameise bildet Staaten mit mehr als 300 Millionen Individuen in unterirdischen Nestern, die größer als 490 Fußballplätze sind!

Die meisten Ameisen bauen Nester in hohlen Bäumen, auf Pflanzen oder aus Erdreich. Manche Arten, wie die Wander- und die Treiberameisen sind nomadisch und bleiben nie lange an einem Ort.

Fast jede Ameisenkolonie besteht aus der Königin und den weiblichen Arbeiterinnen. Die wenigen Männchen sind nur da, um die Königin zu begatten, deren einzige Aufgabe die Eiablage ist. Große Arbeiterinnen, die Soldaten, verteidigen das Nest. Andere schleppen Nahrung herbei – Samen, Pilze, süße Pflanzensäfte oder Beutetiere – und wieder andere versorgen die Jungen und reinigen das Nest.

Die Australische Bulldoggameise frisst alle Arten von Pflanzen, ist aber auch ein flinker Jäger mit riesigen Mundwerkzeugen, die Menschen schmerzhafte und Insekten tödliche Bisse zufügen können. Diese Bull-doggameise hat einer Laubheuschrecke aufgelauert und sie rasch getötet.

Die von den Blättern einer Kannenpflanze gebildeten Trichter sind mit Verdauungs-säften gefüllt. Die meisten Insekten, die dort hineinrut-schen, ertrinken und werden von der Pflanze verdaut. Doch einige überleben. Hier ist eine Ameise hinein-getaucht, vermutlich, um die Grille anzuknabbern.

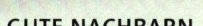

GUTE NACHBARN

Ameisen können mit verschiedenen anderen Ameisen und Insekten, aber auch mit Pflanzen zusammenleben.

Ameisen und Blattläuse gehen eine Symbiose ein. Die Ameisen verteidigen die Blattläuse gegen Angreifer. Als Gegenleistung ernähren sie sich vom Honigtau, einem zuckerhaltigen Sekret, das die Blattläuse ausscheiden.

WÖRTERBUCH

Eine **ART** ist eine Gruppe von Organismen, die sich ähneln und gemeinsam fortpflanzungsfähige Nachkommen zeugen können. Wissenschaftler ordnen mehrere eng miteinander verwandte Arten zur **GATTUNG**. Mehrere Gattungen, die gemeinsame Merkmale aufweisen, werden zu einer **FAMILIE** zusammengefasst.

SCHON GEWUSST?

Einige große Honigtopfameisen hängen sich an die Decke ihrer Nestkammer. Während der Regenzeit in den Halbwüstengegenden, wo sie leben, werden sie von den übrigen Ameisen mit Wasser und Honig vollgestopft. Ihr Hinterleib schwillt so sehr an, dass sie sich nicht mehr bewegen können. In der Trockenzeit ernähren diese lebenden „Honigtöpfe" die Kolonie.

WEGWEISER

• Wie finden Ameisen den Weg vom Nest zur Nahrung und wieder zurück? Lies darüber auf S. 122.
• Was tut man, wenn eine Kolonne Treiberameisen anrückt? Ein Tipp steht auf S. 140.

INSIDESTORY

Atta-Ameisen

Blattschneiderameisen der Gattung Atta gelingt es wie keinem andern Tier, aus Gefangenschaft zu entkommen. Zoos, die solche Kolonien halten, müssen Spezialschaukästen anfertigen lassen, in denen Wassergräben die Ameisen an der Flucht hindern. Und die Glaswände der Kästen müssen mit besonders glitschigen Chemikalien bestrichen sein, damit die Ameisen nicht hinausklettern können. Sollte es irgendwo in den USA, wo Blattschneiderameisen keine natürlichen Feinde haben, einer Königin gelingen zu entkommen, würde sie in nur 5 Jahren mehr als 32 Quadrillionen (32 000 000 000 000 000!) neue Königinnen hervorbringen. Dies würde der Pflanzenwelt unvorstellbaren Schaden zufügen. Und wenn jede dieser Königinnen ein Nest mit je 100 000 Arbeiterinnen anlegen würde, versänken die USA unter einer 33,5 m mächtigen Ameisenschicht!

Blattschneiderameisen arbeiten schwer. Mittelgroße Arbeiterinnen schneiden Blattstücke ab und tragen sie zum Nest. Kleine Arbeiterinnen sitzen auf den Blättern und schützen ihre Nestgefährtinnen vor parasitären Fliegen. Sie legen einen Blätterhaufen vor den Eingang, wo Soldaten mit großen Köpfen und Kiefern Wache halten. Andere Arbeiterinnen bringen die Blätter nach unten. Sie zerkauen sie und mischen den Brei mit Speichel. Daraus entsteht ein Kompost für den Anbau von Pilzen, von denen sich die Kolonie ernährt.

Auch manche Ameisen und Pflanzen leben in Gemeinschaften. Eine Akazienart bildet hohle Dornen, in denen Ameisen ihren Bau anlegen. Die Ameisen verjagen alles, was der Akazie schaden könnte – von Käfern bis zu Kühen. Sie beschneiden sogar Pflanzen in der Nähe der Akazie, damit sie genug Sonne bekommt.

Amazonenameisen haben Kiefer nur für den Kampf mit anderen Ameisen. Sie können nicht einmal selbst fressen. Stattdessen stehlen sie die Eier und Puppen anderer Ameisen. Die geschlüpften Jungen arbeiten als Sklaven für sie, füttern und säubern die gesamte Amazonenkolonie!

Stachelträger

Trotz der schmerzhaften Stiche, die Bienen und Wespen austeilen, zählen sie zu den wichtigsten Mitgliedern der Insektenwelt. Pflanzen werden von ihnen bestäubt. Gäbe es keine Bienen, hätten wir kaum Obst und Gemüse. Und gäbe es keine Wespen, würde es in unseren Gärten und Höfen von schädlichen Insekten wimmeln.

Bienen haben sich aus Wespen entwickelt, und beide gehören zur Ordnung der Hautflügler. Insektenforscher haben über 100 000 Arten beschrieben, von denen die meisten zwei Paar Flügel haben, eine „Wespentaille", beißende Mundwerkzeuge und zwei Komplexaugen. Von anderen Insekten unterscheiden sie sich vor allem durch ihre hoch entwickelte Lebensführung. Während viele Hautflügler als „Einzelgänger" gelten, weil sie ihr Nest in den Boden graben oder in hohlen Bäumen anlegen, bilden sozial lebende Bienen und Wespen unglaublich komplexe Gesellschaftssyteme in Stöcken oder Nestern – was sie auf die höchste Entwicklungsstufe im Insektenreich stellt.

Eine Schlupfwespe stellt anderen Insekten nach – meist nicht für sich selbst, sondern für ihre Larven! Sie erbeutet ein Insekt, beispielsweise eine Schmetterlingsraupe, und legt mit dem Legestachel Eier darauf ab. So finden die Wespenlarven nach dem Schlüpfen reichlich Futter vor.

Diese Blattschneiderbiene hat ein Stück aus einem Blatt geschnitten und trägt es zwischen den Kiefern zu ihrem Nest. Dort kleidet sie damit eine Zelle aus, füllt sie mit Nektar und Pollen und legt darauf ein Ei ab.

Made
Eine Bienenmade wird fünf bis sechs Tage mit Honig gefüttert und verpuppt sich dann fünfmal.

Zelle
Arbeiterbienen stellen Wachs her und bauen oder reparieren damit Zellen, in denen sie Honig und Pollen speichern oder Maden aufziehen.

Puppe
In der verschlossenen Zelle spinnt die Made einen Kokon und verpuppt sich darin mehrere Wochen lang.

Deckelung
Eine Arbeiterin verschließt die Zelle einer fertigen Made mit einem Deckel aus Wachs.

INSIDESTORY

Schädlingsbekämpfer

Insekten vermehren sich so schnell und so zahlreich, dass sie leicht zur Plage werden können. Am besten lassen sie sich mit ihren natürlichen Feinden – darunter auch andere Insekten – bekämpfen. Schon vor 2500 Jahren setzten die Chinesen Insekten zur Schädlingsbekämpfung ein, doch weltweit üblich wurde dies erst in den letzten 40 Jahren. Nachdem sich herausstellte, dass bestimmte Insektizide die Umwelt belasten, hielt man nach besseren Methoden Ausschau. Viele parasitäre Wespenarten werden heute gezüchtet und an Landwirte verkauft, die damit Ernteschädlinge wie z. B. Blattläuse bekämpfen. Schlupfwespen wie die rechts abgebildete werden zur Tötung von Holzwespenlarven eingesetzt, die wertvolle Holzbestände zerstören.

Ameisenwespe

📖 WÖRTERBUCH

HYMENOPTERA kommt von hymen, dem Namen des altgriechischen Vermählungsgottes, und ptera für „Flügel". Das bezieht sich auf die hakenähnlichen Haare auf den Hinterflügeln. Sie verhaken die Vorder- mit den Hinterflügeln und „vermählen" sie sozusagen.

✳ SCHON GEWUSST?

Honigbienen müssen schwer arbeiten, um Honig herzustellen. Für ein Pfund davon müssen Bienen etwa 9000 Kilometer fliegen. Ein einziger Bienenstock kann 50 kg Honig im Jahr herstellen, und das bedeutet, dass die Bienen insgesamt eine Million Kilometer zurückgelegt haben.

🎺 WEGWEISER

• Honigbienen stechen meist nur einmal. Warum? Was ist mit den Wespen? Lies nach auf S. 120.
• Mehr über Insekten mit klimatisierten Nestern erfährst du auf S. 144–145.

Königin
Die Königin scheidet chemische Stoffe aus, die das Verhalten im Bienenstock, wie z. B. das Ausschwärmen, steuern.

Drohne
Die einzigen Männchen im Stock, die Drohnen, begatten die neuen Königinnen.

Ei
Die Königin legt alle Eier. Befruchtete Eier entwickeln sich zu Arbeiterinnen oder Königinnen, unbefruchtete zu Drohnen.

Neue Arbeiterin
Die neue Arbeitsbiene arbeitet 20 Tage lang im Stock und wird dann Nektar- und Pollensammlerin.

Wenige Tiere leben in einer so komplexen Gesellschaft wie die Honigbiene. Mit mehr als 60 000 Individuen in einem Stock ist unermüdlicher Einsatz selbstverständlich. Die Arbeit wird aufgeteilt unter der Königin, den männlichen Drohnen und den Arbeiterinnen.

Königinnenzelle
Die zukünftige Königin wird mit einer eiweißreichen „Bienenmilch" gefüttert, die junge Arbeiterinnen mit speziellen Drüsen im Kopf erzeugen. Die Königinnenzelle ist besonders groß.

Eine Gartenhummel saugt in einer Fingerhutblüte Nektar. Sie speichert den Nektar in ihrem Honigmagen. Wenn die Hummel an bestimmten Blütenteilen entlangstreift, fängt sich Pollen in ihrem dichten Haarkleid.

Die mit Pollen bedeckte Hummel besucht noch andere Fingerhutblüten. Ein Teil des Pollen wird dort abgestreift und befruchtet die Blüte. Das nennt man Bestäubung.

Sobald die Gartenhummel zum Nest zurückgekehrt ist, würgt sie den Nektar aus dem Honigmagen wieder aus und gibt ihn an andere Hummeln ab. Diese „fächeln" das Wasser aus dem Nektar, bis reiner Honig entsteht. Dieser Honig wird zusammen mit Pollen in den Wachszellen gespeichert.

Wegwespe

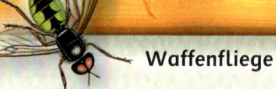

Zweiflügler

Sie ernähren sich von verwesendem Fleisch, durchstechen die Haut, um Blut zu saugen, und können Krankheiten übertragen. Was Fliegen auch machen – selbst wenn sie nur Blüten bestäuben –, sie haben großen Einfluss auf unsere Welt. Über 100 000 verschiedene Arten der Ordnung Zweiflügler (Diptera) sind bekannt.

Die meisten sind nicht größer als ein Daumennagel, obwohl einige, wie z. B. eine Pferdebremse aus Trinidad, so groß wie eine Walnuss werden. Nicht alle Fliegen fliegen auch, aber die es tun, haben zwei Flügel. Was einmal das andere Flügelpaar war, hat sich in Schwingkölbchen oder Halteren umgewandelt. Diese nagelförmigen Körperteile helfen Fliegen, im Flug die Balance zu halten. Manche parasitäre Arten haben überhaupt keine Flügel und lassen sich von ihren Wirten umhertragen. Weil Fliegen keine feste Nahrung aufnehmen können, haben sie Mundwerkzeuge entwickelt, mit denen sie Nahrung in flüssiger Form einsaugen. Die meisten können ausgezeichnet sehen und die geringste Bewegung wahrnehmen.

Maden sind die blinden, beinlosen Larven der Fliegen. Manche fressen zerfallende Pflanzen oder Aas. Andere leben in Teichen und Flüssen, wo sie sich von winzigen Organismen im Wasser ernähren. Wieder andere bevorzugen Lebendiges, wozu Raupen, Spinnen und selbst Menschen gehören.

Fliegen sind dank ihrer stabilisierenden Schwingkölbchen gute Flieger. Diese nagelförmigen Fühler mit Knöpfen am Ende, die hier an einer Schnake zu sehen sind, sind umgewandelte Hinterflügel. Die Schwingkölbchen vibrieren beim Fliegen sehr schnell und halten so die Fliege im Gleichgewicht.

Diese große Raubfliege kann in nur zwei Sekunden von 0 auf 40 km/h beschleunigen, wenn sie eine Biene in der Luft erbeuten will. Ihre scharfen Mundwerkzeuge durchbohren den Rücken des Opfers und töten es sofort. Doch die Raubfliege saugt die Biene erst aus, wenn sie zu ihrem Ruheplatz zurückgekehrt ist.

 INSIDESTORY

Mückenplage

Stechmücken durchbohren die Haut und saugen Blut. Nur die Weibchen der Stechmücken sind Blutsauger, die Männchen schlürfen Nektar. Die Weibchen brauchen Blut, damit sich die Eier entwickeln können. Das Jucken, das du nach einem Stich fühlst, ist eine allergische Reaktion auf Chemikalien, die die Mücke einspritzt, damit dein Blut besser fließt. Der Stich (und vor allem die kleinen Organismen, die in Stechmücken leben) macht diese zu so gefährlichen Geschöpfen – insbesondere, wenn ein solcher Organismus der Parasit ist, der Malaria verursacht. Jahr für Jahr sterben über 2 Millionen Menschen an Malaria. Unsummen sind zur Bekämpfung der Fiebermücken ausgegeben worden, doch noch immer sind sie eine Bedrohung.

WÖRTERBUCH

DIPTERA kommt von den griechischen Wörtern di ("zwei") und ptera ("Flügel"). Einige Fliegen sind flügellos, doch die meisten haben zwei Flügel.

RAUBFLIEGEN können selbst die rasanten Libellen im Flug erbeuten. Ihr Name erklärt sich durch die Art, mit der sie ihre Beute wie hinterhältige Räuber von hinten anfliegen.

SCHON GEWUSST?

Viele Maden sind Krankheitsüberträger, aber nicht alle. Ärzte entdeckten im 19. Jahrhundert, dass manche nur von verrottendem Fleisch leben und gesundes Gewebe nicht anrühren. Die Ärzte legten die Maden auf infizierte Wunden, damit sie die verrottenden Stellen fraßen und so die Wunden reinigten. Noch heute werden diese Maden für Wundheilung eingesetzt.

WEGWEISER

• Wie überleben Fliegenlarven, die doch blind sind und nicht laufen können? Lies nach auf S. 127.
• Wie Insekten die Welt sauber halten, erfährst du auf S. 128–129.

Die Augen der männlichen Stielaugenfliege sitzen auf langen Stielen an ihrem Kopf. Das Männchen mit dem weitesten Abstand zwischen den Augen darf sich mit dem Weibchen paaren.

FLIEGENKOST

Alle Fliegen nehmen flüssige Nahrung auf – je nach Art auf unterschiedliche Weise. Die Stubenfliege isst nahezu jedes organische Material, darunter auch verdorbenes Fleisch und Dung. Doch immer muss sie ihr Futter erst mit Speichel auflösen. Dann tupft sie die flüssige Nahrung auf.

Fruchtfliegen – Maden und ausgewachsene – mögen überreifes Obst. Sie nehmen selbst gegorenes Obst (werden davon aber nicht betrunken).

Die Tsetsefliege, die sich von Rinder- und Menschenblut ernährt, kann sich so vollsaugen, dass ihr Bauch dick geschwollen ist (rechts). Sie verbreitet die Schlafkrankheit, die das Nervensystem von Tier und Mensch schädigt.

Der Hummelschweber hat lange, nadelartige Mundwerkzeuge, mit denen er Nektar saugt. Aber seine Maden schmarotzen bei anderen Insekten.

Bremse

Insekten und Pflanzen

Über die Hälfte aller Insekten sind Pflanzenfresser. Die Beziehung zwischen Insekt und Pflanze ist einzigartig. Insekten bestäuben Blütenpflanzen und helfen, tote zu recyceln, indem sie aus ihnen Nährstoffe für neue Pflanzen gewinnen. Ohne dieses Geben und Nehmen hätten wir keine Biodiversität – die ungeheure Artenvielfalt bei Tieren und Pflanzen. Diese gegenseitige Hilfe bei der gemeinsamen Entwicklung von Tier und Pflanze nennt man „Koevolution".

In der freien Natur werden die Populationen der pflanzenfressenden Insekten dadurch in Schranken gehalten, wie viel Nahrung sie finden – und wie leicht sie zu Nahrung für andere werden. Doch der Mensch kann dieses Gleichgewicht verändern, vor allem durch den Pflanzenanbau. Plötzlich finden Insekten wie Heuschrecken Nahrung in unbegrenzten Mengen und werden von keinem Feind bedroht. Dann werden Insekten zur Plage.

Doch nicht alle Pflanzen lassen sich die Attacke der Insekten gefallen. Manche haben zur Abwehr von Pflanzenfressern Dornen oder Gifte entwickelt. Andere wie die Venusfliegenfalle haben gelernt, die Insekten, die sie fressen wollen, selbst zu verspeisen.

Eine Fliege ist in einer Venusfliegenfalle aus Mexiko festgeklemmt. Die leuchtenden Farben der Blüte locken die Fliege an, und die dornenbesetzten Blätter schnappen zu, sobald sie die Fühlborsten zweimal berührt hat. In den nächsten zwei Tagen verdaut die Fliegenfalle das Insekt und erhält so Nährstoffe, die sie aus dem kargen Boden nicht gewinnen kann.

Hätten sie einander nicht, würden die Yuccamotte und die Yuccapflanze wohl aussterben. Die Yuccapflanze wird von dem Falter bestäubt, da das Weibchen seine Eier in den Fruchtknoten der Pflanze ablegt. Die Samen der Pflanze dienen den aus den Eiern schlüpfenden Raupen als Futter, aber sie verbrauchen nicht alle Samen. So wächst eine neue Pflanzengeneration nach. Auch eine neue Mottengeneration folgt, und der Kreislauf beginnt von Neuem.

INSIDESTORY
Rüsselkäfer als Retter

Ein Wasserfarn aus Brasilien wurde in Afrika, Asien und Australien eingeführt, wo er keine natürlichen Feinde hatte, die seine Ausbreitung behinderten. Er wuchs so schnell, dass Seen, Speicherbecken und langsam fließende Flüsse wie dieser in Papua-Neuguinea (oben) erstickten. Fischer konnten nicht fischen, und Mücken vermehrten sich rasend schnell. Vergeblich versuchten die Anwohner, den Farn zu vernichten. Schließlich erfuhren Wissenschaftler von dem brasilianischen Rüsselkäfer Cyrtobagus. Er ernährt sich von diesem Farn. Nachdem man die Rüsselkäfer ausgesetzt hatte, machten sie kurzen Prozess mit dem Bewuchs. In nur drei Monaten war der Fluss in Papua-Neuguinea farnfrei (unten).

Vorher

Nachher

📖 WÖRTERBUCH

EVOLUTION ist der Vorgang, bei dem sich aus Tieren und Pflanzen im Laufe von Jahrmillionen neue Arten entwickeln.

BIODIVERSITÄT steht für biologische Artenvielfalt. Wenn Arten aussterben, nimmt die Biodiversität ab.

✦ SCHON GEWUSST?

Im Winter sehen sie wie Würmer aus und werden im Sommer zu Gras. Wie kommt das? Die Raupen der Eulenfalter graben sich zum Überwintern im Boden ein, aber dabei werden manche von einem Pilz befallen. Im Frühling sprießen dann aus den Raupen lange, grasähnliche Stängel!

▷ WEGWEISER

• Wie aus einem Ei ein schöner Schmetterling wird, kannst du auf S. 126–127 nachlesen.
• Auf S. 134 steht, wie man Schädlinge auch ohne Insektizide bekämpfen kann.

ALLE PFLANZENTEILE ESSEN

Der Rüssel des Eichelbohrers ist das perfekte Bohrwerkzeug für harte Nüsse. Mit den Kiefern an der Rüsselspitze bohrt das Tier in die harte Schale des Samens.

Früchte und Samen stecken voller Nährstoffe. Die Raupe des Maiszünslers hat eine Vorliebe für weiche Maiskerne und kann Ernteschäden verursachen.

Viele bodenbewohnende Käfer wie der Gehörnte Pilzkäfer ernähren sich von toten Blättern, die voller Pilze und Bakterien sind.

Die meisten Insekten fressen das ganze Blatt, doch die Made der Minierfliege ist so klein, dass sie sich mitten durchs Blatt bohren kann. Der geschlängelte Larvengang ist deutlich zu erkennen.

Der Hickory-Hornteufel ist die Raupe des Walnussfalters. Weil die Raupe so lange braucht, bis sie die zähen Blätter der Nussbäume verdaut hat, und viel davon essen muss, um zu wachsen, hat sie ein langes Verdauungssystem in einem langen Körper. Die Stacheln dienen dem Schutz vor Feinden.

Blütenpflanzen wie die auf dieser Seite gezeigten locken Bienen, Wespen, Ameisen, Fliegen und Schmetterlinge mit süßem Nektar. Manche Schmetterlinge fressen auch Pollen, der reich an Protein ist.

Raupen des Kiefernprozessionsspinner

Auf dem Marsch

Flugunfähige Insekten benutzen zur Fortbewegung ihre Beine.
Alle Insekten haben sechs vielgliedrige Beine, die sie sehr standfest
machen. Sie können schnell starten und abrupt stoppen, ohne
sich zu überschlagen. Auch sind sie sehr leicht und darum
äußerst wendig.

Manche Arten haben Klauen oder haftende Polster an den Füßen.
Grashüpfer besitzen so kräftige Hinterbeine, dass sie Sprünge machen
können, die viele Male höher als sie selbst sind. Manche Springer
benutzen ihre Beine gar nicht – winzige Springschwänze klappen eine
Sprunggabel nach hinten aus, während Schnellkäfer sich mit einem
Schnappgelenk zwischen Kopf und Brust vorwärtsschnellen.
Ruderartige Beine machen für viele Wasserinsekten das Schwimmen
einfach. Libellennymphen können sich vorwärtsbewegen, indem sie
Wasser aus der Spitze ihres Hinterleibs spritzen.

Viele Larvenarten kommen ganz ohne Beine aus. Manche, wie
Fliegenmaden, schlängeln sich vorwärts. Andere, wie Ameisen-
und Bienenmaden, brauchen keine Beine, weil ihnen ihre
Nahrung angeliefert wird.

Wenn ein Insekt
läuft, bewegt es das
erste und das dritte
Bein auf einer Seite
und das zweite auf
der anderen. Dann sind
die anderen drei Beine dran.
Darum laufen Insekten ein
wenig im Zickzack.

INSIDESTORY

Ameisenkolonne

Wenn 22 Millionen Treiberameisen auf eine Ortschaft vorrücken, wissen die
Leute, dass es an der Zeit ist, für eine Weile zu verschwinden. Obwohl Treiberameisen blind sind – und jede nicht länger als 1 cm ist –, kommen sie in einem
breiten, geschlossenen Zug, und ihre gewaltige Zahl bedeutet das Ende für
alles kleine Getier, das zu langsam ist. Sobald ein Kundschafter der Treiberameisen zum Beispiel eine Heuschrecke oder eine Kröte entdeckt hat, gibt er
einen chemischen Duftstoff ab, und innerhalb
von Sekunden haben Tausende mit scharfen
Kiefern ausgestattete Arbeiter das Opfer
erstickt, in Stücke zerrissen und zur Haupt-
kolonne geschleppt. Diese Ameisen vernichten lästiges Getier wie Schaben,
Skorpione und Spinnen. Darum verlassen
Dorfbewohner in Afrika trotz der Unan-
nehmlichkeiten ihre Behausungen gar
nicht so ungern.

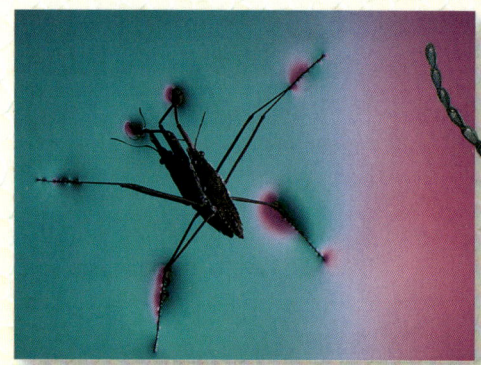

Der Wasserläufer nutzt die Oberflächenspannung des Wassers zum Laufen. Seine
Beine sind mit wasserabweisenden Härchen ausgestattet, die verhindern, dass
die Wasseroberfläche durchstoßen wird.
Würden die Härchen sich vollsaugen,
könnte der Wasserläufer nicht über
das Wasser stelzen.

Das Bein der Koringkriek-Grille
ist nicht zum Davonspringen
gedacht. Die Grille ist schwer
gepanzert und mit Dornen
bewehrt und braucht außer
Raubvögel und Eidechsen
nichts zu fürchten.

BEIN-KOLLEKTION
Insektenbeine sind sehr unterschiedlich
geformt. Jede Art hat die für ihre Lebensweise und Bedürfnisse geeigneten Beine
entwickelt – zum Laufen, Schwimmen,
Springen oder Beutefangen.

Die bedornten Vorderbeine
einer Gottesanbeterin schießen
hervor und ergreifen eine Beute
in einer zwanzigstel Sekunde.

WÖRTERBUCH

OBERFLÄCHENSPANNUNG ist die Haut an der Wasseroberfläche, die das leichte Gewicht von Blättern, Zweigen und auch manchen Insekten trägt.

Die **SPRUNGGABEL** sitzt beim Springschwanz als Anhang am Hinterleib. Sie wird durch kräftigen Muskeleinsatz nach unten und nach hinten gepresst und schleudert das Tier in die Luft. In Ruhe wird sie vorn an den Bauch gelegt.

SCHON GEWUSST?

Die beinlose Larve des Stylops, eines Fächerkäfers, wartet im Nektarvorrat einer Blüte. Eine Biene schlürft den Nektar – und die Larve dazu. Im Bienenstock würgt die Biene den Nektar für die Bienenmaden aus. Auch die Stylopslarve ist dabei und bohrt sich zum Fraß in eine Bienenmade ein.

WEGWEISER

• Lies über eine Insektenordnung, deren Mitglieder laufen, schwimmen, springen und fliegen können, auf S. 120–129.

Wenn dieser Erdfloh einen Satz macht, schießt er mit über 15 km/h Geschwindigkeit durch die Luft und dreht sich dabei in einer einzigen Sekunde 70-mal kopfüber. Trotzdem landet er sicher auf den Füßen. Die vergrößerten Hinterbeine enthalten ein spezielles Sprungorgan – eine Chitinscheibe mit vielen Muskeln –, das den Käfer mit solchem Tempo springen und dennoch zielsicher landen lässt.

Die mit Haaren besetzten und von starken Muskeln im Brustabschnitt angetriebenen beiden langen Beine des Schwimmkäfers werden wie Ruder bewegt und treiben ihn rasch durchs Wasser.

Fliegenfüße haben an jedem Fuß Haarpolster, die ölige Flüssigkeiten ausscheiden, sodass die Fliege an Fensterscheibe und Zimmerdecke haften bleibt.

Raupen haben vorne kurze, gegliederte Beine und hinten Bauchfüße, stummelförmige falsche Beine. An ihnen sitzen Häkchen, mit denen sich die Raupe an Blättern festklammert.

141

Ameisenwespe   Blutströpfchen

Überlebenstricks

Insekten stehen auf der Speisekarte unzähliger Tiere in aller Welt. Angesichts ihrer ungeheuren Zahl, ihrer Allgegenwart und ihres hohen Proteingehalts ist das nicht weiter erstaunlich. Aber Insekten haben eine Fülle von Tricks entwickelt, mit denen sie sich gegen das Gefressenwerden wehren. Viele Insekten halten sich unterirdisch verborgen. Andere tarnen sich so, dass sie eins mit Blättern, Rinde oder Blüten werden, oder sie sehen selbst wie Blätter oder Zweige aus. Manche Insekten, wie Nachtfalter, kommen nur im Schutz der Dunkelheit hervor.

Insekten, die sich am Tag nicht verstecken, vertreiben mit schmerzhaften Stichen oder Gift Räuber. Leuchtende Warnfarben wie Rot, Gelb und Orange teilen Angreifern mit, dass das Insekt kein Leckerbissen ist. Einige Insekten geben sich gefährlich, indem sie wie eine Art aussehen, die es auch wirklich ist. So sind Schwebfliegen harmlos, gleichen aber gelb gestreiften, stachelbewehrten Wespen. Manche Käfer sprühen einem Angreifer Giftstoffe entgegen, tröpfeln ätzende Flüssigkeiten aus oder erzeugen sogar explosive Gifte.

Raupen, die über und über mit Dornen und Brennhaaren bedeckt sind, lassen sich nicht so leicht verspeisen – manche haben Brennhaare, an denen der Räuber ersticken würde. Die Außenskelette mehrerer Käfer sind so hart, dass Feinde sie nicht durchbeißen können. Das alles sind Tricks und Waffen, die das Überleben möglich machen.

Diese Laternenträger sitzen auf einer Baumrinde. Sie sind unauffällig gefärbt und bleiben daher oft von hungrigen Vögeln unbemerkt. Doch der untere Laternenträger ist entdeckt worden. Blitzschnell lässt er seine Flügel aufspringen und zeigt zwei große Flecken, die einem starren Augenpaar gleichen. Wenn der Schnabelkerf Glück hat, ist der hungrige Vogel so erschrocken, dass er ihn in Ruhe lässt.

Diese Flechtenmantis aus Peru wartet fast unsichtbar auf der Rinde eines Baumes. Ihre Tarnung verbirgt sie vor Räubern und verhindert auch, dass ihre Beute sie sieht – bis es zu spät ist.

WÖRTERBUCH

MIMIKRY kommt von dem griechischen Wort mimos, das „Schauspieler" heißt. Insekten ahmen ungenießbare oder besonders wehrhafte Tiere in Körperform oder Färbung nach, um sich vor Feinden zu schützen.

MIMESE nennt man die Nachahmung von unbelebten Gegenständen in der Natur oder von Pflanzenteilen, die für mögliche Feinde uninteressant sind.

SCHON GEWUSST?

Weil seine Fressfeinde nachts keine Warnfarben sehen können, hat der übel riechende Bärenspinner eine Schutztaktik entwickelt, um Räuber wie zum Beispiel Fledermäuse abzuschrecken. Unter seinem Brustabschnitt hat er ein Organ, das beim Fliegen einen Laut erzeugt, der deutlich warnend wirkt. Viele genießbare Falter ahmen diese „akustische" Mimikry nach.

WEGWEISER

• Von was ernähren sich Fliegen? Lies nach auf S. 137.

VERTEIDIGUNGSTAKTIK

Bei einer Störung lässt der Labkrautblattkäfer dünne Membrane in seinem Mund platzen und einen Blutstropfen hervorquellen. Das Blut enthält Stoffe, von denen dem Angreifer übel wird.

Ein Bombadierkäfer, dem Gefahr droht, sondert in eine Kammer seines Hinterleibs chemische Substanzen ab. Diese vermischen sich und reagieren zu einem heißen Stoff, der ausgespritzt wird.

Das Foto rechts zeigt eine Laubheuschrecke, die sich durch Öffnen ihrer Flügel völlig verändert hat. Das allein reicht aus, um Räuber zu verwirren und gibt der Schrecke Zeit, sich aus dem Staub zu machen.

Wenn eine Wespe oder eine Biene einen Angreifer loswerden oder eine Beute lähmen will, setzt sie ihren Stachel ein. Der Stich einer Gemeinen Wespe ist schmerzhaft, aber nichts im Vergleich zu dem einer Spinnentöter-Wegwespe oder einer Ameisenbiene. Einige südamerikanische Ameisen versetzen Stiche, die wie Feuer brennen.

Der Monarchfalter (rechts) ist giftig und zeigt das mit seiner Warnfärbung. Der Viceroy (links) ist harmlos, ahmt den Monarchen aber nach, damit Räuber auch ihn für ungenießbar halten.

INSIDESTORY

Schmeckt wie Hähnchen?

Vögel, Frösche, Schlangen und andere Gliederfüßer sind nicht die Einzigen, denen Insekten schmecken. Auch Menschen überall in der Welt essen Insekten, die in Regionen, wo keine Viehzucht betrieben wird, als eiweißreiche Kost geschätzt sind. Die Ureinwohner Australiens verspeisen zum Beispiel die süßlich schmeckenden Honigtopfameisen, die fleischigen Bogong-Falter – und die dicke Witchetty-Made, die wie ungesalzene Erdnussbutter schmeckt. In Afrika sammeln die Menschen Tausende winziger Gnitzen und verarbeiten sie zu Hamburgern. In China plant man, klein gehackte Maden als Ersatz für Fleisch anzubieten. Und Ameisen mit Schokoladenguss, wie sie schon vor Jahrhunderten in Nord- und Südamerika gegessen wurden, werden heute in der ganzen Welt als Leckerei angeboten.

Dieses malaysische Wandelnde Blatt ist mit nadelspitzen Dornen besetzt. Dazu erzeugt es einen lauten Schwirrton und wedelt mit seinen kräftigen, bedornten Beinen, bevor es auf einen allzu beharrlichen Angreifer losgeht.

Blasenkäfer   **Baumwanze**

Nestbau

Nest bedeutet von Insekt zu Insekt etwas anderes. Für manche ist es nur die Unterseite eines Blattes, an der sie ihre Eier ablegen oder sich ausruhen können. Aber viele Insekten bauen Nester, in denen ihre Brut in relativer Sicherheit fressen und wachsen kann. Einzeln lebende Bienen und Wespen graben Höhlen oder suchen sich Löcher in totem Holz. Viele Larven bauen sich Schutzkokons aus Blättern oder Erde. So können sie das Puppenstadium ungestört verbringen. Dann gibt es Insekten, deren Nestbauten zu den raffiniertesten der Tierwelt zählen. Termitenhügel beispielsweise sind steinharte Bauten, die höher als ein Elefant sein und mehrere Millionen Individuen beherbergen können. Wissenschaftler glauben, dass es Hügel gibt, die seit über 4000 Jahre bewohnt sind!

Insekten bauen ihre Nester aus den verschiedensten Materialien. Ameisen vermischen Erde mit ihrem Speichel zu einer Art Zement für Tunnelbauten. Termiten fügen Kot hinzu, damit ihr Zement besonders fest wird. Honigbienen sondern aus einer Drüse in ihrem Hinterleib Wachs ab. Mit diesem Wachs fertigen sie die Waben, in denen sie Honig und die Maden unterbringen. Gesellig lebende Wespen wohnen in Papierhäusern. Sie nagen Holz ab, zerkauen es zu Brei, den sie mit ihren Kiefern zu feinen Streifen verstreichen. Die mehrschichtige Papierhülle dient auch zur Wärmeregulierung und schützt die zarten Maden bei fast jedem Wetter.

Diese Weberameisen ziehen die Ränder von zwei Blättern zusammen, damit sie mit Seide, die ihre Larven liefern, zusammengenäht werden können. Dazu halten Arbeiterinnen die Larven mit ihren Kiefern und drücken sie leicht, um sie zum Seidenspinnen anzuregen.

Lüftungsschacht

Das erste Papier

Der Legende nach lernte der chinesische Erfinder des Papiers, Ts'ai Lun (89–106 n. Chr.), von Wespen, wie man Papier herstellt, indem er ihnen beim Nestbau zusah. Er sah, wie Wespen mit ihren kräftigen Kiefern Holzfasern abnagten und sie mit Speichel zu einem Brei vermischten. Dann formten sie aus dem Brei dünne Stücke und ließen sie trocknen. Diese wurden hart, zerkrümelten aber, sobald sie gedrückt wurden. Ts'ai Lun perfektionierte die Papierherstellung der Wespen und benutzte statt Speichel Kleister. Und er strich lange, flache Bögen aus.

Eine Termitenart in Nordaustralien ist in diesen hohen, zementharten Säulennestern zu Hause. In diesem Teil der Welt kann es sehr heiß werden, doch der Hügel funktioniert wie eine Art Kühlturm. Tunnel in seinem Innern wirken wie eine Klimaanlage und lassen die von den Termiten erzeugte Wärme entweichen, während kühlere Luft aus dem Boden nachströmt.

Nest der Pillenwespe   Köcherfliegenlarve mit Gehäuse

WÖRTERBUCH

KOLONIE kommt von colonia, dem lateinischen Wort für „Ansiedlung". Eine Insektenkolonie ist eine Ansammlung von Individuen der gleichen Insektenart, die zusammenleben und sich die Arbeit teilen.

Eine **KAMMER**, von lateinisch camera (Raum), ist ein abgeteilter Raum in einem Insektennest.

SCHON GEWUSST?

Im 2. Weltkrieg machte ein deutsches Aufklärungsflugzeug in Afrika eine Bruchlandung. Zuerst wurde angenommen, es sei abgeschossen worden. Ein Entomologe aber entdeckte, dass sich eine Blattschneiderbiene in einem der Schläuche in den Instrumenten des Flugzeugs eingenistet hatte. Weil der Schlauch blockiert war, wusste der Pilot nicht, wie schnell er flog. Und so kam es zur Bruchlandung.

WEGWEISER

• Was geschieht bei der Verwandlung einer Nymphe in ein erwachsenes Insekt? Lies darüber auf S. 124–125.

Tief im Innern einer Termitenkolonie lebt die Königin 15 Jahre lang in einer Kammer und legt 14 Millionen Eier. Andere Kammern umgeben sie. In einigen sind Pilzgärten angelegt, aus denen die Kolonie sich ernährt, und andere sind Kinderstuben, in denen es von Termitennymphen wimmelt. Es gibt sogar Abfallkammern. Ein Gewirr von Tunneln sorgt für Luftzirkulation.

Pilzgärten

Arbeiterinnenkammer

Königinkammer

Kinderstube mit Nymphen und Eiern

Soldat

ABSCHWIRREN

Wenn eine neue Königin geboren wird, verlässt die alte den Stock mit einem Teil des Volkes.

Wenn Arbeiterinnen mit der Aufzucht einer neuen Königin in einer Königinkammer (rechts) beginnen und diese schlüpft, fliegt die alte Königin mit einem Teil des Volkes davon.

Mindestens 70 000 Honigbienen-Arbeiterinnen schwärmen aus dem alten Nest mit der alten Königin aus. Sie lassen sich auf einem nahen Baum nieder und warten, bis die Kundschafter einen Platz für ein neues Nest gefunden haben.

Haben die Kundschafterbienen einen geeigneten Platz gefunden, teilen sie dies den anderen mit einem Tanz mit. Hier ist es die Wabe eines Imkers. Der Imker hat die Königin in die Wabe gesetzt. Die anderen folgen ihr.

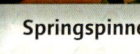

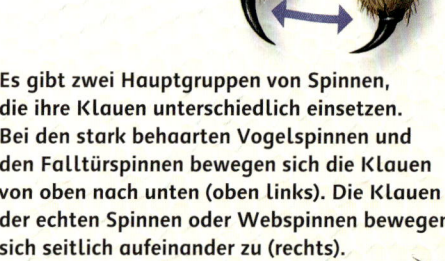

Spinnen

Spinnen gehören zu den Spinnentieren (Arachniden) und haben acht Beine. Ihr Körper ist deutlich zweigeteilt – in einen Vorderkörper, bestehend aus Kopf und Brust (Cephalothorax), und einen Hinterkörper (Abdomen). Statt Fühler haben Spinnen als Sinnesorgane zwei Tastbeine (Pedipalpen). Meist haben sie acht einfache Augen, manche sind aber augenlos. Immer haben Spinnen ein Paar Klauen (Cheliceren). Häufig wird durch diese Klauen ein lähmendes Gift in die Opfer gespritzt.

Wie Insekten sind auch Spinnen eine der am zahlreichsten vertretenen Gruppen im Tierreich. Sie finden sich auf Berggipfeln ebenso wie unter Wasser, in Kellern und Wohnungen. Es gibt rund 36 000 Arten, darunter tellergroße Wüstentaranteln und tropische Spinnen, kleiner als Stecknadelköpfe. Alle Spinnen sind Räuber, und was sie fressen, hängt von ihrer Größe und Stärke ab. Die größten unter ihnen überwältigen große Insekten, Skorpione, Eidechsen, kleine Säuger und Vögel. Die meisten Spinnen aber ernähren sich von kleinen Insekten und anderen Spinnen. Ohne sie würden lästige Insekten wie Fliegen und Schaben die Erde geradezu überschwemmen.

Es gibt zwei Hauptgruppen von Spinnen, die ihre Klauen unterschiedlich einsetzen. Bei den stark behaarten Vogelspinnen und den Falltürspinnen bewegen sich die Klauen von oben nach unten (oben links). Die Klauen der echten Spinnen oder Webspinnen bewegen sich seitlich aufeinander zu (rechts). Mit beiden Methoden können Spinnen ihre Beute packen und festhalten.

Spinnenforscher

Wissenschaftler, die sich mit Spinnen befassen, heißen Arachnologen. Manche arbeiten mit extrem gefährlichen Spinnen und sammeln ihr Gift, um daraus Gegengifte für giftige Spinnenbisse oder Medikamente für Krebs und Herzkrankheiten herzustellen. Andere erforschen Spinnseide und machen Vorschläge für ihre Verwendung, wie zum Beispiel die Herstellung von sehr feinen Fäden zum Vernähen von Wunden oder von Schutzkleidung wie schusssicheren Westen. Umweltschutz ist ein weiteres Gebiet, auf dem Arachnologen sich betätigen. Je mehr Lebensräume in der Natur zerstört werden, desto mehr Spinnenarten sind vom Aussterben bedroht. Viele seltene Spinnen werden heute in Gefangenschaft gezogen.

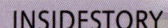

Diese Wasserspinne lebt unter Wasser. Damit sie dort atmen kann, spinnt sie ein Taucherglockennetz und füllt es mit Luftblasen, die sie von der Wasseroberfläche mitbringt. Tagsüber bleibt sie in der Glocke und geht nur nachts auf die Jagd.

MÖCHTEGERNSPINNEN

Manche Spinnentiere sehen Spinnen ziemlich ähnlich, doch lass dich davon nicht täuschen.

Eine Walzenspinne sieht vielleicht wie eine haarige Spinne aus, hat aber den für Skorpione typischen, stark unterteilten Hinterkörper. Walzenspinnen haben im Verhältnis zu ihrer Größe die kräftigsten Mundwerkzeuge aller Tiere. Damit zerschneiden und zerquetschen sie Mäuse, Vögel und Eidechsen, bevor sie sie fressen.

WÖRTERBUCH

Einem altgriechischen Mythos zufolge war Arachne eine Weberin, die von der Göttin Athene in eine Spinne verwandelt wurde. Ihr Name steckt in Wörtern wie **ARACHNIDEN** = Spinnentiere und **ARACHNOLOGIE** = Spinnenkunde.

SCHON GEWUSST?

Wenn du eine Schwarze Witwe zum ersten Mal siehst, wirst du kaum glauben, dass etwas so Kleines so gefährlich sein kann. Denn diese erbsengroßen Spinnen können ein Gift injizieren, das 15-mal gefährlicher ist als das einer Klapperschlange. Zum Glück hält sie sich meist verborgen.

WEGWEISER

• Die Häutung ist eine der gefährlichsten Zeiten im Spinnenleben. Lies weiter auf S. 150–151.

Auge
Manche Spinnen können sehr gut sehen, andere dagegen sind blind.

Hinterkörper
(Abdomen) Er enthält die Seidendrüsen, die Lungen und andere lebenswichtige Organe.

Tastbeine
Die Tastbeine (Pedipalpen) dienen als Sinnesorgane oder zur Nahrungsaufnahme. Männchen benutzen sie auch zur Samenübertragung bei der Paarung.

Klauen
Zwei Klauen (Cheliceren) sitzen vor dem Mund. Bei den meisten Arten führt ein Giftkanal hindurch.

Kralle
Viele Spinnen haben gezähnte Krallen und Härchen, mit denen sie ihre Netzfäden halten.

Diese Marmorierte Kreuzspinne ist für Menschen nicht gefährlich. In ihrem Leben frisst sie mehr als 350 Fliegen und Wespen und vernichtet so lästige Insekten. Trotz ihres schlechten Rufs sind Spinnen wichtige Schädlingsbekämpfer und helfen, die Zahl der Schaben, Fliegen und sogar Skorpione zu verringern.

Vorderkörper
(Cephalothorax) An dem Kopfbruststück sitzen auch die Kiefer und die Beinpaare.

Bein
Alle Spinnen haben acht gegliederte Beine. An den hintersten sitzen oft Klauen, mit denen Beute in Seide gewickelt wird.

Spinnen haben Außenskelette, die nicht mitwachsen. So müssen sie sich wie die Insekten häuten, während sie heranwachsen. Diese Rotknie-Vogelspinne hat sich aus ihrem alten Außenskelett gezwängt.

Die meisten Milben sind mikroskopisch klein, aber die leuchtend scharlachrot gefärbte Samtmilbe kann man mit bloßem Auge sehen. Milben leben fast überall und wahrscheinlich gibt es von ihnen mehr als von jeder anderen Gruppe der Gliederfüßer.

Obwohl dieser Weberknecht einer Spinne sehr ähnlich sieht, scheint er wie die Milben nur einen Körperabschnitt zu haben. Die Beine vieler Arten sind auffallend lang, aber einige haben auch kurze.

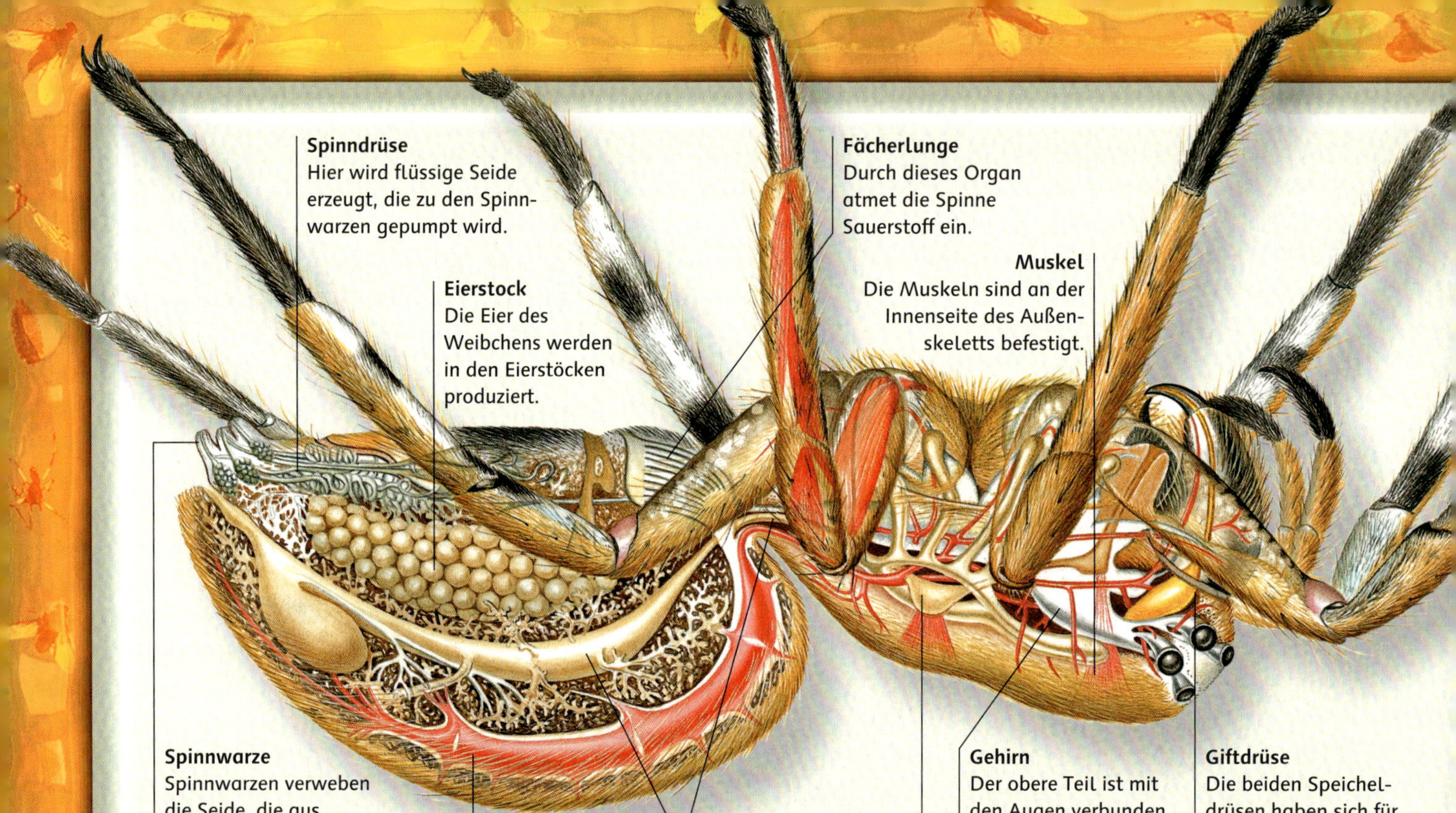

Spinndrüse
Hier wird flüssige Seide erzeugt, die zu den Spinnwarzen gepumpt wird.

Eierstock
Die Eier des Weibchens werden in den Eierstöcken produziert.

Fächerlunge
Durch dieses Organ atmet die Spinne Sauerstoff ein.

Muskel
Die Muskeln sind an der Innenseite des Außenskeletts befestigt.

Spinnwarze
Spinnwarzen verweben die Seide, die aus Spinnspulen kommt.

Herz
Das Herz der Spinne ist lang und dünn und verläuft unter der Rückendecke des Hinterleibs.

Mitteldarm
Im Mitteldarm wird die Nahrung verdaut. Von hier gelangt sie in den Blutkreislauf.

Saugmagen
Die Nahrung wird in das muskulöse Organ gesogen und dann im Verdauungstrakt verarbeitet.

Gehirn
Der obere Teil ist mit den Augen verbunden. Der untere Teil steht mit dem übrigen Körper in Verbindung.

Giftdrüse
Die beiden Speicheldrüsen haben sich für die Erzeugung von Gift und Verdauungssäften weiterentwickelt.

Ein Blick in den Körper einer Jagdspinne zeigt, wie eine Spinne funktioniert. Diese schnell laufenden Räuber gehören zu den echten Spinnen.

Von nah gesehen

Die Spinne besitzt ein Gehirn, das als Kontrollzentrum des Körpers fungiert. Sie hat ein Herz, das nährstoffreiches Blut zu den Organen pumpt. Sie hat Lungen zum Atmen. Und ein Verdauungssystem zerlegt die Nahrung. Wie bei den Insekten arbeiten diese Systeme jedoch etwas anders als bei den Wirbeltieren.

Die meisten Spinnen nehmen Sauerstoff auf zwei Arten auf. Luft gelangt durch Schlitze im Hinterleib in die Fächerlungen, von wo aus sie in das Blut strömt und zu den einzelnen Körperteilen gelangt. Viele Arten haben außerdem Tracheen oder Atemröhren, die zu Atemlöchern führen. Manche Spinnen besitzen keine Tracheen, dafür aber zwei Paar Fächerlungen.

Spinnen können ihre Nahrung nur flüssig aufnehmen. Zwar haben einige Mundteile, mit denen sie die Beute zerquetschen können, doch müssen alle Spinnen ihre Nahrung verflüssigen, damit sie sie aufsaugen können. Die meisten Arten spritzen ihrer Beute Gift ein und spucken dann Verdauungssäfte in das Opfer, um die Körpergewebe aufzulösen. Die verflüssigte Nahrung wird in den Saugmagen gesogen und in den Verdauungstrakt befördert.

Mit einem weiteren wichtigen Körpersystem produzieren Spinnen Seide, das sie zu einem tödlichen Zweck weiterentwickelt haben.

Spezialdrüsen im Hinterleib der Spinne erzeugen flüssige Seide. Diese wird zu den Spinnwarzen der Spinne geleitet, wo sie aus Hunderten von Spinnspulen – hier 170-fach vergrößert – austritt. Spinnen haben zwei bis drei Paar Spinnwarzen, und jede Spinnwarze hat verschiedene Arten von Spulen für verschiedene Arten von Seide.

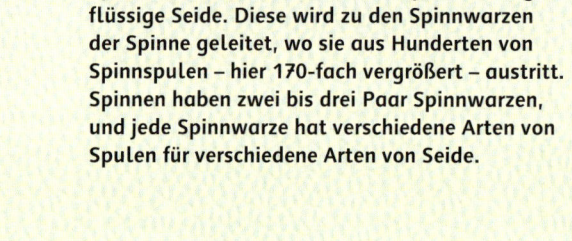

Vogelspinne   Luchsspinne

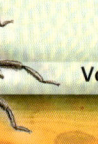

WÖRTERBUCH

Die **FÄCHERLUNGE** heißt so, weil hier die Haut in viele Falten gelegt ist, wie der Stoff eines Fächers. Dadurch vergrößert sich die Oberfläche, über die die Spinne Sauerstoff aufnehmen kann.

Der **CEPHALOTHORAX** ist der zu einem Stück verschmolzene Kopf und Thorax bei Spinnen und Krebstieren. Der Ausdruck setzt sich aus den altgriechischen Wörtern kephale für „Kopf" und thorax für „Brustpanzer" zusammen.

SCHON GEWUSST?

Die meisten Spinnen leben nur 2 bis 3 Jahre, aber die tropischen Vogelspinnen werden 7 bis 15 Jahre alt, allerdings ist die mexikanische Rotknie-Vogelspinne eine Ausnahme. Sie braucht fast 7 Jahre, um geschlechtsreif zu werden. Die meisten Männchen sterben 6 bis 12 Monate danach. Die Weibchen aber können 30 Jahre alt werden.

WEGWEISER

- Das Insekteninnere ist etwas anders als das der Spinnen. Sieh dir die Systeme der Insekten auf S. 120–121 an.
- Wie Spinnen verhindern, dass sie sich in ihren eigenen Gespinsten verfangen, steht auf S. 152.

Die Unterseite dieser kopfüber in ihrem Netz hängenden Gartenkreuzspinne bietet eine ganz andere Anblick einer Spinne. Man kann die eingeschlagenen Klauen sowie die Ansätze der Beine am Vorderkörper erkennen. Auch die Spinnwarzen an der Spitze des Hinterkörpers sind zu sehen.

SELTSAME SPINNEN

Manche Spinnen passen nicht in die übliche Spinnenform. Wissenschaftler haben keine Erklärung, warum die Stachelspinne (rechts) so merkwürdig aussieht, aber bei der Radnetzspinne (unten) lässt sich vermuten, dass die pfeilförmigen Stacheln an ihrem Hinterleib sie davor bewahren, von Vögeln gefressen zu werden.

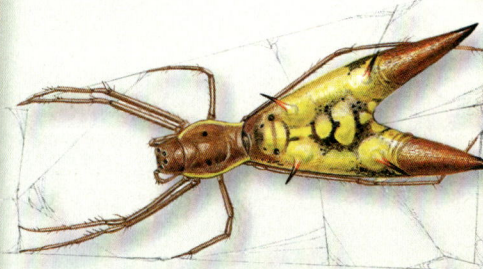

Der seltsame „lange Hals" auf dem Hinterleib dieser Spinne verändert die Spinnengestalt, sodass Räuber sie nur schwer ausmachen können.

Die Augen dieser winzigen Spinne sitzen ganz oben auf ihrem Vorderkörper. Manche Forscher vermuten, so könne sie Beute besser ausmachen, andere meinen, die verlängerten Kiefer dienen der Nahrungsaufnahme.

SEI AKTIV!

Spinnenbeobachtung

Die meisten Spinnen sind scheu und halten sich versteckt. Dennoch wirst du überall, wo du suchst, mit ziemlicher Sicherheit Spinnen finden.

1. Berühre nie eine Spinne, wenn du nicht weißt, ob sie harmlos ist. Wenige Arten sind gefährlich, aber viele können schmerzhaft beißen.
2. Fasse nie mit den Fingern in ein Loch, unter einen Baumstamm oder unter einen Stein, wo du sie nicht sehen kannst.
3. Am besten holst du einen Erwachsenen dazu.
4. Drinnen: Suche nach Radnetzspinnen auf Fensterbänken. Sie sitzen mitten in ihrem Netz oder in einer Fensterecke.
5. Dunkler, trockener Boden (rechts): Wenn du das Netz einer Hausspinne findest, berühre es sanft. Dann krabbelt die Spinne herbei und sieht nach, ob Beute drinnen ist.
6. Draußen: Spinnen sind hier schwerer zu finden – vielleicht sitzen sie versteckt unter Steinen oder Holzstücken

Diese Streckerspinne schmiegt zur Tarnung ihren schmalen Leib mit den langen Beinen eng an Zweige und Halme an.

Falltürspinne   Haubennetzspinne

Eisack und Eier der
Rotbraunen Jagdspinne

Frisch geschlüpfte
Jagdspinne

Juvenile
Jagdspinne

Erwachsene
Jagdspinne

Ein Spinnenleben

Spinnenweibchen legen ihre Eier wenige Wochen nach der
Paarung ab. Alle Spinnenmütter umhüllen ihre Eier mit einem
Kokon, damit sie feucht bleiben und vor Parasiten geschützt sind.
Viele Mütter sterben kurz nach der Eiablage. Falltürspinnen
bewachen ihre Jungen in ihren Erdlöchern, während Wolfspinnen
und Raubspinnen ihren Eikokon herumtragen, bis die Jungen
Monate später schlüpfen.

Schlüpfende Jungspinnen müssen sich erst aus der Eihülle und
dann aus dem Eisack zwängen. In den ersten Tagen leben sie von
den Resten des Eidotters und bleiben meist eng beieinander.
Manche Jungspinnen werden von ihren Müttern bewacht und
beschützt – es gibt sogar Webspinnenweibchen, die sich als erste
Mahlzeit für ihren Nachwuchs opfern! Doch die meisten Jungspinnen müssen allein für sich sorgen. Wenn das Wachstum
einsetzt, müssen sie das Nest verlassen, damit sie sich nicht
gegenseitig auffressen. Wie alle Gliederfüßer streifen auch sie
ihre alten Außenskelette ab, um wachsen zu können. Je nach
Art häutet sich eine Spinne 6- bis 30-mal in ihrem Leben.

Spinnen paaren sich
auf vielfältige Art.
Links im Bild ist
das Weibchen der
Grünen Luchsspinne zu sehen.
Das Weibchen befestigt einen Seidenfaden an dem Blatt, auf dem es sitzt,
und springt dann in die Luft. Das Männchen folgt ihr an seinem eigenen Faden.
Sie paaren sich dann, an ihren Leinen
hängend, in der Luft.

SEI AKTIV!
Spinnenbeobachtung

WARNUNG: Wenn es in deiner Gegend Giftspinnen gibt, ist dieses Projekt nichts
für dich. Was du ansonsten für die Spinnenjagd gebrauchen kannst, ist ein durchsichtiger Plastikbehälter. Stelle den unteren Teil über die Spinne, pass aber auf,
dass du ihre Beine nicht einklemmst – mit ihren langen Beinen und weichen
Körpern sind Spinnen leicht verletzbar und, wenn man zu grob vorgeht, kann
man sie auch töten. Zieh den Behälter langsam über
den Deckel. Wenn die Spinne drinnen ist, schließe ihn.
Nun kannst du das Tier gut mit dem Vergrößerungsglas
beobachten. Wenn du fertig bist, lass die Spinne frei,
wo du sie gefunden hast. Du kannst auch die
abgestreiften Häute der Spinnen untersuchen.
Sie sind sehr empfindlich, nimm sie darum
vorsichtig mit einer Pinzette auf und sieh
sie dir mit einer Lupe an.

Diese weibliche Wolfsspinne trug ihr Eipaket
wochenlang an ihren Spinnwarzen herum. Sie
ritzte das Eipaket auf, damit die Jungspinnen
schlüpfen konnten, und nun trägt sie sie
huckepack. Alle bleiben bis zu ihrer
ersten Häutung bei ihr.

DER SPINNE NEUE KLEIDER

Das Abstreifen der Haut ist mühsam – und gefährlich! Wenn es zu
trocken ist, kann die Spinne in ihrem Außenskelett stecken bleiben und
sterben. Das neue Außenskelett bleibt mehr als einen Tag lang weich
und macht die Spinne in dieser Phase besonders verletzbar. Männchen
hören gewöhnlich mit dem Häuten auf, wenn sie erwachsen sind.

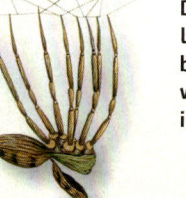

Die alte, ihren Hinter-
leib bedeckende Haut
beginnt wegzurutschen,
während die Spinne
ihre Beine befreit.

Eine weibliche Riesennetzspinne hängt an
ihrem Netz, während ihr altes Außenskelett
an der Kante ihres Cephalothorax aufreißt.

WÖRTERBUCH

Junge Spinnen auf dem Weg zum Erwachsenwerden nennt man **JUVENIL** – lateinisch juvenilis = jugendlich.

ALTWEIBERSOMMER nennt man die vielen dünnen Fäden, die im Frühherbst in der Luft schweben. Produziert werden sie von juvenilen und kleinen erwachsenen Spinnen. Sie klettern an Gräsern und Zweigen empor, lassen Spinnfäden austreten und fliegen im Wind davon.

SCHON GEWUSST?

1883 vernichtete ein Vulkanausbruch auf der Insel Krakatau alles Leben. Als erste Heimkehrerin schwebte eine Spinne an ihrem Seidenfaden herbei.

Auch in den eisigen Küstengewässern Neuseelands lebt eine Spinnenart, die ihr Nest an Seetang aufhängt.

WEGWEISER

● Wie Spinnen häuten sich auch Insekten. Mehr darüber steht auf S. 124–125.

Die Raubspinne Pisaura gilt zu Recht als gute Mutter. Sie schleppt ihr Eipaket überall mit sich herum. Wenn ihre Kleinen schlüpfbereit sind, baut sie ihnen aus Seide eine Kinderstube. Sie bewacht die Jungen sogar und verjagt kleinere Räuber, die ihnen zu nahe kommen.

Die Spinne zieht ihre langen, zerbrechlichen Beine langsam ganz aus der alten Haut heraus. Das macht sie so, wie man einen Handschuh auszieht, aber wenn etwas schiefgeht, hat die Spinne womöglich keine Beine mehr.

Nachdem die Spinne ganz herausgeklettert ist, hängt sie hilflos an ihrer alten Außenhaut, während das Blut in die neue Haut fließt und sie ausdehnt, solange sie noch weich ist. Erst nach 20 Minuten ist die Haut so weit erhärtet, dass die Spinne in ihr Netz zurückklettern kann.

Netzexperten

Nach Meinung der Wissenschaftler haben Spinnen
Seide ursprünglich zum Bau ihrer Eikokons gebraucht.
Doch im Laufe der Evolution haben Spinnen gelernt,
bis zu sieben verschiedene Fadenarten herzustellen –
sie packen damit ihre Beute und ihre Eier ein, kleiden
Erdhöhlen aus und machen daraus Sicherheitsfäden
für den freien Fall, Stolperfäden, klebrige Fangfäden
und natürlich Netze. Selbst bei der Paarung ist Seide
im Spiel. Das Männchen der Wanzenspinne fesselt
das Weibchen, damit es nicht gefressen wird!
Netze sind so verschiedenartig wie die Spinnen, die sie
weben. Kreuzspinnen bauen die bekannten runden
Radnetze, während Hausspinnen hauchdünne Gespinste
herstellen. Andere fertigen mehrschichtige Netze, die
an niedrigen Büschen und Gräsern hängen, Scheibennetze
mit tunnelförmigen Fluchtröhren, wo sie auf Beute lauern,
oder Stolperfäden vor ihren Schlupfwinkeln. Aktiv jagende
Spinnen produzieren seidene Zugleinen, die sie wie Berg-
steiger benutzen, wenn sie auf Beutefang sind.
Spinnseide ist eine in Hinterleibsdrüsen erzeugte Flüssigkeit
und tritt durch Spinnspulen an den Spinnwarzen aus. Die
Spinne zieht mehrere Fäden auf einmal heraus. Durch das
Strecken verfestigt sich die Seide. Spinnseide ist beinahe
so fest wie vergleichbare Faser aus Stahl und zweimal so
dehnbar wie Nylon. Weil die Seide voller Proteine ist,
verspeisen viele Spinnen ihre Netze, wenn sie
unbrauchbar geworden sind.

Seidenfäden bestehen
aus vielen Fädchen und
werden aus den Spinn-
warzen einer Spinne
gezogen, die die Seide
wie Finger in genau die
Richtung lenken, wo
die Spinne sie braucht.
Jeder Faden ist für
einen ganz bestimm-
ten Zweck geeignet.

Die Afrikanische Argiope wartet in
ihrem Netz, bis sich ein Insekt darin
verfängt. Die Beute bleibt kleben,
nicht aber die Spinne, die ihr Netz
mit einem Rahmengerüst aus nicht
klebenden Fäden gebaut hat, auf
denen sie entlangläuft. Die Fäden
für das übrige Netz sind mit Kleb-
stoff versehen, auf dem Insekten
unentrinnbar festgehalten werden.

Speichen gezogen

WÖRTERBUCH

Das Wort **SPINNE** kommt von Althochdeutsch spinna = die Fadenziehende.

STABILIMENTE kommt von lateinisch stabilimentes = Befestigungen. Es sind auffallend gestaltete Seidenbahnen in Radnetzen. Vermutlich dienen sie der Tarnung der Spinne oder dem Anlocken von Beute.

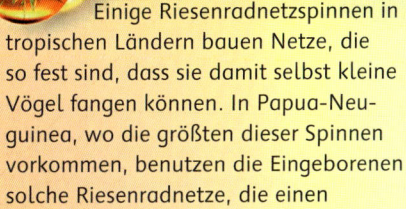

SCHON GEWUSST?

Einige Riesenradnetzspinnen in tropischen Ländern bauen Netze, die so fest sind, dass sie damit selbst kleine Vögel fangen können. In Papua-Neuguinea, wo die größten dieser Spinnen vorkommen, benutzen die Eingeborenen solche Riesenradnetze, die einen Durchmesser von 2,5 m erreichen, als Fischfangnetze.

WEGWEISER

• Was sieht eine Biene, wenn sie eine Blüte erblickt? Das steht auf S. 122.
• Seidenstoff wird aus Insektenspucke gemacht. Lies nach auf S. 131.

NETZ-ARTEN

Wie ein Netz aussieht, hängt von der Spinne ab, die es gewebt hat. Spinnweben reichen von sorgfältig ausgeführten Bauten bis zu wüsten Fadengewirren. Manche Spinnen stellen jede Nacht ein neues Netz her. Andere weben ein neues Netz nur, wenn das alte nicht mehr klebt.

Das im Gebüsch verspannte Deckennetz der Baldachinspinne mag etwas unordentlich aussehen, aber ein Insekt, das sich in dem fein gesponnenen Gewebe verfängt, fällt meist in ein zweites Netz darunter.

Die aus feiner Seidenwolle gesponnen Falle ist zwar nicht klebrig, aber Insekten verfangen sich schnell darin.

Nachdem die Trichterspinne ein Gewirr von Stolperfäden vor ihrem Wohngespinst ausgelegt hat, hockt sie bewegungslos und wartet. Berührt ein Insekt einen Stolperfaden, spürt die Spinne die Bewegung – und schlägt zu.

Eine Wespe ist der Kreuzspinne in die Falle gegangen. Sie muss die Wespe zunächst in eine seidene Zwangsjacke wickeln, damit sie sie nicht stechen kann. Erst dann injiziert die Spinne ihr Gift.

Bei einem unregelmäßigen Deckennetz sind gespannte Fangleinen mit klebrigen Enden am Boden befestigt. Wenn ein Insekt über eine Fangleine krabbelt, schnellt die Leine zurück und das Opfer hängt hilflos in der Luft.

INSIDESTORY

Sichtbare Netze

Insekten können Spinnennetze erkennen, weil sie ultraviolettes Licht sehen, das von diesen reflektiert wird. Warum also umfliegen sie die Netze nicht? Forscher vermuten, dass manche Netze die gleichen ultravioletten Muster zeigen wie Blüten. Schmetterlinge und Fliegen könnten also glauben, sie flögen in eine Blüte und nicht in ein klebriges Netz. Andere Netze sehen vielleicht wie eine helle Lichtquelle aus und locken Falter an. Zebraspinnen verstärken oft die Mitte ihrer Netze mit Zickzackmustern, sogenannten Stabilimenten. Jede Art hat ihr Muster – vielleicht sollen damit Insekten angelockt oder Vögel (und Menschen!) gewarnt werden. Möglicherweise schützen Stabilimente die Spinne wie ein Schirm vor Sonne.

Die Dreiecksspinne hält ihr Netz mit den Vorderbeinen und verankert sich mit einem Faden an dem Zweig hinter ihr. Berührt ein Insekt das Netz, lässt die Spinne los, und das Netz fällt auf die Beute, die nicht entkommen kann.

Hilfsspirale aus Trockenfäden angelegt

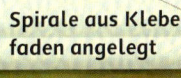

Spirale aus Klebefaden angelegt

Kurzflügler · Klauen der Jagdspinne

Worterklärungen

Abdomen Der hintere Teil des Körpers eines Insekts oder einer Spinne. Er enthält die Verdauungsorgane, das Atmungs- und Fortpflanzungssystem sowie das Herz.

Arachniden Spinnentier. Ein Gliederfüßer mit acht Beinen. Spinnen und ihre Verwandten – darunter Zecken, Milben, Walzenspinnen und Skorpione – sind alle Arachniden.

Arthropode Gliederfüßer. Ein Tier mit gegliederten Gliedmaßen und einem in Segmente (Abschnitte) aufgeteilten Körper, der von einem Außenskelett umgeben ist.

Chitin Das leichte, aber widerstandsfähige Material, aus dem das Außenskelett und die Flügel eines Insekts bestehen.

Eisack Ein Gespinst, mit dem ein Spinnenweibchen seine Eier verpackt, um sie vor Feinden und vor Austrocknung zu schützen.

Engerling Die Larve bestimmter Käfer. Er kann ähnlich wie eine Raupe aussehen.

Häutung Das Abstreifen einer äußeren Hülle des Körpers. Insekten und Spinnen werfen ihre alten Außenskelette ab, um wachsen zu können.

Imago Ein voll ausgebildetes, erwachsenes Insekt.

Kaste Eine soziale Gruppe, die bestimmte Aufgaben erfüllt. Ameisen und sozial lebende Bienen werden in zwei Kasten eingeteilt – die Königin und die Arbeiterinnen.

Kolonie Eine Gruppe von Tieren der gleichen Art, die zusammen leben und arbeiten. Die Bewohner eines Ameisennestes, eines Bienenstocks oder eines Termitenhügels sind Beispiele für eine Insektenkolonie.

Kommunikation Verständigung. Der Informationsaustausch zwischen Tieren.

Komplexauge Das Hauptaugenpaar eines Insekts, das aus vielen kleinen Augen oder Linsen besteht, die jedes eine Bewegung getrennt sehen.

Made Die beinlose Larve einiger Fliegen.

Metamorphose Der Vorgang der Gestaltumwandlung. Insekten verändern sich vom Jugend- zum Erwachsenenstadium durch unvollkommene oder vollkommene Metamorphose.

Mimikry Eine Überlebenstaktik, mit der ein Tier ein anderes nachahmt. Insekten und Spinnen können Angreifer glauben lassen, sie seien gefährlich oder giftig, was sie aber nicht sind, und verhindern so, gefressen zu werden.

Mimese Die Nachahmung von unbelebten Gegenständen der Natur oder Pflanzenteilen.

Nymphe Das Jugendstadium von Insekten, die ihren Eltern schon ähnlich sind und über mehrere Häutungen eine einfache Metamorphose durchleben, bis sie erwachsen sind.

Ordnung Eine große Gruppe verwandter Tiere und Pflanzen. Insekten werden in rund 30 verschiedene Ordnungen eingeteilt, von denen jede bestimmte gemeinsame Merkmale aufweist. Spinnen gehören nur einer einzigen Ordnung der Arachniden an. Eine Ordnung wird in kleinere Gruppen eingeteilt, von Unterordnungen, Familien, Gattungen bis zu Arten.

Pheromon Ein chemischer Duftstoff, mit dem sich viele Tiere verständigen, meist innerhalb der gleichen Art, einen Sexualpartner anlocken oder andere bei Gefahr warnen.

Population Gesamtheit der Individuen einer Art.

Proteine Eiweiße, die für alle Lebewesen unentbehrlich sind.

Puppe Die Entwicklungstufe, die ein Insekt am Ende der vollkommenen Metamorphose durchläuft. In einer harten Puppenhülle lösen sich die Körperteile des Jugendstadiums auf und die Merkmale des erwachsenen Tieres erscheinen.

Segmente Einzelne Körperabschnitte bei Tieren.

soziales Insekt Ein Insekt, das mit Insekten der gleichen Art zusammenlebt, die Jungen aufzieht und Nahrung beschafft. Ameisen, Termiten und einige Bienen und Wespen sind soziale Insekten.

Spezies auch Art. Eine Gruppe einzelner Organismen, die gemeinsame fruchtbare Nachkommen zeugen können.

Stigma (Plural Stigmen.) Ein Atemloch an der Körperoberfläche eines Insekts, durch das Sauerstoff aufgenommen und Abfallstoffe wie Kohlendioxid ausgeschieden werden. Insekten haben zwischen zwei und elf Stigmenpaare. Auch Spinnen können ein oder zwei solcher Atemlochpaare besitzen.

Tarnung Farben oder Muster, die es einem Tier ermöglichen, mit seiner Umgebung eins zu werden. Insekten und Spinnen tarnen sich als Blätter, Rindenstücke oder Blüten.

Thorax Der mittlere Teil eines Insektenkörpers. Er sitzt voller Muskeln, mit deren Hilfe das Tier ein bis zwei Paar Insektenflügel sowie drei Paar Beine, die alle an ihm sitzen, bewegt.

Trachee Atemröhre. Menschen und andere Wirbeltiere besitzen nur eine Trachee, die zu den Lungen führt. Insekten und einige Spinnen haben ein ganzes Netz von Tracheen, die Sauerstoff zu den Organen und Zellen bringen.

Kopf und Mundteile des Sandlaufkäfers · Schwarze Witwe

Register

A

Aas 94, 116
Aasfresser 94, 116
Abdomen 118, 119,
   147, 154
Adler 94

Agonistisches Verhalten
   20, 21
Ahornkäfer 153
Aktivisten 60
Albatrosse 78, 79, 84,
   85, 94
Alter 55
Altweibersommer 151
Amazonasdelfin 34, 35
Ambulocetus 27
Ameisen 122, 132, 133,
   140, 144
Ameisenbiene 143
Ammenhai-Artige 5
Ammenhaie 4, 16
Anatomie 14, 15
Angriffe auf Menschen
   7, 18
Anpassung 4, 14,
   70, 116
Aquarien 64, 65
Arachniden 146, 147,
   154
Arachnologe 146
Arachnologie 147
Arbeiterbiene 134, 135,
   145
Archaeopteryx 72, 73
Argiope, Afrikanische
   152
Arktis, Vögel in der 115
Art 116, 133
Arthropoden 118, 119,
   154
Atemsystem 74
Atlantischer Flecken-
   delfin 33, 66
Atlantischer Weiß-
   seitendelfin 31
Atmen 42, 55
Atmung 16, 17
Auftrieb 78, 79, 99
Aufwinde 79
Augen 96
Augenlider 4
Außenskelett 118, 119,
   124, 125, 147, 150, 151
Aussterben von Arten
   81, 100, 101

B

Babys 13, 20
Balz 84, 85, 116
Barten 30, 31, 68
Bartenwale 26, 28, 31,
   36, 38, 44, 50, 52,
   54-56
Bauchfuß 141
Baumläufer 113
Bedrohte Arten 61
Beidäugiges Sehen 97
Beifang 22
Beiji-Delfin 61, 64
Beine 82, 83, 119,
   140, 141
Beinmuskeln 75
Beißdruck 6
Beluga 27, 30, 34, 35,
   37, 39, 52, 58, 64
Beo 113
Beobachten von Vögeln
   100, 101
Bergketten 112, 113
Bestäubung 135
Beute 95, 116
Beziehungen 54, 56, 57
Biene 134, 135
Bienenkönigin 135, 145
Bienenstock 134, 135,
   145
Biodiversität 139
Biologen 75
Blas 42, 43, 68
Blasennetz 45
Blasloch 24, 25, 30
Blätterdach 108, 109
Blatthornkäfer, Familie
   129
Blattlaus 132
Blattschneiderameisen
   132, 133
Blauhäher 76, 77
Blauwal 25-29, 43-45,
   53, 55
Blubber 28, 40, 41,
   58, 68
Blumen 138, 139
Boote 59
Bowers, Henry 114
Brillenschweinswal 33

Brust 118
Brustbein 74, 75
Brut 89, 116
Brüten 80
Brutfleck 88
Brydewal 36, 61
Buckelwal 24, 28, 29,
   38, 42, 45, 48, 49,
   52-56, 59, 60
Bugwellenreiten 66
Bulldoggameise 132

Burmeisters-Schweins-
   wal 33
Butu 34, 35

C

Cahow 71
Carcharhiniformes 4, 5
Carson, Rachel 100
Central Park 110
Cephalothorax 147, 149
Cetacea 24, 25
Cheliceren 146, 147
Chimären 13
Chinesischer Flussdelfin
   61, 64
Chitin 118, 154
Coleoptera 128, 129
Commersons-Delfin 32
Confuciusornis 73

D

Dalls-Schweinswal 33,
   36, 47
Darwin, Charles 72
Deckflügel 119, 128
Delphinidae 32
Dentikel 14, 15
Drescherhaie 21
Dinosaurier 72
Diptera 136, 137
Dorudon 26
Dreiecksnetz 153
Drohne 135

Dschungel 108, 109
Dugong 25, 40
Dunen 76
Dunkler Delfin 33, 40,
   52, 66

E

Echolokation 30, 40,
   50-52, 68
Ei 88, 89, 124-126,
   135, 150, 151
Eierstock 148
Einordnung von Haien
   4, 5
Eisbären 58
Eisvögel 94
Eizahn 88, 116
Elefantenchimären 13
Elektrischer Sinn 10, 11
Elektrizität 13
Elytren 119, 128
Embryo 88
Engelhaie 5

Engerling 154
Entenwal 30
Erdfloh 141
Erdgeschichte 26, 27
Ernährung 8, 9, 92, 93
Eulen 94, 96, 97
Evolution 81, 100,
   101, 139

F

Fächerlunge 148, 149
Fahne 76, 77
Falken 94, 103
Falknerei 94
Falltürspinne 146, 149
Familien von Vögeln
   110
Familiengruppen 56
Fangschrecke 124
Federn 76, 77, 84,
   85, 116
Felsentaube 98
Fetus 88
Filament 17
Filtrieren 8, 9
Finne 28, 29, 32, 46, 68
Finnwal 31, 43-45
Fische 24, 35, 40
Fischernetze 22
Fischfang 58, 61
Flamingos 70, 71
Fleckendelfine 33,
   56, 66
Fleischfresser 94, 95
Fliege 136, 137, 141
Flipper 28, 46, 48,
   49, 68
Floh 121
Flohkrebse 44
Florfliege 125
Flossen 4, 5, 12-15, 22,
   23, 28, 29, 46
Flug 74, 78, 79
Flügel 74, 78, 79,
   130, 131
Flügelspannweite 78
Flugfedern 76
Flüggewerden 91, 116
flugunfähige Insekten
   140, 141
flugunfähige Vögel
   80, 81
Flugzeuge, Zusammenstöße
   mit 76
Fluke 28, 46, 47, 68
Flukenschlagen 48, 49, 58
Flussdelfine 36, 61
Forschung 39, 60, 61
Fortpflanzung 54, 55, 60
Fossile Heuschrecke 119
Fossilien 26, 27, 68, 72
Fotografie 85
Fressen 44, 45, 51, 56
Früchtefresser 92, 93
Fühler 118, 121-123, 130
Furchenwale 30, 42, 44,
   45

Fußabdrücke 82
Füße 90, 91
Füttern von Vögeln 92

G

Gangesdelfin 30
Ganglien 120, 121
Gänse 73, 98, 99

Gartenhummel 135
Gattung 133
Gauthreaux, Sidney 98
Geburt 54
Geburtsplätze 20
Gefangenschaft 64, 65
Gefieder 76, 77, 84, 85
Gefiederpflege 76
Gehirn 120, 121, 148
Geier 71, 83, 94, 95, 110
Gelege 89, 116
Gemeine Grundhaie 6
Geruchssinn 50
Gesang 52-54, 107,
 108, 116
Geschmackssinn 50, 51
Gewicht von Vögeln
 71, 74
Gewöhnlicher Delfin
 41, 48
Gewölle 96
Gift 146-148
Giftspritzer 143
Gill, Peter 25
Glattwale 25, 31, 36,
 38, 42-44, 54, 60
Gleitflug 78, 79
Gliederfüßer 118, 119,
 143, 146-148, 150
Grashüpfer 140
Grasland 110, 111
Graue Riffhaie 20, 21
Grauwal 24, 30, 38,
 43, 44, 60
Greenpeace 60
Greifvögel 94, 95
Grille 119, 132, 140
Grönlandhaie 14, 15
Grönlandwal 29-31,
 37, 41, 43, 60
Größe 28, 29
Großer Tümmler 28, 32,
 36, 51, 54-57, 64, 66
Großes Barriere-Riff 23

H

Habichte 94
Habitat 71, 116
Hafenschweinswal
 30, 33
Hafte 119
Hai-Angriffe 6, 7, 10
Haie 42, 58, 59
Haiflossen-Suppe 22
Hai-Verwandte 12, 13
Halteren 136
Hammerhaie 10, 11,
 22, 23
Haut 40
Hautflügler 132-135
Häutung 124, 125,
 150, 151, 154
Hectors-Delfin 36
Heranwachsen 90, 91
Herz 14, 17, 74, 75,
 120, 148
Hesperornis 72, 73
Heterodont 18, 19
Heterodontiformes 5, 18
Heuschrecke 122,
 138, 140

Hexanchiformes 5
Himalaja 71, 112, 113
Hinterleib s. Abdomen
Hoatzin 73, 109
Hochgebirge 113
Höhlenbrüter 87
Honigbiene 144
Honigtopfameise
 133, 143
Hören 33, 50, 52, 53
Hornhaie 5, 18, 20
Huftiere 25
Hunter, John 75
Hydrodynamik 11
Hydrophon 53
Hymenoptera 132-135

I

Ichthyornis 72
Ilsa Craig 104
Indischer Schweinswal
 64
Indopazifischer Buckel-
 delfin 40
Indusdelfin 61
Innere Organe 14,
 15, 75
Innere Organe einer
 Spinne 148
Innere Organe eines
 Insekts 120, 121
Insekten fotografieren
 120
Insekten und Pflanzen
 138, 139

Insekten, von Menschen
 gegessen 143
Insektenfalle 129
Insektenfresser 93
Insektenhaltung und
 -fütterung 127
Insektenkörper 118-123
Insektenordnungen
 128-137
Insektenstiche 93
Insektizide 100
Instinkte 94, 116
Irawadi-Delfin 55
IWC (Internationale Wal-
 fang-Kommission) 60

J

Jagdspinne 148, 150
Jagen 44, 45, 51, 58, 59
Japan 61
Juvenile Spinne 151

K

Käfer 118, 119,
 121-123, 127, 128,
 129, 139, 141
Kaiserpinguine 80, 114
Kakapo 80, 81
Kakteen 114
Kältestarre 113, 116
Kämpfen 32, 34, 58, 59
Keiko 64
Karibische Riffhaie 6,
 16, 17
Kasuare 80
Katzenhaie 20
Kehlsack 84, 90
Keratin 30, 31, 68, 82
Kiefer 6, 18, 19
Kiefer, vorschiebbare
 18, 19
Kiemen 4, 5, 14, 16,
 17, 21
Kiwi 80, 81
Klauen 146, 147, 154
Kleiner Schwertwal
 62, 64
Kloake 15
Knochen 74, 75
Knorpel 14
Köcherfliege 126, 144
Kokon 126, 127, 131
Kolibris 70, 71, 93,
 98, 99

Kolonie 145, 154
Kommunikation 48,
 52-54, 56
Komplexauge 118, 154

Kondor 113
Kontinentalschelf 36
Konturfedern 76
Kormorane 72, 90,
 104, 105
Körperbau 24, 28,
 29, 40-42, 46, 47,
 52, 54, 55
Körpertemperatur 15
Krabbenspinne 146
Kralle 94, 147
Krebstiere 31, 44
Krill 41, 44, 45, 56, 68
Krustentiere 44, 68
Kurzflossen-Grindwal
 41, 56

L

Labkrautblattkäfer 143
Laminare Strömung 46
Lamniforme 4, 5, 8
Landung 79
Langflossen-Grindwal 32
Larven 126, 127,
 136, 140
Laubbäume 106, 107
Laubenvögel 84, 85
Laubheuschrecke 143
Laufinsekten 140, 141
Layards-Schnabelwal
 30, 34
Laybourne, Roxy 76
Lebensräume 70, 71,
 100, 101, 116
Lebensraum-Zerstörung
 22
Lebenszyklus der
 Insekten 124-127
Lebenszyklus der
 Spinnen 150, 151
Leber 14, 15
Legestachel 134
Leonardo da Vinci 78
Leopardenhaie 16
Lepidoptera 130, 131
Libelle 120, 123
Lorenz, Konrad 91

M

Made 126, 127, 134,
 137, 154
Magen 120, 148
Magnetfeld der Erde
 98, 99
Magnetsinn 50, 51, 68
Mahimahi 24
Makohaie 6, 8, 16-18
Malaria 136
Mammalodon 26
Mantas 12, 13
Marderhaie 18

Marienkäfer 120, 125,
  127-129
Marine Parks 23
Marlin 58, 59
Mauser 77, 116
Meeresgrund 4, 12,
  13, 19
Meeresparks 64, 65
Meeresräuber 58, 59
Melone 29, 52, 68
Menschenfresser 6, 7
Merkmale 100, 101
Mesonynx 26
Metamorphose 124-127,
  154
Milbe 118, 147

Mimese 143, 154
Mimikry 143, 154
Mitteldarm 148
Moas 73, 80
Monarchfalter 130, 143
Möwen 111, 112
Mulde 71, 86, 87
Mundwerkzeuge 118
Muskeln 74, 75
Mützen-Hammerhaie
  10, 11
Mysticeti 30, 31

N

Nachtaktive Vögel
  96 ,97, 116
Nachtschmetterling
  130, 131, 142
Nadelwälder 112, 113
Nagelhaie 15
Nahrung 4, 6, 8-11
Nahrung von Insekten
  138, 139
Nahrung von Spinnen
  153
Nahrung von Vögeln
  92, 93
Nandus 81
Narwal 30, 34, 35, 54
Naturschutz 101, 103
Naturvölker 60, 61
Navigation 98
Nektar 93, 116
Nest 86, 144, 145
Nestflüchter 90, 91, 116
Nesthocker 90, 91, 116
Nestling 73, 91, 116
Netzbau 152, 153
Neugeborene Haie 20
New York 102
NEXRAD (Next
  Generation Radar) 98
Nickhäute 4, 5
Nistinstinkt 86, 87
Noad, Michael 52

Nomadische Wale
  38, 39, 68

Nordkaper/Nördlicher Glatt-
  wal 36, 60, 61
Nordpol 114, 115
Nymphe 124, 125, 154

O

Oberflächenspannung
  140, 141
Oberschnabel 82, 83
Odontoceti 30, 31
Ohrwurm 124
Ökosystem 92, 93
Orca s. Schwertwal
Ordnungen 4-6, 8, 18
Orectolobiformes 5
Organe 14, 15
Orientierung 50, 51, 62
Ornithologen 71, 116
Ozeane 37

P

Paarung 54, 55
Paarung von Spinnen
  150
Paarungsrituale 84, 85
Paläontologie 27, 68
Paläo-Ornithologen 73
Pampas 110, 111
Papierhersteller 144
Parasiten 58, 59, 62, 68
Parker, Ted 108
Pazifischer Hafen-
  schweinswal s. Vaquita
Pazifischer Weißseiten-
  delfin 33
Pedipalpen 146
Pelikane 79, 90, 105
Pflanzen und Insekten
  138, 139
Pflugnasenchimären 13
Pheromone 154
Phocoenidae 32
Phytoplankton 9
Pigmente 116
Pillendreher 128, 129
Pinguine 71, 80, 105
Pirol 101
Plankton 8, 9, 12, 13
Polarmeer 37
Polarregionen 114, 115
Polarstern 99
Polygynie 86, 87
Poren 10, 11
Pottwal 28, 30, 37,
  41-43, 46, 51, 52, 54,
  57-59,
  61, 62
Prachtkäfer 123, 128

Prägung 94, 116
Prärien 110, 111
Pristiophoriformes 5
Produkte aus Haien 23
Projekt Futterhäuschen 102
Protocetus 26, 27
Pubertät 56, 57
Punktaugen 122, 123
Puppe 126, 127, 134, 154

R

Radar 99
Radnetzspinnen 149,
  153
Räuber 94, 95, 116
Raubfliege 136, 137
Raubmöwen 94, 95
Raubspinne 151
Raupe 121, 126, 127,
  130, 134, 139-141
Regenwälder 108, 109
Rehabilitation 63, 68
Reiher 94
Rettung durch Delfine
  32
Revier 84, 85, 116
Riesenhaie 8, 9
Riesenmaulhaie 4, 8, 9
Riffe 23
Rissos-Delfin 32
Robben 25
Rochen 10, 12, 13

Ross, Graham 35
Rostrum 32, 68
Rowlett, Rose Ann 96
Rückenfinne s. Finne
Rückenflossen 4, 5,
  12, 13
Ruderfußkrebse 31, 44
Rüsselkäfer 122, 138,
  139

S

Samenfresser 92, 111
Sandtigerhaie 21
Sanduhr-Delfin 47
Sauerstoff 14, 16, 17
Säugen 54, 68
Säugetiere 24, 25, 68
Saugrüssel 130
Savannen 110, 111
Schabe 118, 123, 124
Schädlingsbekämpfung
  134, 140, 147
Schaft 77

Schall 50-53
Schallstoß 51
Schiffshalter 59
Schlankjungfer 121
Schlüpfen 81, 90, 116
Schlupfwespe 126, 134
Schmetterling 118, 130,
  131, 143

Schnäbel 82, 83, 92
Schnabelwal 30, 34
Schopf 76, 116
Schuhschnabel 90, 91
Schule 57, 68
Schulterblattfedern
  76, 77
Schuppenflügler
  130, 131
Schutz 142, 143
Schutz der Haie 22, 23
Schwalben 86, 87, 92,
  98 ,99, 102
Schwammträger 57
Schwänze 24, 25, 46, 47
Schwarm 128
Schwarze Witwe 147,
  154
Schwebeflug 79
Schweinswale 38, 56,
  57, 62, 63
Schwertwal 24, 29, 32,
  36, 37, 44, 45, 48, 53,
  57-59, 64, 65
Schwielen 31, 68
Schwimmen 14-17, 28, 33,
  42, 43, 46, 47
Schwimmfüße 83
Schwimmkäfer 121, 127,
  128, 141
Schwimmventilation
  16, 17
Schwingkölbchen 136
Schwungfedern 76
Seeigel 18, 22
Seekühe 25
Seepocken 58, 59
Seeschwalben 104, 105
Seevögel 104, 105
Sehen 50, 51
Sehen im Dunkeln 96
Seide 131, 148, 152, 153
Seidendrüse 148
Seiwal 25, 42, 45-47
Sender 39
Silberfischchen 119
Sinne 10, 11
Sinne von Insekten 122,
  123
Skelett 14, 15, 28, 40,
  74, 75
Sonar 53, 62, 68
Sonogramm 53
Soziale Insekten
  132-135, 154

Soziale Kontakte 56, 57
Spähhüpfen 36, 49
Spezies 133, 154
Spinnenbeobachtung 149, 150
Spinnenkörper 147-149
Spinnennetze 152, 153
Spinnerdelfin 48, 49
Spinnspule 148, 152
Spinnwarze 148, 152
Springen 48, 49, 58
Springspinne 146
Spukfische 13
Squaliformes 5
Squatiniformes 5
Stabilimente 152, 153
Stachel 120
Stachelartige Haie 5
Stachelspinne 149
Stadtvögel 102, 103
Stechmücke 124, 136

Steppen 111, 112
Stich 143
Stielaugenfliege 137
Stigmen 120, 121, 154
Störche 94
Strandungen 62, 63, 68
Strauße 70, 71, 80, 81
Streifendelfin 48, 49
Stubenfliege 137
Sturmtaucher 71
Südkaper/Südlicher Glattwal 25, 36, 56, 67
Südpol 114, 115
Surfer 7, 18

T

Takahe 80, 81
Tangwald 37
Tarnfärbung 105
Tarnung 20, 142, 143, 154
Tastbeine 147

Taster 118, 122
Tastsinn 50, 51
Tauchen mit Haien 6, 7
Taucherkrankheit 40, 41
Tauchgänge 42, 43, 46, 47
Taxonomie 73
Termite 144, 145
Thermik 79, 116
Theropoden 72
Thorax 118
Tigerhaie 7
Tölpel 105
Torpedorochen 12
Torpor 113
Trachee 121, 154
Trächtigkeit 54, 55, 68
Transportbehälter für Haie 17
Trichterspinne 153
Trommelfell 122
Tropische Regenwälder 108, 109
Trupiale 101
Tsetsefliege 137
Tucuxi 40
Tukane 83
Tundra 115, 116

Ü

Überfischung 22, 23
Überleben 20, 21
Überraschungstaktik 142, 143
Ultraschall 50, 51, 68
Ultraviolettes Licht 122, 153
Umweltgifte 58-60
Umweltverschmutzung 58-60
Unterschnabel 82, 83
Urwale 26, 27

V

Vaquita 29, 33, 36, 61
Venusfliegenfalle 138
Verbreitungsgebiete 70, 71, 102-115
Verletzungen 103

Verlust von Lebens-räumen 108
Vermehrung 20
Verschmutzung 22
Verteidigung 58, 59, 142, 143
V-Formation 99
Vielweiberei 86, 87
Vogelspinne 146-148

W

Walbabys 54, 55
Wälder 106
Waldvögel 106, 107
Walhai 8, 9, 24
Walläuse 58, 59
Walschutz 60, 61
Walzenspinne 146
Wandertaube 101
Wanderung 38, 39
Warmblütig 15
Warnfarben 142, 143
Wasserdruck-Sinn 50
Wasserläufer 140
Wasserspinne 146
Weberknecht 147
Webervögel 86, 87
Wechselwarm 15
Weiße Haie 6, 7, 16, 18, 19
Weißkopf-Seeadler 95
Weißschnauzendelfin 33
Weißspitzen-Hochseehai 4-6
Weißspitzen-Riffhaie 20, 21
Weka-Ralle 80, 81
Wespe 120, 121, 126, 134, 135, 143, 144, 153
Westcott, David 80
Wilson, Edward 114
Wingate, David 71
Wirbel 75
Wirbellose 8, 9, 13, 14

Wirbellose Tiere 92, 93, 116
Wirbeltiere 14, 75
Wobbegongs 8, 9
Wright, Orville u. Wilbur 78
Wüstenvögel 114, 115

Y

Yuccamotte 138

Z

Zählen von Vögeln 102
Zählungen aus der Luft 39
Zähne 4, 5, 9, 18, 19, 30, 31, 34, 55, 73, 75, 82
Zaunkönige 87, 100, 102, 114
Zebrahaie 20
Zebraspinne 152
Zikade 124, 125
Zitronenhaie 4, 5

Zitterrochen 12, 13
Zooplankton 8, 9, 44, 45, 68
Zoos 64, 65
Zug 98, 99
Zweiflügler 136, 137
Zwergglattwal 31
Zwergwal 29, 36-38, 43, 61

BILDNACHWEIS: (o=oben, u=unten, l=links, r=rechts, m=Mitte, a=außen) **AAP Images** 64ur. **ABRS** 35ol (courtesy Media 24/Evening Post/Graham Ross). **Ad-Libitum** 15ur, 28m, 29m, 30ul, 37m, 40ul, 44ul, 47mr, 57ol, 61u, 66m (Mihal Kaniewski), 74ul, 74um, 82ul, 82um, 86ul, 88m, 88ul, 92m, 92or, 100/101m, 100o, 106u, 110ul (M. Kaniewski), 118ul, 125mr, 127um, 149ul, 150o (M. Kaniewski). **AKG Photo London** 72or, 78m, 78ml. **APL** 41m, 44ur, 48or, 50ur, 51m, 64ul, 66or (Corbis); 44or, 53um (Minden/Philip Nickiin); 42ul, 49ul, 59um. **Aquarium of the Americas, New Orleans, LA (Courtesy of John Hewitt)** 17ur. **Aquila Wildlife Images I** 92um (Gary Smith). **Ardea London** 32or, 61o (Francois Gohier), 77ur, 86m (M. D. England), 96or (Peter Steyn), 100um (Kenneth Fink), 109um, 113or (D. Avon), 111ur (John S. Dunning), 111ur (F. Collet), 115mr (J. Daniels), 115or. **Peter Arnold, Inc.** 19ul (Hanson Carroll). **Auscape International** 7um (Doug Perrine), 31m (Doug Perrine), 34or (Jeff Foott), 39m (Stefano Niccolini), 42or (Mark Spencer), 46m (Mike Osmond), 64ml (Mark Carwadine), 76ur (Mark Hamblin-OSF), 81or, 81mr (Ferrero-Labat), 96ur, 101ur (Francois Gohier), 103mr (John Cancalosi), 105ur (Jean-Paul Ferrero), 115ur (Owen Newman-OSF), 121um (CA. Henley), 124ml, 142or (M. Doolittle-Peter Arnold), 144mr (J. Shaw), 147m, 152o (R. Goetgheluck-Pho.n.e). **Wayne und Karen Brown** 20or. **Merry Camhi** 23um. **BBC Natural History Unit** 105ul (Steve Packham), 115aur (Tom Vezo). **Clemson University, SC** 98or (C. G. Belsu). **Brandon D. Cole** 36ml. **Bruce Coleman, Inc.** 6ul (Carl Roessler), 9o (Ron und Valerie Taylor), 11m (Norman Owen Tomalin), 24or, 79ml, 86ul (Gunter Ziesler), 97mr (Rita Meyer), 101ul (John Cancalosi), 102ul (Kim Taylor), 103ur (Trevor Barrett), 124or, 127om (P. Zabransky), 128ml (J. Burton), 128or, 134m (K.Taylor). **Bob und Cathy Cranston** 20mr (Bob Cranston). **CSIRO Australia, Division of Wildlife and Ecology** 80m (David Westcott). **CSIRO** 138ul (R. Moran/M. Robertson). **Environmental Images** 23mr (Toby Adamson), 23m (Irene R. Lengui). **FLPA** 36or (Scott Sinclair/Mammal Fund Earthviews), 59ol (Marineland). **Focus New Zealand** 63o (Ingrid Visser). **Steven French** 62ur. **Getty Images** 33u, 52or, 64or, 66ml. **Al Giddings Images, Inc.** 19om (Al Giddings). **Peter Gill** 25u. **The Granger Collection** 112m. **Hedgehog House** 38ml, 48ul (Dennis Burman), 50ul (Peter Gill), 58or (Colin Monteath). **Innerspace Visions** 4ul (Walt Stearns), 5m (David Wrobel), 8umr (Bruce Rasner), 9u (Howard Hall), 10or (Rudie Kuiter), 11or, 16um, 16ml, 18ml (David Fleetham), 56or (Doug Perrine). **International Dolphin Watch** 32ul. **Frank Lane Picture Agency** 79mr (H. D. Brandl), 85ur (Martin Withers), 92ul (Hugh Clark), 93or, 93ur (F. Hartmann), 94ul, 95ur (Philip Perry Kruger), 103or (J. Hawkins), 107ur, 107mr (Roger Wilsmhurst), 108ur, 112ur (Leonard Lee Rue), 113ul (E & D Hosking), 146mr (Silvestris), 150m (B. Borrell). **Magnum Photos** 100ul (Erich Hartmann). **Marine Mammal Images** 50or (Michael Noian). **McCulloch/ Mazzoil NMFS GA#32 30-May-OO** 60l. **Minden Pictures** 95or (Frans Lanting), 132l (M. Moffett). **Connie Lyn Morgan** 20ul. **National Geographie Society** 73ul (O. Louis Mazzatenta). **National Museum of Natural History** 77ul (Smithsonian Institution/ Chip Clark). **Natural History Photographie Agency** 111mr (Bill Coster). **Nature Focus** 146ul (C. Bento). **Newsphotos** 62ml. **Mike Noad** 52ul. **M. Osmond** 55o. **Oxford Scientific Films** 72ur (David M. Dennis), 82mr (John Netherton), 84l (Mark Jones), 90ul (James H. Robinson), 92ur (Tom Ulrich), 93ol (Tony Tilford), 93ul (Dr. F. Koster), 104ul (Mike Birkhead), 109ur (Steve Turner), 112ul (Mark Hamblin), 126l (M. Fogden), 136or (R.Packwood), 144or (R. Parks), 150o (J. Mitchell), 153ol (V. Sinha). **Pacific Stock** 7ur (Darodents). **photolibrary.com** 30mr. **The Photo Library, Sydney** 74um (Eye of Science/SPL), 81ur (Nick Green), 90ml (Herbert Lange). **The Photo Library** 119m (Dr. Paul Zahl), 120ul, 120um, 120or, 121ul (A. Syred/SPL), 122mr (C. Krebs), 130m (Eye of Science/SPL), 130or (R.R. Hansen), 131mr (R. Cheskey), 143u (R. Smith), 148r (D. Scharf/SPL). **Photo Researchers Inc.** 100/101m (Anthony Mercieca), 107amr (Bill Dyer), 107or (Brock May), 122mor, 122or (L. Lessin). **Jan Pierson** 96m. **Planet Earth Pictures** 77ul (Mary Clay), 82or (Geoff du Feu), 94m (Paulo de Oliveira), 109ul (Pete Oxford), 127m (G. du Feu), 132or, 149ol (W.B. Irwin), 153m. **Popperfoto** 115m. **Premaphotos Wildlife** 137o, 140l, 143o, 144ul. **Marie Read Natural History Photography** 85or. **Science Photo Library** 14ml (Eye of Science), 22ml (Simon Fraser). **Wendy Shattil/Bob Rozinski** 90m. **Rachel Smolker** 57ml. **Spectrogram Program by Richard Horne** 53umr, 53ur, 53omr, 53or (Originalaufnahmen vom Cornell Laboratory of Orinthology). **Leighton Taylor** 8ul. **Jan TenBruggencate** 18um. **Tom Stack and Associates** 13um (Patrice Ceisel), 24ml (Randy Morse), 104ur (John Gerlack), 134ul (J. Shaw), 138or, 140r (D.M. Dennis). **Twin Tigers Photography** 71ul (Graeme Outerbridge). **Ullstein Bilderdienst** 91u (dpa). **University of Glasgow** 104m (Dr. Bernard Zonfrillo). **University of Sao Paulo** 40or (Marcos Cesar de Oliveira Santos, Project Atlantis). **Waterhouse** 6or (Stephen Frink), 11mr (Chris Newbert). **Wildslide** 28or (S. Burnell). **www.norbertwu.com** 4or (1999/James Watt/MoYung Productions), 15or (1999/NorbertWu).

ILLUSTRATIONSNACHWEIS: Susanna Addario 120om. **Jane Beatson** 94o, 94u, 95u, 106/107m, 106o, 108/109m, 108o. **David Blundell/ Wildlife Art Ltd.** 99o, 99or, 99m (Globen). **Anne Bowman** 38ul, 38mr, 38o, 39um, 39r, 48o, 49r, 60o, 61u, 61r, 154ul. **Martin Camm** 8/9m, 8ol, 8om, 9or, 9mr, 9ul. Dan **Cole/Wildlife Art Ltd.** 70/71m, 70o, 71r, 84/85m, 84u, 85u, 84o, 98/99u, 99ur, 99mr, 98o, 99o (Vögel), 116omr. **Marjorie Crosby-Fairall** 9mr. **Barry Croucher/Wildlife Art Ltd.** 72/73m, 72o, 73ml, 73m, 73mr, 78/79m, 78o, 78mr, 78u, 79u. **Marc Dando/WildlifeArt Ltd** 10/11m, 10o, 10ul, 11ul, 11ur. **Sandra Doyle/Wildlife Art** 120/121m, 121m, 121or, 148u, 148o, 149u, 149m, 149or, 154or, 154ur. **Simone End** 120um, 121ul. **Christer Eriksson** 48/49m, 94/95m, 118ol, 136/137m. **Lloyd Foye** 90/91m, 90o, 91r, 92/93m, 92o, 101ol, 101m, 101r, 116uml, 116ur, 116umr. **Ray Grinaway** 4/5m, 4o, 4u, 5ul, 5or, 5ur, 22/23m, 22o, 23r, 118/119m, 118r, 119mr, 119or, 120ol, 136o, 136u, 137r, 137um, 144/145m, 144u, 144o, 145r, 150u, 150o, 151u, 151m. **Gino Hasler** 14/15m, 14o, 14ul, 15u, 16/17m, 16o, 17ur, 17ul, 74o, 74mr, 75r, 75m, 75ul. **Ian Jackson/ Wildlife Art Ltd.** 6/7m, 6o, 7mr, 18/19m, 18o, 19r, 122u, 122ml, 122om, 122ol, 123u, 123m, 124/125m, 124u, 125u. **David Kirshner** 24/25, 42/43, 50/51, 52/53, 54/55, 66m, 118om, 119ul. **Frank Knight** 126ur, 126om, 126ol, 127ul, 127r. **Rob Mancini** 28/29, 36/37m, 37r, 44/45, 64/65, 68ol, 76/77m, 76o, 77m, 77u, 82/83m, 82o, 83u, 83r, 86/87m, 86o, 87r, 96/97m, 96o, 96u, 97u, 116ol, 116ml, 116ul, 130ur, 130l, 131ur, 131m, 134ol, 146ul, 146o, 147ul, 147m, 152m, 152o, 153u, 153mu, 153r. **James McKinnon** 142m, 142o, 143u, 143l, 143r, 143or. **Stuart McVicar/ Geocart** 700l. **John Richards** 102/103m, 102o, 104/105m, 104o, 112/113m, 112o. **Steve Roberts/Wildlife Art** 128/129m, 129r, 129ol, 134/135m, 134um, 134o, 135u, 135m, 135o, 138um, 138ur, 138ml, 138ol, 139r, 139m, 140u, 140o, 141u, 141m, 154ol. **Trevor Ruth** 118um. **Claudia Saraceni** 136u, 136o, 137u, 137r. **R. Scott/ Wildlife Art Ltd.** 80/81m, 80o, 80u, 81u, 88o, 88r, 88u, 89u, 89m, 116or. **Chris Stead** 60/61m, 66o, 66/67m, 110/111m, 110o, 114/115m, 114o. **Kevin Stead** 40/41, 46/47, 68ur, 119ur, 120ul, 121ur, 121um, 121ur, 124ol, l24or, 126/127m, 126ul, 132/133m, 132u, 132om, 132ol, 132or, 133u. **Roger Swainston** 20ul, 20o, 20ur, 21m, 21r. **Chris Turnbull/Wildlife Art Ltd** 12/13m, 12um, 12ml, 12ul, 12o, 13or, 13om, 13ur, 13mr. **Cliff Watt** 101ol, 101m, 101ur, 101mr (Karten). **Laurie Whiddon** 36o, 36ul, 38/39m, 67r. **Wildlife Art Ltd** 26/27, 30/31, 32/33, 34/35, 56/57, 58/59, 62/63, 68ul, 68, 68or.